三年 重塑 一所学校

韩廷山 主编

山东省宁阳县第二实验中学"云端"突围之路

哈尔滨出版社
H.P.H
HARBIN PUBLISHING HOUSE

图书在版编目（CIP）数据

三年重塑一所学校：山东省宁阳县第二实验中学"云端"突围之路 / 韩廷山主编.—哈尔滨:哈尔滨出版社，2018.9
ISBN 978-7-5484-4115-1

Ⅰ.①三… Ⅱ.①韩… Ⅲ.①中学 – 教学改革 – 经验 – 宁阳县 Ⅳ.①G632.0

中国版本图书馆 CIP 数据核字(2018)第 141186 号

书　　名：三年重塑一所学校:山东省宁阳县第二实验中学"云端"突围之路
SAN NIAN CHONGSU YI SUO XUEXIAO:SHANDONG SHENG NINGYANG XIAN DI —ER SHIYAN ZHONGXUE "YUNDUAN" TUWEI ZHI LU

作　　者：韩廷山　主编
责任编辑：李金秋
责任审校：李　战
装帧设计：杨秀秀

出版发行：哈尔滨出版社（Harbin Publishing House）
社　　址：哈尔滨市松北区世坤路 738 号 9 号楼　　邮编：150028
经　　销：全国新华书店
印　　刷：北京虎彩文化传播有限公司
网　　址：www.hrbcbs.com　　www.mifengniao.com
E-mail：hrbcbs@yeah.net
编辑版权热线：(0451)87900271　87900272
销售热线：(0451)87900202　87900203
邮购热线：4006900345　(0451)87900256

开　　本：787mm×1092mm　1/16　印张：24　字数：370 千字
版　　次：2018 年 9 月第 1 版
印　　次：2018 年 9 月第 1 次印刷
书　　号：ISBN 978-7-5484-4115-1
定　　价：58.00 元

凡购本社图书发现印装错误，请与本社印制部联系调换。**服务热线：**(0451)87900278

编委会人员

主　编:韩廷山　李　刚　曹树兵

副主编:王志豪　闫慧珠　杨　勇

编　委:胡翠平　朱敬文　王　彤　崔成森

　　　　赵燕翔　杨　奎　陈炳坤　查仲宇

　　　　张　辉　李海峰

序 言

梦想,照亮前程

　　教育是人民创造美好生活的基础,教育事业的根本在学校,教育改革的土壤在学校,教育改革成功的经验在学校。

　　当前,中国正处在全面深化改革的战略发展期,国家全力推进的基础教育综合改革,在总体上完成了"叠梁架柱"的顶层设计之后,具体落实的任务就自然而然地落在每一所基层学校了。我们甚至可以说,教育改革要想改到深处必须依托学校。当每一所基层学校把改革持续深入开展起来的时候,我们的教育就会充满活力与希望,人民对优质教育的期盼才能转化为生活的现实。

　　作为教育改革前沿的基层学校,改革的路到底该怎么走?我们很难给出一个标准的答案,因为每一所学校的校情各不相同,不能简单地用一个模式去克隆,用一种经验管到底。但是,当我们对一个个改革成功的案例进行深入剖析之后,总能够从中找到一些相同的东西,那就是梦想与执着。这也许就是教育改革成功的密码和实现优质教育的坦途。

　　几十年来,在教育改革的道路上,我们宁阳始终拥有这样一群执着追梦的校长和老师,他们在各自岗位上创造了无数的改革业绩,在宁阳的教育发展历史上描绘出光明绚丽的篇章。

　　宁阳第二实验中学自 2014 年 8 月组建以来,校长以"走向云端的未来学校"为指引,带领一群有梦想、有激情的教师,用草根那种独有的韧劲和顽强,大步行走在教育信息化改革的道路上。经过三年的借鉴创新和集成创新,形成了具有自己特色的"一中心、两阶段、三模块、四支架"教育信息化改革新模式,为学校发展开辟出一片属于自己的自由驰骋空间。2016 第三届全国翻转课堂大会的召开,让宁阳第二实验中学的教育信息化改革走上了更为宽广的舞台,开启了学校教育信息化改革的新征程。

　　《三年重塑一所学校》这本书,既是他们改革历程的全景再现,也是改革者心路历程的真实诠释。深入其中，我们既能找寻到推进教育信息化改革的途径办法，也能体会到改革者的款款心曲。让我们翻动书页，徜徉在教育信息化改革的路上，重温他们改革的风风雨雨，见证他们对一所学校信息化重塑的完整经历吧……

在这部充满着乡土气息的改革画卷里，你可以择善而从，循着校长的信息化领导力实施的图谱，为一所学校的信息化改革规划蓝图，让梦想和激情共同点亮改革的征程。

在这部充满着乡土气息的改革画卷里，你会被一个个真实的案例打动，每一个学科的教学模式和真实案例都在直观地诉说着课堂和社团里发生的感人故事……

透过纸面，我们更应该看到宁阳第二实验中学校园里那春潮涌动般的教育信息化改革热情，看到教育信息化改革带给师生的革命性变化，看到教育信息化改革充满着的无限光明与希望。

"教育部关于印发《教育信息化'十三五'规划》的通知"中指出："当前，云计算、大数据、物联网、移动计算等新技术逐步广泛应用，经济社会各行业信息化步伐不断加快，社会整体信息化程度不断加深，信息技术对教育的革命性影响日趋明显。"这一切，都预示着教育信息化改革的大潮正席卷而来。变革，是我们每一所学校义不容辞的责任，也是我们实现变道超车的最好途径。

"求木之长者，必固其根本；欲流之远者，必浚其泉源。"推动一个区域的教育信息化改革，必须调动起每一所学校的力量，让每一个怀揣梦想者投身其中，搏击风浪，竞秀争强。愿我们宁阳县的每一所学校都能像宁阳第二实验中学一样，抢抓时代发展机遇，锐意改革，用激情成就梦想，用改革换取更大的发展空间，成就优质学校，办好人民满意的教育。

我们坚信：在中国特色社会主义建设新时代、新征程中，宁阳的学校和教师们一定能成为教育改革的弄潮儿，书写更加激动人心的发展篇章。因为，梦想在前方……

丁酉年初冬，有感于"宁阳第二实验中学教育信息化改革纪实"即将成书，权为序。

CONTENTS 目录

叁 第三辑 学科应用

肆 第四辑 数字课程与社团活动

伍 第五辑 云校园环境建设

陆 第六辑 成果展示

柒 第七辑 微课程资源实例

写在前面

2014 年 8 月，为推进城区教育的均衡发展，县委、县政府决定在城区西部组建宁阳第二实验中学。经县教育局考选，我和王志豪、闫慧珠、杨勇三位同志组成学校新一届领导班子，我担任校长。

宁阳第二实验中学位于城乡接合部，所在地为宁阳英才学校西校区，占地 91 亩，校舍始建于 1992 年，原名为宁阳第二十九中学。这所学校曾经有过辉煌，90 年代时教学质量曾在全县名列前茅，学生人数最多时达到 1000 多人。然而，随着城区东部学校的崛起，这所学校却慢慢地走入低谷。我任职前学校只有 7 个教学班，学生人数不足 300 人，而且面临着师资严重老化、教学设施陈旧等诸多难题。怎样经营好这所学校，使它在新的形势下再次腾飞，成为我到任后思考最多的问题。为此，新校组建之初，我们就提出了"一年出名，两年成名，三年与名校齐名"的办学目标。

学校的根本任务是育人，要改造这所学校，首先必须端正办学思想，确立符合自身实际的育人理念，用文化理念的力量统领师生的思想和行为，进而实现学校的快速发展。

宁阳地处圣人故邻，千百年来深受孔子思想的熏陶，不论时代如何变换，儒家精神都在宁阳人身上打下了深深的烙印。2500 多年前，孔子说出了"君子道者三，我无能焉。仁者不忧，知者不惑，勇者不惧。"的千古名言。我认为，一个不忧、不惑、不惧的人生，一定是幸福的人生。立己达人的仁爱情怀、学习创新的智慧品质、笃信笃行的勇毅精神，应该是学生最应具备的核心素养。基于这种认识，学校确立了"智勇立身，仁济天下"的育人理念，并提出了"建设仁爱、智慧、勇毅三型校园，塑造仁爱、智慧、勇毅三型教师，培育仁智勇兼备的现代中国人"的办学愿景。

宁阳县教育局原局长刘学平同志贴切地把我们落实这一办学愿景的行动称之为"仁智勇之歌"，那么，唱响这支歌曲的最高音在哪里？

2014 年 10 月 23 日，我参加了在苏州举办的第十四届中国教育信息化创新与发展论坛。这次论坛围绕大数据时代的数字化校园与管理信息化，邀请行业专家、学者探讨大数据与数字化校园建设,大数据对教育管理效能的提高、对教学模式变革的推动等内容。这次论坛,使我深刻认识到,在"互联网 +"时代,必须通过教育信息化推进教育现代化,进而实现现代化人才的培养。

学生是实施教育信息化的"客户",他们是否愿意接受教育信息化?

宁阳第二实验中学 2014 年 10 月底进行了一次学情调查,调查显示:

(家庭状况部分)父母均在外地打工的家庭占 9.1%;父亲在外地打工的家庭占 21.6%;父母在城区打工的家庭占 64.2%;父母均在家务农的只占 5.1%。单亲家庭占 4.8%。

(亲子关系部分)家长每天与孩子相处的时间超过 1 小时的只占 21.9%;家长对孩子放任自流的占 60.01%;家长用大量的金钱物质补偿的占 82.04%;孩子认为能得到家长正确指导的占 18.6%;在"最渴望从家长处获得的"一栏中,几乎所有孩子都选择了"在一起"。

(网络应用部分)非常喜爱学校的不足 2%,但非常喜爱网络的几乎 100%;在家庭中能上网的占 86.4%,上网的目的主要是聊天、打游戏、听音乐、看搞笑视频等。

…… ……

这几组数据引起了我的深思:在互联网时代已经到来的今天,既然学生那么喜欢网络,我们为什么不能趋利避害,把它应用在学生学习上呢?既然学生那么需要父母的情感抚慰,我们又为什么不用网络实现云端的亲子沟通呢?

基于以上分析,我们意识到,作为城郊一所师资力量薄弱的学校,要想迎头赶上,实现跨越发展,必须走教育信息化之路!

说干就干! 2014 年 11 月 8 日到 9 日,我和学校 4 位教学管理干部自驾车参加了全国中小学教育信息技术与学科教学融合培训暨山东昌乐一中推进翻转课堂教学模式现场观摩学习活动。在吸收借鉴昌乐一中实施翻转课堂的经验的基础上,11 月 23 日,我校朱敬文老师在我校举办了第一节翻转课堂观摩课,拉开了我校实施翻转课堂的序幕。朱敬文老师也成为第一个敢吃翻转课堂"螃蟹"的人。

三年多来,我们"咬定青山不放松",以翻转课堂为抓手,集全校之力开展教育信息化的实验与研究,初步实现了一所城郊薄弱学校的云端"逆袭"。

如今的二实验(宁阳第二实验中学的简称),校园中时时处处闪烁着仁爱、智慧和勇毅的光芒,在这样的环境中,师生的素养得到快速、全面提升,他们在各类比赛中为学校摘取了一个个桂冠。伴随而来的,是学校教学质量的大幅攀升,学校已由全县的"后进生"变成名列前茅!

如今的二实验,家长满意度逐年升高,已不再是招生季时家长眼中的"弃儿",学生人数已由 2014 年建校前的不足 300 人快速增长到今天的3000 多人!

如今的二实验,已在全国小有名气。2015 年 1 月 25 日、5 月 20 日、12月 18 日,学校先后三次承办了泰安市教育信息化推进现场会。2016 年 11月,学校联手微课程资源共建共享联盟举办了第三届全国翻转课堂大会,1000 多位专家、校长和骨干教师参加了会议。迄今为止,来自全国 20 多个省市的教育考察团到校参观学习,中国教育电视台、《未来教育家》、《中国教育报》等报刊、媒体报道了我校教育信息化的办学经验,我也在省内外各类教育信息化培训会上做了 20 余次专题报告。

本书记录的,就是二实验一路走来的点点滴滴。

本书分为七部分。

第一辑谈的是"校长的信息化领导力"。实施教育信息化,关键在校长!本辑主要讲校长的信息化领导力的"四种理念""三种能力",以及如何协调教师、学生、家长这三种力量,构建好数字化的技术环境、数字化的课程资源、数字化的教学方式。

第二辑谈的是"信息化教学模式的解构与重构"。学生在学校里 70%的时间是在课堂上度过的,课堂是实施素质教育的主阵地。本辑主要讲我校经过反复研究,提炼出"1234"教学法("一中心""两阶段""三模块""四支架"),以实现信息技术与课堂教学的深度融合,构建基于信息技术的智慧生命课堂。

第三辑谈的是"学科应用"。再好的教学法都不是"万能的",每一个学科都有自身的特点。本辑结合一些生动案例,展现了各科教师结合学科特点对"1234"教学法的创新运用,是对第二辑的延伸和补充。

第四辑谈的是"数字课程与社团活动"。课程是落实学校文化的主要载体,教育的第一要义是课程。本辑讲的主要是从国学、德育、体育、艺术等方面构建数字课程的一些初步探索。

第五辑谈的是"云校园环境建设"。本辑主要从"云校园"建设、"云平台"建设、"云评价"系统的使用等方面做简要概述。

第六辑谈的是"成果展示"。本辑讲述了我校部分骨干教师运用信息技术与学科教学深度融合的一些探索和思考。

第七辑谈的是"微课程资源实例"。本辑汇集了我校各学科部分典型微课程资源实例,并编辑成码课,以期为读者在教育信息化应用方面提供新的视角。

刚刚参加完十九大的教育部副部长杜占元说:"教育信息化是教育现代化的基本内涵和显著特征,是信息时代教育改革发展的必由之路,发挥着不可替代的关键作用,已经成为促进教育公平、提高教育质量、推动教育改革的有力抓手和有效手段。我们必须把这项工作抓紧、抓好、抓实,切实抓出成效。"

如果站在纯"科学理论"的高度评判,我校在教育信息化方面的探索还非常稚嫩,还非常"草根",但唯有如此,才会有些许的生命力。我们相信,只要我们坚定不移地在这条道路上走下去,我们会越走越远,这条路也会越走越宽广……

宁阳第二实验中学校长　韩廷山

第一辑

校长的信息化领导力
XIAOZHANG DE XINXIHUA LINGDAOLI

壹

校长的信息化领导力图谱

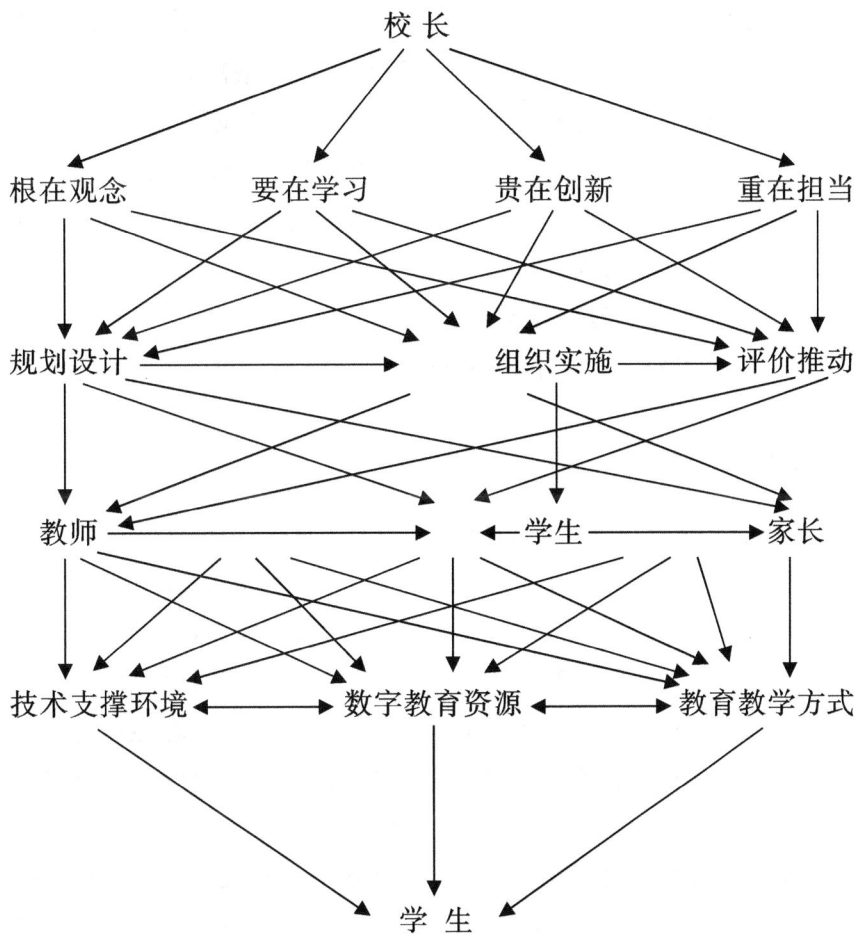

校 长

根在观念　　　要在学习　　　贵在创新　　　重在担当

规划设计　　　　　　组织实施　　　评价推动

教师　　　　　　　学生　　　　　　家长

技术支撑环境　　数字教育资源　　教育教学方式

学 生

校长要具备四种理念

加强信息化领导力建设,根在观念,要在学习,贵在创新,重在担当。

●根在观念

一是要转变观念。作为一名合格的学校管理者,其自身理想信念和价值追求必须具备坚定性和先进性。当前,信息技术的全面渗透深刻影响着教育理念、模式和走向。在云计算、大数据、物联网、慕课等新技术、新模式的冲击下,传统的学校教育管理模式已经不能适应新时期的教育要求,这就要求学校领导干部应势而动,及时转变教育观念,树立与信息时代相适应的教育价值观。坚持育人为本,强化信息技术与教育教学的深度融合创新,把教育信息化的理念融入教育教学、学科建设、管理服务等各方面的工作中去,通过信息化改造人才培养、科学研究、内部管理模式,提升学校的学术水平和管理水平,建设高水平学校。

●要在学习

二是要善于学习。面对日新月异的信息技术革命,学校领导干部一定要树立终身学习的理念。通过学习,用先进的教育信息化理念武装自己的头脑,不断提升自身的信息素养和办学治校的本领。在学习的过程中要注意两个方面:一要坚持正确的学习方向。认真学习马克思主义和习近平新时代中国特色社会主义思想,真正掌握马克思主义的立场、观点、方法。只有准确地把握共产党的执政规律、社会主义建设的规律、人类社会发展的规律以及教育发展的规律,才能坚持正确的社会主义办学方向。二要理论联系实际。学习的根本目的是增强工作本领、提高教育信息化发展水平。领导干部要学会用互联网思维推进教育综合改革,学会通过网络走群众路线。习近平总书记在网络安全和信息化工作座谈会上的讲话中,明确要求:"善于运用网络了解民意、开展工作,是新形势下领导干部做好工作的基本功。各级干部特别是领导干部一定要不断提高这项本领。"所以,我们要注重学习利用网络引导舆论、反映民意,以信息化为载体,畅通沟通渠道,拓宽工作思路,积极引导广大师生为了信息化建设的目标而共同努力,从而进一步完善学校信息化发展的愿景。

● 贵在创新

三是要勇于创新。在推进教育信息化的进程中，学校领导干部一定要发扬创新精神，创造性地开展工作。首先是办学理念创新，坚持育人为本的理念，运用信息化手段，进行个性化和差异化教学，着力培养具有 21 世纪核心价值观的创新型人才。其次是环境创新，以学习者为中心打造智慧课堂、智慧校园、智慧学区。再次是内容与方法创新，利用信息技术改变教学内容的组织结构、呈现形式、传输方法和服务模式，形成适应信息化这一条件下的先进教学方法和模式，实现以学生为主体、以教师为主导的个性化、数字化学习。最后是管理体制机制创新，进行管理流程再造和组织结构重组，重组学校管理体系的内部结构，建立扁平化组织体系，形成更加高效、更加精干的管理架构。充分运用信息化手段，搭建教学科研、绩效评估、行政督办等管理平台，提升管理效能。

● 重在担当

四是要敢于担当。教育信息化，关键在于"化"，"化"就是对教育流程进行再造，对教育体制进行重组，变革传统的教育模式，重塑教育生态。这一过程必然会涉及学校内部资源、权力和利益关系的深刻调整，也会牵涉到教师的教学理念、方法及职能部门管理模式的关联变化，阵痛和阻力一定会同时出现。这就要求学校领导干部要有强烈的担当精神，坚持原则、敢抓敢管、勇于担责。领导干部有没有担当精神，关键看有没有高效的执行力。为此，领导干部一方面要在信息化建设中科学谋划，做出表率，走在前列，增强自身的人格魅力，形成无形的凝聚力和号召力；另一方面要建立科学、规范、有效的约束激励机制，推动职能转变，强化监管评、估和服务。

校长要具备三种能力

2014 年 12 月 15 日教育部发布了《关于印发 < 中小学校长信息化领导力标准（试行）> 的通知》。《中小学校长信息化领导力标准（试行）》以促进中小学校长专业发展、提升中小学校长信息化领导力为出发点，为信息技术与教育教学深度融合推波助澜。《中小学校长信息化领导力标准（试行）》明确规定校长必须具备规划设计、组织实施、评价推动三项能力。

● 规划设计

1. 依据有关规划要求，结合学校实际情况，组织编制信息化发展规划，并将其作为学校整体规划的重要组成部分。

2. 遵循新课程改革理念，以教育理念转变和教学模式创新为突破口，组织制订各学科应用信息技术的具体办法，推进信息技术与教育教学的深度融合。

3. 组织制订教师信息技术应用能力培训研修计划，提高教师信息素养和信息技术应用能力。

4. 组织编制信息技术课程教学计划，设计课内外信息技术主题活动，提高学生信息素养和利用信息技术进行自主学习、合作学习和创新应用的能力和水平。

5. 依据有关政策，组织制订学校信息化规章制度，建立人事、财务、资产管理等信息化工作保障机制，促进学校有关信息化基础设施、教学资源的有效应用。

● 组织实施

1. 推动教师运用信息技术，开展启发式、探究式、讨论式、参与式教学，研发多种主题、形式的校本课程，创新教学模式，提升教育教学质量。

2. 组织教师参加培训，更新教育理念，提高信息素养和信息技术应用水平。推动教师运用网络自主学习，有效使用网上优质教育资源；利用网络研修社区，依托学习共同体，积极参加有关专业学习活动，促进自身专业成长。

3. 尊重教育规律和学生身心发展规律，不断优化信息技术学习环境，鼓励学生健康上网；满足学生的个性化发展需求，提升学生信息化环境下的自主学习能力,增强学生运用信息技术发现问题、分析问题和解决问题的能力。

4. 组织建立健全学校信息化发展规章制度,引导、规范广大教职员工在工作中积极有效应用信息技术,优化管理流程,提升管理效率。

5. 组织运用信息技术对人事财务、资产后勤、校园网络、安全保卫与卫生健康等进行管理,并逐步加强对教学质量的监控和学习过程的记录,提高利用信息技术服务师生的能力水平。

6. 组织建设校园信息网络,介绍学校工作成效,弘扬学校优良传统,向师生推荐优秀精神文化作品和先进模范人物,营造校园优良育人氛围,努力防范不良的流行文化、网络文化对学生的负面影响。

7. 组织建立"家庭—学校—社会"信息沟通系统,加强学校与家庭和社会的联系,帮助家长了解学校工作情况和学生身心发展特点,掌握科学育人方法;争取社会和家长对学校工作的理解、支持,营造学校改革发展的和谐氛围。

● 评价推动

1. 组织评估教师的信息技术应用能力、信息技术与教育教学融合的程度等,依据结果调整教师专业发展策略。

2. 组织评估学生的信息素养以及利用信息技术进行学习的能力,不断提高学生协作与创新水平。

3. 组织评估学校信息化环境建设状况及终端设备、工具平台、软件资源的使用绩效,促进软硬件资源的有效配置和利用。

4. 组织评估学校信息化相关政策制度、专项经费、队伍建设的合理性、有效性,并制定相应整改措施。

校长要协调三种力量

校长是学校信息化工作的组织者。要深入了解信息化工作的系统性、复杂性,努力调动多方面积极因素,整合多方面资源,推进学校信息化发展;要加强与学校广大师生员工的沟通,达成加快信息化步伐的共识;还要积极与科研机构、高等学校、高新企业等的合作,寻求多方面资源的支持,推进学校信息化快速、可持续发展。

●教师

教育的本质意味着一棵树摇动另一棵树,一朵云推动另一朵云,一个灵魂唤醒另一个灵魂。雅斯贝斯的"推动""唤醒",给我们以巨大启迪。而推动"云"和唤醒"灵魂"的人,首先是一线教师。校长韩廷山在上任第一个月的教育日志中这样写道:

> 那么多"缺失和缺位的孩子",缺失的不是物质,而是精神;缺位的不是父母、老师,而是全方位、全过程、个性化的交流、引导和关爱……
>
> 那么,怎样在所有父母与孩子、所有师生之间架起交流的虹桥呢?
>
> 还是"云"吧!
>
> 泰安教育云平台——这架"登云"天梯,不是已经架构起来了吗?而"很多人输就输在,对于新兴事物,第一看不见,第二看不起,第三看不懂,第四来不及"(马云)。我们既不"恐高",也不"恋地","看不懂"的东西,我们一定可以"学"会。
>
> 突围,突破农村教育的重围;创造,创造在云端的教育新生活:这应该成为宁阳第二实验中学全体师生员工的自觉追求。让"创新"的种子在一线教学中萌芽,让"变革"的力量从"民间"迸发。

那么这种期待是否"萌芽"了呢?

"已知未知要分离,分离方法就是移;……"数学课上,朱敬文老师重复着自创的口诀。老师们总是笑他的沙哑嗓音"独具魅力",他无可奈何地说:"学生总是记不住! 每次都要重复! "

夜深人静,他翻来覆去睡不着:"为什么不能录成视频,让学生无论在家,还是在校都能反复观看、巩固理解呢?"第二天,韩校长听罢朱老师的建议后,露出会心的微笑。"走! 到昌乐一中去看看'翻转课堂'! "

醍醐灌顶!"IT"原来已经变"DT"!

顺势而为! 互联网+,要从"+"开始。

"IT""地基"本来坚实:校园网、班班通、电子白板……一应俱全。

教育"云"梯更易搭:无限AP、平板电脑、网络升级、录课室……快速配备。

遇到难题怎么办?"课题会诊"请进来:邀请市县16位教育专家来校讲学和指导。找不到研究方向怎么办?"拓宽视野"走出去:先后外派44人次,至苏州、北京、昌乐、成都、济南,学习考察先进学校的成功经验。

"翻转课堂"在宁阳第二实验中学迅速展开。

学校教育,最宝贵的资源是"人"——教师。李克强总理这样说过:最重要的教育资源不是楼房、不是课桌,是教师。我们也可以这样说:最重要的教育资源甚至不是教科书、不是微视频,而是对学习活动起到组织、指导作用的教师。

教师良好的信息化素养是推动学校信息化可持续发展的原动力。

祝智庭教授指出,促进教师专业发展的要素包括协作性、反思性、开放性、持续性、有援性、信息化和制度化等。教师专业发展的信息化,一方面表现为教师利用信息技术来支持自己的学习,不断提升和发展自己的专业知识与能力;另一方面表现为教师运用信息技术支持教学,也就是进行信息化教学。

因此,我们主要运用了两种策略:校本培训、课堂教学评价。全力推进我校教师信息化素养的全面发展。

校本培训是提升教师教育技术能力和信息化教学水平行之有效的策略之一。

课堂教学评价是提升教师教育技术能力和信息化教学水平行之有效的又一种策略。

宁阳第二实验中学教师课堂表现评价十条。

1. 教学态度是否沉稳、愉快？

2. 课堂教学语言用词是否浅显易懂？

3. 对教室秩序的管理是否到位？

4. 学习前是否就学习目标及方法与学生讨论？

5. 能否通过评价调动学生的学习积极性、有效调控学习气氛？

6. 能否有效激发学生的学习兴趣？

7. 对学生反应的注意。

8. 对学生突如其来的问题及状况的处理。

9. 能否通过恰当评价引导学生对学习主题进行深入思考？

10. 能否听取学生的意见，并与学生平等交流？

●学生

学校信息化教育的根本任务是使学生学会有效地学习。学生是学习的主体，信息技术的飞速发展不仅给学生创设了信息化的学习环境，为学生的信息化学习提供支持，同时，也对学生的能力和发展目标提出了新的要求，由此带来了学习内容、学习方式、学习评价等多方面的变革。

一般来说，信息素养有信息意识、信息知识、信息能力、信息道德四个维度。那么，学生的信息素养同样可以从这四个维度去进行界定和分析。而这一切都应该是发生在课堂中的，所以，我们主要是通过对学生的课堂表现进行评价，来促进学生信息化素养的发展。

宁阳第二实验中学学生课堂表现评价十条。

1. 学习兴趣是否浓厚？

2. 学习情绪是否高昂？

3. 能否积极参与教学活动？

4. 对教师的态度。

5. 能否在学习中自觉从教师推荐的资源（学案、视频、课件）中自主选择、重组信息，能否"发现"规律，形成自己的见解，并有效表达自己的观点？

6. 积极思考，深入探询。

7. 合作学习中，能否与同学有效合作，能否照顾其他同学的学习需要？

8. 学习中，能否对老师和同学提出的观点大胆质疑，提出不同意见？

9. 学习中，能否应用已经掌握的知识与技能，解决新问题？

10. 学习中，能否反思自己的学习行为，调整学习策略？

"翻转课堂师生联席会议"是我校的一项"创举"。人员包括校委会成员、骨干教师、各班班长，他们每周调研翻转课堂上存在的问题，集思广益，研究解决办法。这种方式，撬动了现代学校管理制度建设，思维碰撞、智慧共享，唤醒了师生的自主管理意识，学校民主管理渐显雏形。

翻转课堂师生联席会议纪要。

……本次例会主题为"如何看待和解决学生利用平板上网、玩游戏的问题？"。

初一3班班长刘腾：我认为班级要建立监督小组，各组组长为本组监督员，不定时观察监督本组成员对电脑的使用情况，发现玩游戏者，及时制止并提出批评，根据情况可令其反思，写检讨。

初一6班班长吴雨凡：还可以由值日班长检查全班电脑的使用情况，进行个人和小组的考核量化，对于玩游戏者扣除量化分2~3分，每天由值日班长进行总结反馈。

初二4班班长陈国放：我认为平板电脑除了用来学习外，还可以用来玩，关键问题是玩什么，什么时间玩。可以在班会课上看励志类微课或者玩一些益智游戏，这样的话同学们的兴趣会更加浓厚。

初二2班班长李璇:"不错,书法、剪纸、武术、舞蹈等校本课程也可以与班会课融合在一起。"

王涛老师:我建议先从堵开始,我们可以设置应用锁,把一些不利于学生学习的网站隔离开,先开放一些有利于中学生成长学习的网址。

韩校长:……堵和疏是两个关键点。各班班长回去后配合班主任召开班会,谈谈上网玩游戏的坏处,各班细化平板使用考核量化的办法,做到日查周评月总结;翻转课堂推进小组的老师们有两个任务,以郭广龙老师为组长的第一组研究应用锁和开机画面的设置问题;以王涛老师为组长的第二组研究校本课程和班会课整合问题……

●家长

我们对家长力量的特别关注是由一则学生日记引发的。

这两天真是"衰事连天"。老爸昨晚破天荒陪我一起看"微课",他听不懂,我"滔滔不绝"给他讲了一遍,"害"他快晚上十点了,还颠儿颠儿地出去买"哈根达斯"(雪糕)犒劳我。唉,害我今早腹痛迟到,被班长"批"。回想前天放学路上,给同学修自行车弄脏校服,晚上洗了,第二天没得穿,已经是第二次上"光荣榜"了。本想找老师解释的,但看到老师匆忙的样子,又不忍心打扰她了。唉,怎么"好事"总是变"坏事"呢?

如何让学生综合素质评价的多元"主体"产生"共振"效应?

评价的"共振"效应,要求多元评价必须具备"即时性""互动性"。如何做到"即时互动"?那就定要有"网络展示交流平台",特别是基于移动设备的 APP 应用。

"网络展示交流平台"的规划设想:

每个学生都拥有个人主页,创设学生、教师、家长无缝连接空间,评价指标体系由基础指标和发展指标两部分构成。基础指标包括：思想道德、学业成就、合作与交流、运动与健康、审美与表现五方面。发展指标旨在引导学生个性发展，包括特长和有创意的成果及实践等。这两部分涵盖了学生的学校生活、家庭生活和课外生活，全面呈现了学生的发展状况和成长历程。从初一开始，每个学生的个人评价网都会不断得到补充和更新，将终结性评价变为全程性动态评价。在这里，从入学到九年级毕业，能完整地看到每一个学生的全程发展变化。

第二辑

信息化教学模式的解构与重构

XINXIHUA JIAOXUEMOSHI DE JIEGOUYUCHONGGOU

贰

"一中心、两阶段、三模块、四支架"思维导图

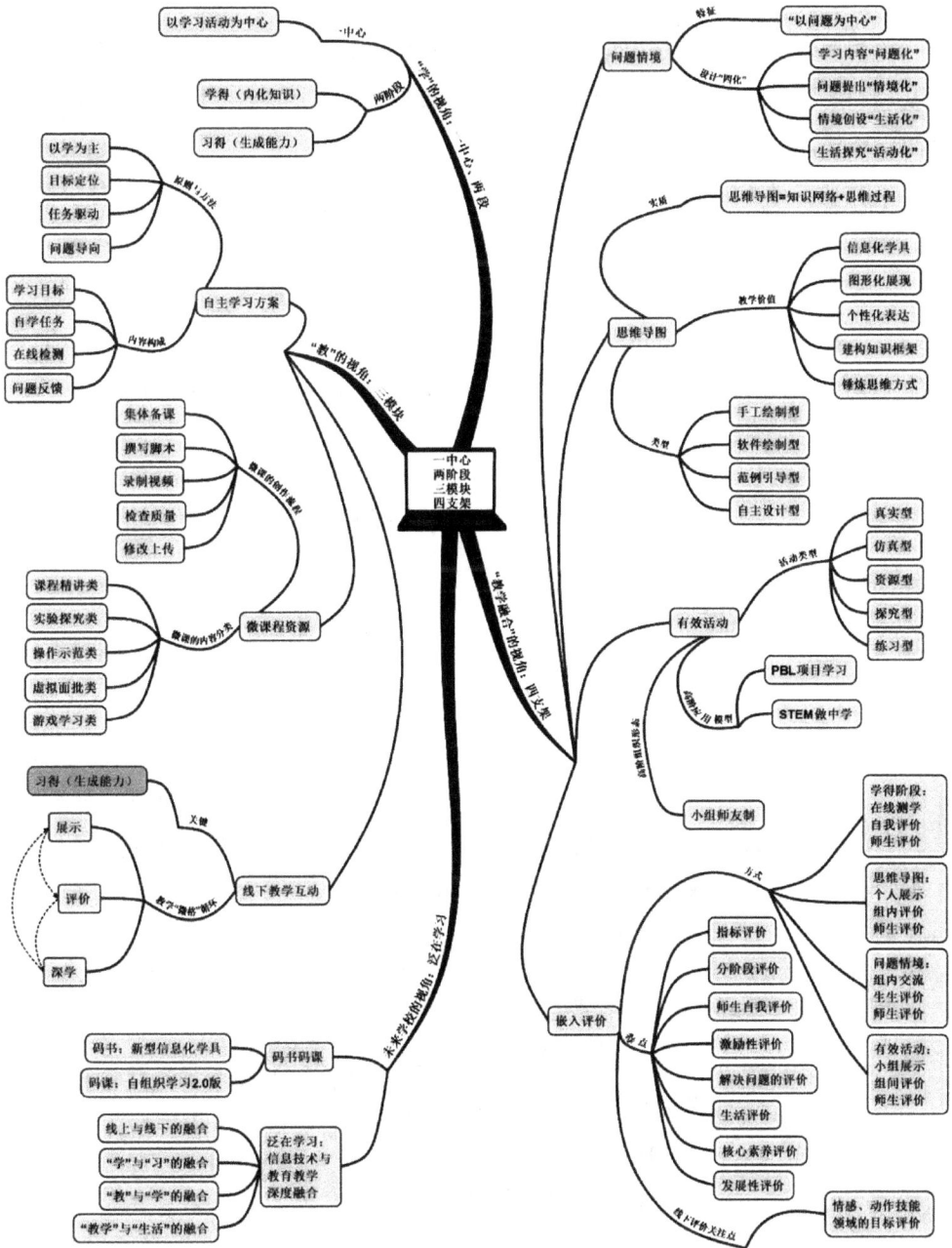

从"两段、三翻、十环节"到发现"学"的奥秘

● 两段、三翻、十环节

初期,我们借鉴重庆市聚奎中学校、山西新绛中学、山东省昌乐一中等先进学校的成功经验,结合我校教学实际,逐步推行"两段、三翻、十环节"翻转课堂教学模式。

"两段"是指学生学习的两个阶段,即自主质疑阶段(A课)和练习内化阶段(B课)。

"三翻"是指翻转课堂的三种形式,即课内翻、校内翻和家校翻。

"十环节"是指翻转课堂的十个典型环节,即"目标定学、尝试自学、微课助学、合作互学、在线测学、解疑问学、任务导学、进阶深学、展示论学、反思评学"。

"两段、三翻、十环节"操作流程

两段	十环节	学 生	教 师
自主质疑	目标定学	● 课代表宣读本课学习目标。学生明确应达到的双基水平。 ● 课代表讲清学习目标对应的具体任务。 ● 课代表提醒 B 学案的进阶重难点。	● 教师根据课程标准、教材和学情制定教学目标。
	尝试自学	● 学生根据学案的学习指导,自读教材,做好批注。 ● 尝试完成学案具体任务,标注疑难问题。 ● 要注意合理分配时间。	● 在 A 学案中将双基目标分解为可操作的任务。

	微课助学	●根据自学阶段的学习状况,有选择地看微课。	●在B学案中根据重难点预测学情,设置进阶任务。
	合作互学	●在疑难处要暂停或反复观看。	●教师巡视,引导学生自读教材,做好批注。
	在线测学	●看视频,要前思后量,体会老师解决问题的思路,而不是满足于知道答案。	●教师巡视,指导中下游学生完成学案具体任务。
练习内化	解疑问学	●先逐个解决学习任务中的疑难问题,再以书面形式提出发现的新问题。	●教师巡视,指导中上游学生提前观看微课。调控自学时间。
	任务导学	●本组能解决的问题,可以互助解决。不能解决的,应汇总提交给老师,不必做无效讨论。	●教师巡视,引导学生有选择地看微课。
	进阶深学	●组长负责统筹安排。	●教师巡视,指导中下游学生在疑难处要暂停或反复观看。
	展示论学	●中上游学生可在"微课助学"后就马上开始。	●教师巡视,指导中上游学生看视频要前思后量,体会老师解决问题的思路,而不是满足于知道答案。
	反思评学	●中下游学生时间观念要加强,学案部分可以暂时存疑,优先完成"在线测试"。	●教师巡视,旁听讨论,及时了解疑难问题,为下一阶段的教学预设、调整做准备。

●"学"的视角:学习过程＝学得知识＋习得能力

经过初始阶段的实验研究,我们对翻转课堂的实质有了初步认识,对学生的学习过程达成了共识。我们认为,翻转课堂实质上是"以学习活动为中心"的教学,一个相对完整的教学过程包括"学得"和"习得"两个相对独立而又相互交融的阶段。

以学习活动为中心的教学过程观

华东师范大学祝智庭教授在比较了"传统模式主结构"和"翻转模式主结构"后,梳理出了翻转课堂教学的相对优势。

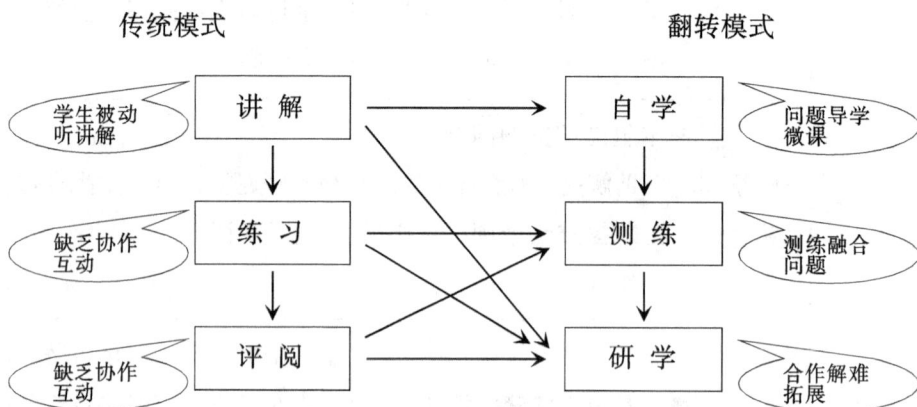

可以看出,翻转课堂是"以学习活动为中心"的教学系统。翻转课堂"翻转"的首先是传统教学中的"教"与"学"的关系,由"以教为主"转变为"以学为主","教"的过程应该顺应"学"的过程。

北京师范大学教育技术学院杨开城教授从教学设计的角度,阐释了"以学习活动为中心"的教学设计的基本理念,他的"学习观""教学观"给我们极大启发。

"以学习活动为中心"的学习观

1. 学习是个体认知建构的过程。

2. 学习又是社会性建构的过程。

3. 学习是认知、情感、意志相互作用的过程。

4. 多样化的外部学习活动对学习具有非常重要的作用。

5. 丰富的学习资源、工具及多向的人际交互构成的学习环境有助于学习者的知识建构。

"以学习活动为中心"的教学观

1. 教学是个别化学习和集体教学有机结合。

2. 教学是以知识为内容、以学习策略为形式的组织化活动。

3. 教学是促使学生的学习从被动接受向主动探索转移的过程。

4. 教学是促使学生的学习从他导向自导、从他律向自律转移的过程。

"以学习活动为中心"的教学设计的基本理念

1. 教学皆可活动化,至少策略性视听是一种无法不用的学习活动。

2. 教学活动化的宗旨是促使学习者认知加工(思维)外显化。

3. 活动不是一种可选的教学策略或教学方法,它是学习和教学的永恒形式。

4. 只有采取丰富的活动才能培养能力,仅仅依靠视听是无法培养学生的学习能力和学科能力的。

5. 教师的讲授如果不围绕一个设计良好的学习活动展开,他的讲授的效果将是最差的。

6. 学习活动也是教学系统间共享的基本单位,一个完整的活动可大可小,但却可以移植到其他教学系统中。

7. 教学策略和教学模式不是独立的教学设计单位,因为它们只有形式没有内容,它们的具体化过程中,必然经历活动设计的环节,但如果事先确定策略或模式,将给内容的选择带来不便。

8. 基于学习活动设计的教学设计,必将很自然地组合出多种教学模式。

9. 基于学习活动设计的教学,很容易做到尊重学生的个体差异,并且充分体现教学结构的变化性。

10. 只有采取活动才能培养学习者的性格,而性格是一种稳定的情感态度,是我们教学目标中必须涉及的一个领域。

内化与生成

当我们以学习活动为中心反观"两段、三翻、十环节",就会获得以下认识。

两段的实质:知识建构过程的简化描述。

两段的共性:"学"与"习"两种行为背后的知识内化。

西方建构主义学习理论的两个概念:内化与生成。

内化——把教材中的外部知识经过学生的认知活动重新组合转变成其内部的知识,也就是使教材中的新知识与学生主体认知结构中的原有知识建立内在联系,形成其新的认知结构,即实现知识结构向认识结构的转化。

生成——生长和建构,学习是一个主动的过程,学习者积极参与其中并非被动地接受信息,而是主动地构建自己对信息的解释,并从中做出推论。建构是在一定情境中的建构,在一定情境中的建构才有意义。教学应该尽可能地把学生置于真实的情境之中,并尽可能地在实际任务中建构知识,这样才能使学生获得知识的意义,并学会知识的应用,能力才会生成。

三翻的实质:不同时空的翻转。

三翻的共性:"教"与"学"的翻转。

"教"与"学"翻转的两层意思:教师与学生角色的转变;"教"与"学"的关系超越时空局限。

学得与习得

中国古老的学习理论"学而时习之,不亦说乎"和"知行合一",更真切地描述了这一学习过程。

孔子所说的"学而时习之"并非是学知识要时时温习、复习之意,而指做学问或者求得自身的觉悟需要适时实践,学的内涵包括做人与做事的所有学问,以及具有超越性的为学目标:达成自我之觉悟。

就孔子的学问而言,大体可以用一个"仁"字概括,因为只有"仁"字兼具"学"内蕴的两层内涵,用"仁"的方法去做事、为政,是"学"的第一层意思;如何反躬内省,使自己完全做到"仁",从而成为一个具有理想人格的"君子",这是"学"的第二层深意。那么,这个为学之道,亦即孔子的"成仁"之道又是怎样达成的呢?

孔子给出的方法很简单:学而时"习"之。"学"与"习"的关系可以从两个层面进行理解:一方面,学是总目标、根本性追求,习是实现目标、追求方式和途径。另一方面,狭义的"学"只是广义上"学"的一个层面,只有将所学放在实践中(也就是在"习"中)进行检验、磨炼、内化,才是真正意义上的"学"。

....

明代大儒王阳明发展出了"知行合一"的思想,认为"行为知之始,知为行之成",知行一体,难以分离。重视实践教学的孔子,其实早就有了知行合一的思想,只是在他那里,"知"就是"学","行"就是"习",我们可以借用王阳明的话,认为《论语》中的"学而时习之"一句反映了"知行合一"的思想,我们可以用孔子自己的说法,认为"学""习"合一,本不可离。

马笑峰,《<论语>"学而时习之"本意探究》,《文教资料》,2015 年第 06 期学习不是通过被动灌输获得知识的过程,而是一个主动建构的过程,即知识内化和能力生成的过程。因此,"学"和"习"是一而二、二而一的,学就是练中学,习就是学中练。

这样,知识内化和能力生成的基本过程就可以这样阐释——知识必须经由学习者由外向内地吸收,再由内向外地应用,反复进行,前人知识才能真正转化为自身能力,也就是建构起来。在建构过程中,反复练习(实践)是"催化剂"。

我们尝试用汉语中的最合适的词语描述西方的学习理论,得出这样一种理解:

学得 = 知识内化　习得 = 能力生成　学习过程 = 学得知识 + 习得能力

那么,我们的课堂首先应该是遵循学习规律的学堂。

学习过程	学习行为	学习目标	学习资源
知识内化(A课)	学得	知识	教材
能力生成(B课)	习得	能力	练习

翻转课堂的典型做法是将学习过程分为课前自学和课堂作业两个阶段,这是符合学习规律的。而且,翻转课堂课前自学的"信息化教学前移",使得它与传统的"预习"相比,在学习深度和广度上都会产生"飞跃"。

所谓"信息化教学前移"就是把通常在教室里完成的信息技术与课程整合,通过微视频方式,移到学生家里去完成。让学生通过在家观看教学视频,完成平常在学校里完成的学习任务,相当于把老师请回家。这样做的效果是,学得阶段被前置(在家),习得阶段被突出(在校),学习成效大大提高。

案例　一则学生"成长日记"(节选)

晚饭后,我便坐在书桌前,开始了今天的语文"尝试自学"。打开课本,翻到第二十六课《小石潭记》,将课文从头到尾仔仔细细读了两遍。随后,拿出学案,依据学案开始了我的自主学习。原来《小石潭记》的作者有着这样的坎坷经历,带着无限感慨我读通了全文大意，但是有几个字和句子的翻译不是很明了，还有这篇文章究竟要表现作者的什么情感？带着这些疑问我打开了"电子书包"，观看微课。这时，妈妈端着一杯牛奶走了进来，我拉着妈妈让她坐下来陪着我一起看。老师甜甜的声音，清晰地点拨知识，感觉老师此时就站在我身边，跟我面对面地交流。这个不正是我刚才的疑问吗？"停，我要记下来……"短短十一分钟，我时而倾听，时而疾书，早就忘记了身旁的妈妈，猛然回头，发现妈妈正微笑地看着我："真好，你接着学。"看着妈妈走出房间，然后我又回到了学案，还是不敢肯定"蔓"到底读什么。"wàn"还是"màn"，"乃记之而去"中的"记"是"记下"的意思，还是"题记"的意思？这么优美的地方作者为什么不敢久留呢？对了，把这些问题通过云平台传给老师呀！敲打完这些问题，我不由自主地喊道："发送。"心里顿时轻松了许多。接下来，我将迎来最后的挑战——"在线测学"。四个选择题，我很轻松地做完了。"怎么？第四题错了？"没关系，老师明天上课会讲的。……"亚新，该起床了……"（这是我用平板录的老师的声音，老师喊起床效果显著，哈哈！）床头平板上的闹钟准时把我从睡梦中叫醒，我拿起平板关掉闹钟，发现有一条未读信息，打开一看，原来是老师回复了我的疑问，老师真辛苦！

上课铃响起，语文老师走了进来。"同学们，你们的预习质疑提得非常好，在线测学做得也不错，有这样几个问题需要提醒大家……我帮同学们解决了几个疑问……"当老师说到我的疑问时，我绷紧了全部神经，全神贯注地去听……"明白了！"

"同学们，接下来我们再来探讨几个问题，看学案B……"一声令下，各个小组马上行动，我们小组当然不甘落后。我们仔细地听着同学们提出的建议，争取下次做得更好。我突然发现原来不苟言笑的自己竟然敢说敢笑了，私下里偷偷地给自己点了个赞，哈哈！

晚上，我迫不及待地拿出"规范作文本"，写起了"我眼中的柳宗元"。"一个蓬头垢面的老者，独自一人倚在亭子旁，丧魂落魄的，失神地仰望着天上的明月，偶尔低头叹息，映着清冷的烛光……"一气呵成，拍照，上传，明天老师一定夸赞我的文笔好！

案例 校长讲学稿(节选)

从"教"的方面来讲,其实质是"混合式"的教学方式,即数字化教学与传统课堂高度融合。

"两段"是指学生学习的两个阶段,即自主质疑阶段(A课)和练习内化阶段(B课)。"三翻"是指翻转课堂的三种形式,即课内翻、校内翻和家校翻。"十环节"是指翻转课堂的十个典型环节,即"目标定学、尝试自学、微课助学、合作互学、在线测学、解疑问学、任务导学、进阶深学、展示论学、反思评学"。

"两段·三翻·十环节"这种课堂教学新模式,真正实现了三个转化,即从"自主探究"到"合作论学"的转化,从"知识建构"到"智慧生成"的转化,从"集体接受学习"到"个体生命体验"的转化。

从"学"的方面来讲,其实质是"混合式"的学习方式,即电子书包 + 个性化学习 + 家校互动 + 即时辅导 + 资源共享。

翻转课堂的学习载体,是安装了电子书包的平板电脑,学生人手一台,无论在家、在校,都可以与老师即时互动,面对面交流,一对一辅导。平板电脑专为学生定制,内部固化程序,限制接入因特网,仅供教育云平台使用。

翻转课堂的学习平台是"泰安教育云平台",一人一账号,资源丰富,自主选择,按需学习,全程处于教师的指导和管理之下,保障了学和教的有机统一。学生根据自己的学习进度下载学习"微课程",并提交练习题、测试题,或拍照提交作业,学习过程全部被系统记录,归类提交给老师,所以,个性化学习、一对一教育、因材施教成为现实。

翻转课堂的学习组织形式是 A 课的在线学习和 B 课的课堂学习高度融合的"混合式"教学。在线学习解决不了的问题,可以在课堂学习中通过老师的当面指导来解决。翻转课堂的学习过程能充分展开,而课业进度却比传统课堂缩短了,因而,学习效率大大提高。学生做作业,实际上变成学生先在线通过"微课助学""在线测学"环节自主学习;第二天在校的课堂学习,就变成了教师解决学生疑难问题、深入学习的过程。

从"微课程"到发现"教"的奥秘

●微课程

"两段、三翻、十环节"顺应学生学习的规律,确立了"以学为主"的教学原则,但是,由于这种程式化的教学模式过于繁琐,给教师备课、上课带来极大困难。

如何解决"教"的难题?苏州市电化教育馆前馆长金陵教授提出的"微课程"概念,给我们极大启发。他认为,微课程是云计算、移动互联环境下,有关单位课时教学活动的目标、任务、方法、资源、作业、互动、评价与反思等要素优化组合为一体的教学系统。微课程的产生是与翻转课堂问世紧密相关的。

金教授将这些要素优化组合成三个模块:自主学习任务单、配套学习资源、课堂教学方式创新。形成一个有关教学内容和教学方式的微型的课程设计、开发、实施和评价的统一体。这就是"三模块""导学一体"微课程教学法。

金教授以单位课时的教学活动为对象,简化教学流程,优化教学结构,为教师备课指明了方向。

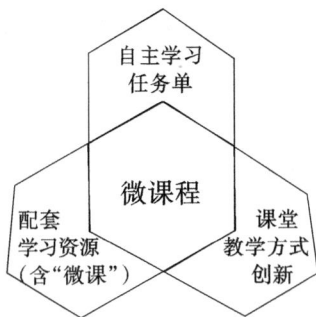

微课程的基本结构

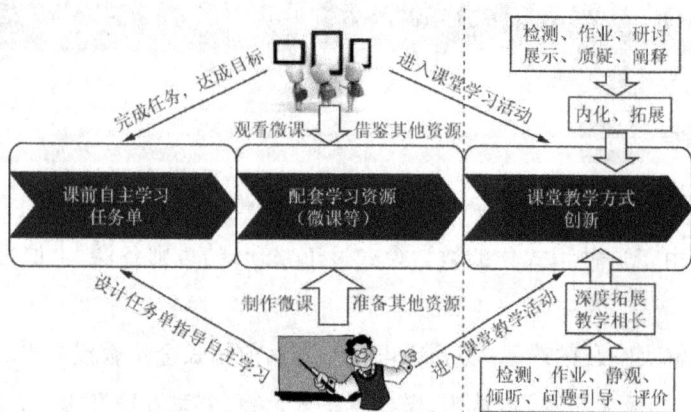

● **"教"的视角**

教学结构 = 自主学习方案 + 微课程资源 + 线下教学互动

模块一 自主学习方案

自主学习方案是教师设计的以表单形式呈现的指导学生自主学习的方案，是学生自主学习的载体。它在三大模块中居于首要位置，自主学习方案的设计质量决定了学生高质量自主学习的成效。

设计原则与方法

自主学习方案的设计原则与方法是"以学为主、目标定位、任务驱动、问题导向"。

"以学为主"与"目标定位"

翻转课堂本质上是"以学习活动为中心"的学习模式，它不是教师本人使用的，而是直接提供给学生使用的，因此，"以学为主"是自主学习方案设计的首要原则。我们要善于按照教学目标分类学理论把教学目标转化为学生自主学习的"学习目标"，善于发现能够帮助学生自主学习的方法，善于把教学内容及其环节转化为相互有序联系的"学习任务"，还需要设置了解学生自主学习情况的栏目——"在线检测"和"问题反馈"，为课堂深学做好准备。

1. 识记：对先前学习过的知识材料的回忆，包括具体事实、方法、过程、理论等的回忆。例如，能够叙述牛顿三大定律。

2. 理解：把握知识材料意义的能力。可借助三种形式来表明：一是转换，即用自己的话或用与原先表达方式不同的方式来表达所学的内容。例如，说出一个词的同义词或近义词，为一个抽象概念举例，为古文或外文翻译等。二是解释，即对一项信息（如图表、数据等）加以说明或概括。例如，对数学公式的含义的说明，对文章大意的概括等。三是推断，即预测发展的趋势。例如，让学生判断放在光滑水平面上的小球受到推力作用时将如何运动等。

3. 应用：把学到的知识应用于新的情境。例如，运用运算法则解题，运用所学的电学知识安装电路电灯，在法语教学中运用造词法写出一个单词不同词性的系列词语等。

4. 分析：把复杂的整体材料分解为组成部分，并理解各部分之间的联系的能力。例如，分析数学定理所给出的条件和结论，分析外语中复合句的构成成分，分析记叙文构成要素等。

5. 综合：将所学知识的各部分重新组合，形成一个新的知识整体。例如，通过一系列的实验观察，引导学生归纳出自由落体运动的规律和公式；外语教学中，引导学生通过所学的词语归纳造词法等。

6. 评价：对材料（如论文、小说、诗歌、研究报告等）做价值判断的能力。例如，能判断自己所证明的几何题目的正确性。

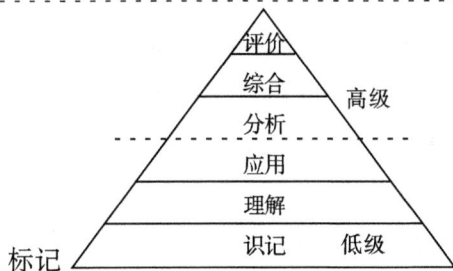

布卢姆认知领域教育目标分类示意图

　　自主学习方案的"目标定位"必须明确。自主学习阶段对应学习的"学得知识"阶段,教学重点在"内化知识"。按照布卢姆认知领域教育目标分类,识记、理解、应用属于低级思维层次,分析、综合与评价属于高级思维层次,学生的认知是由低向高发展的。维果茨基的"最近发展区理论",也为自主学习方案的"目标定位"提供了理论支撑。因此,自主学习方案的目标应该定位于"识记、理解、应用"这三个层级,适度前移,让学生能够"跳一跳够得着果子"。侧重于基础知识的内化和基本能力的生成,有利于学生获得学习成就感,有利于培养学生深度学习的兴趣。

最近发展区与学习目标

　　维果茨基的"最近发展区理论"认为学生的发展有两种水平:一种是学生的现有水平,指独立活动时所能达到的解决问题的水平;另一种是学生可能的发展水平,也就是通过教学所获得的潜力。两者之间的差异就是最近发展区。教学应着眼于学生的最近发展区,为学生提供带有难度的内容,调动学生的积极性,发挥其潜能,超越其最近发展区而达到下一发展阶段的水平,然后在此基础上进行下一个发展区的发展。

　　依据最近发展区的思想,最近发展区是教学发展的最佳期限,即发展教学最佳期限,在最佳期限内进行的教学是促进儿童发展的最佳的教学。教学应根据最近发展区设定。如果只根据儿童智力发展的现有水平来确定教学目的、任务,组织教学,就是指望于儿童发展的昨天,面向已经完成的发展进程。这样的教学从发展意义上说是消极的,它不会促进儿童发展。教学过程只有建立在那些尚未成熟的心理机能上,才能产生潜在水平和现有水平之间的矛盾,而这种矛盾又可引起儿童心理机能间的矛盾,从而推动儿童的发展。例如,初中一年级负数的教学,学生过去未认识负数,教师可以举一些具体的、具有相反意义的量。如,可用温度计测温度的例子,在零摄氏度以上与在零摄氏度以下的时候的温度怎样表示,以吸引学生,使他们渴望找到表示这些量的数,从而解决他们想解决却未能解决的问题。这样的教学过程中的矛盾引起的心理机能的矛盾，使学生很快掌握了负数的概念，并能运用其解决实际问题。

"任务驱动"与"问题导向"

"任务驱动，问题导向"是"以学习活动为中心"设计理念的直接体现，是自主学习方案设计的最重要的方法。它强调学生的学习活动必须与任务相结合，任务以问题情境为主要表现形态，以探索问题来引导和维持学生的学习兴趣和动机，让学生带着真实的（模拟真实的）任务学习，完成"知识内化"。

"任务驱动"要求我们在吃透教材的基础上提炼出教学目标，进而把教学目标转化为学习目标，并且能使学生看了学习目标就知道通过什么样的学习任务可以达成。把"自主学习方案"本身创设成了一个目标明确的学习任务情境。

"问题导向"要求我们在"学习任务"中把教学重点、教学难点和其他知识点转化为问题，并且梳理出任务之间的进阶关系，使原本难以下手的自主学习变得可以操作，使学生带着问题探究，在探究中发现知识，获得学习的愉悦感和成就感，完成知识的"学得"。

教师设计的"学习任务"，就是引导学生发现问题和发现规律的路径。学生通过自主学习完成"方案"给出的任务，就是思考问题和解决问题的过程。

我们可以这样形象地比喻："学习任务"就是在模拟前人在发现和创造这一知识的过程中有可能出现的生活情境，其中的问题设计也是前人在探索这一知识过程中有可能出现的典型问题。那么，"学习任务"设计应该能让学生"亲历"知识被创造生成的过程，我们称之为"智慧复演"。

智慧复演

人类社会发展的历史，是人类文明成果不断积累的历史，是人类智慧水平不断提高的历史。无论是自然科学的发展，还是人文社会科学的发展，都体现着人类发展的智慧水平。可以说，一部人类社会发展史，就是人类智慧的发展史。从人生下来作为生物个体，到成长为社会化的个体，就是不断学习人类文明成果和人类智慧的过程。进入学校课程的文明成果，都是人类文明的"经典"，都体现着人类高度的思维水平和智慧水平。中小学生学习这些知识的目的，一方面是继承人类社会优秀的文明成果，另一方面，更重要的是为了借助这些优秀的文明成果，创设文明成果产生发展的"类似情境"，演绎创造者的思维过程，学习创造者的思维方法，感受人类智慧创造的伟大与神奇，培养科学兴趣，为中小学生从学习与接受的主体走向创新与发展的主体打下良好的基础。我们把人类的教育教学过程，看作是人类原始创新活动过程的"智慧复演"的过程，看作是借助知识学习促进学生智慧水平不断提高的过程。

我们以《爱莲说》一课的教学分析和设计为例，来揭示"智慧复演"教学过程的基本结构。在活动建构教学过程中，"智慧复演"过程一般要经历以下四个阶段：

1. 研究教材，把握智慧

师生依据课程标准和教材，准确把握人类知识"经典"成果——知识点；通过回归和还原"知识点"的产生过程，揭示其中所蕴含的智慧成果。《爱莲说》这篇作品，就其智慧教育的价值来说，有两个方面是值得重视的。一是以物拟人的写法，就是以莲花来比喻人格。以物拟人，以往人们用得比较多的是松、竹、梅、兰、菊等。通常有"岁寒三友""花中四君子"等说法。《爱莲说》以莲花来比喻君子的人格，则是周敦颐的首创。这是《爱莲说》的第一个创新之处。另外，以往人们用竹子的"直而有节"，用松柏的"长青"，特别是冬天的"不畏霜雪"等特点，来比喻君子的性格都是比较直接的；而《爱莲说》用莲花来比喻君子，"出淤泥而不染"，就把人和环境之间的关系加进去了。这是《爱莲说》的另一个创新之处。二是《爱莲说》在创作上运用了比较的方法。牡丹"花之富贵者也"、菊花"花之隐逸者也"、莲花"花之君子者也"，这表现了作者对几种不同人格、不同价值取向的比较。比如说，"富贵"象征一种世俗的名利，"隐逸"

象征对社会责任的淡化,而作者突出强调莲花的"君子"品格有两个方面的用意:一方面,强调人和环境的关系。人有时不能改变环境,但是可以改变自己。另一方面,一个人在精神层面上、在人格上,要立得住。周敦颐写作方面的上述特点和创新都是值得教师在教学中重视的。

2. 创设情境,感悟智慧

师生共同创设教学情境,感悟、体会教材中所蕴含的方法、智慧,激活学生的创新欲望。《爱莲说》是古文名篇,教师首先要在学生预习课文的基础上,让学生通过自主学习,解决生字生词,理解课文,准确把握课文的基本内容。这都是常规教学的基本做法。在此基础上,师生要共同创设情境,反复阅读、品读课文;然后,师生要通过对话教学,感悟作者的写作智慧,领会作者在写作中的不同凡响之处。

3. 解决问题,实践智慧

"智慧复演"教学要求学生学习了人类创造的各种智慧成果后,要及时运用这种智慧去解决类似的问题,通过这种类似的智慧运用的"复演"过程,去经历人类智慧的奥妙,培养学生的创新素质。学生学习了《爱莲说》这篇课文,就要组织学生以自己生活中喜欢的一种植物为题,学习周敦颐以物拟人和比较的写作方法,说或写一段话。鼓励学生要敢于有所创新,有所突破。

4. 反思升华,内化智慧

教师要组织学生交流自己的创作成果,在交流中进一步感悟智慧、升华智慧、内化智慧。

上面我们以《爱莲说》为例,探讨了"智慧复演"教学的基本过程。必须指出:(1)我们所主张的"智慧复演"教学过程并不是针对一节课而言的,它是一个包括教学设计、课堂教学、实践活动在内的相对完整的教育教学过程;(2)"智慧复演"教学已超出了传统的课堂教学的范畴,它既可以把教学前延到课堂教学之前,也可以延伸

> 到课堂教学之后。课堂教学只是整个"智慧复演"教学的中心环节。
>
> 　　我们认为,人的创新活动过程的"智慧复演"体现了活动建构教学过程的本质。活动建构教学的实施过程,就是人的创新活动的"智慧复演"过程。活动建构教学的"智慧复演"理论为创新教育的教学设计、教学实践提供了理论依据。
>
> 张志勇《创新教育:中国教育范式的转型》

内容构成

　　自主学习方案的内容主要包括学习目标、自学任务、微课链接、在线检测、问题反馈四部分。其中"学习目标""自学任务""微课链接""在线检测"是必备构成要素,"问题反馈"可以根据学科特点灵活设计。

自主学习方案的一般模式

一、学习目标
1. 学习内容:(提示:用"版本 + 年级 + 册 + 学科名 + 内容名"表示)
2. 目标导航: 　(提示:学习目标不同于教学目标,它是学生在自学后能够达到的学习指标,应该用学生能够理解的语句表述;学习目标应该与学习任务相匹配,一组学习目标对应一组学习任务)
3. 学习方法建议: 　(提示:有就写,没有就不写,不要"喧宾"夺了"任务"之"主")
二、自学任务
通过观看微课视频(或者阅读教材、利用其他学习资源),完成下列学习任务: (提示:要求把体现教学目标的教学重点、教学难点和其他知识点转化为问题。包含资源链接等必要的提示信息)

三、在线检测
完成本课自学的在线检测,查看答案和讲析。分析自己的错题。 (提示:包含在线检测的链接等必要的提示信息)
四、问题反馈
反思本课学习过程,提出自己的疑难问题。

评价指标

　　"自主学习方案"的设计评价,首先应该是教师本人(备课组)的自我评价,而不是学校教学管理部门对教师的评价。因此,这种评价是嵌入了设计和实施前后、贯穿于这个教学过程的评价,这种自我评价是为改进具体课时(章节)教学服务的,因而,也是具体而微的,强调课前和课中的教学反思。其他两个备课模块也应如此。

　　我们可以从以下五个指标去反思自己的设计和教学。

序号	评价指标
1	自主学习方案体现课程标准的程度
2	自主学习方案体现教学重点、教学难点和其他知识点的程度
3	自主学习方案体现思维能力的梯度
4	渗透学习方法、提供方便的资源链接
5	任务设计实现高效自主学习的可能性

案例《紫藤萝瀑布》"自主学习方案"设计(曹树兵老师)

学海导航

　　曾经凋零残败的紫藤萝开花了,那么一大片,像一条瀑布,遮住了苍劲的枝干。面对盛开的紫藤萝,宗璞的心中生发出诸多慨叹。她想起过去遭遇的种种磨难,想起无止境的生命长河,于是将这复杂的情感诉诸笔端,给我们呈现出这样一株生机勃勃的紫藤萝。

目标定位

1. 识记理解本课语文知识。

2. 正确、流利、有感情地朗读。

3. 体会作者的思想感情变化,理清结构思路。

4. 学习赏析景物描写,领悟景中情和景中理。

5. 能运用拟人描写景物,写出景物的特点,表达自己的感情。

6. 拓展阅读类文,深入理解托物言志的写法。

阅读之旅

第一课时

一、知识前提

学习任务:观看微课"语文知识",了解作家作品、写作背景、文体文化常识。完成电子书包中的"测评一"。

二、初读课文

学习任务:听读完"课文范读"后,查工具资料,掌握本文生字、生词的音形义。完成电子书包中的"测评二"。

三、整体把握

观看微课"结构思路"后,用彩笔勾画批注课文,读后绘制结构思路导图。

第二课时

四、佳句赏析

观看微课"赏析示例",在课文景物描写的语句中,自主选择一句,写一段赏析。

我的选句:

我的赏析:

五、片段写作

观看微课"仿写指导",按照要求,写一段文字。

【片段仿写】请你仔细观察身边的景物,运用拟人的修辞手法,按一定的顺序进行描写,突出它某一方面的特点,并表达出自己的感情。(200字左右)

我的仿写:

六、拓展阅读

阅读《三角梅》,运用课文中学到的读写知识,完成电子书包中的"测评三"。

模块二 微课程资源

广义的学习资源是指可用于学习的一切资源,包括信息、人员、资料、设备和技术等。可分为两类:一是高度定制化的学习资源,如教科书、语言实验室等;二是原生态的学习资源,如戏剧、博物馆等。数字化学习资源是指经过数字化处理,依据学习者特征进行编辑的,可以在多媒体计算机上或网络环境下运行的供学习者自主、合作学习的,且可以实现共享的多媒体材料。

那么,微课程资源就是依据学习方案高度定制化、集成化的数字化辅助学习工具。按其呈现方式不同,大致可以分为微课视频、数字音频、学习工具软件、电子书包、电子课本、虚拟仿真实验室、电子邮件、码书、数字图书馆、学习平台(在线研讨、在线测评、在线管理系统)等等。

广义的微课程资源包括传统学习资源,但更强调其独特的学习资源——微课。

微课就是以教学视频的形式帮助学生完成自主学习方案给出的学习任务的配套学习资源,它鲜明地体现了微课程资源定制化、集成化的特点。

微课的创作流程

"微课"的创作流程大致有五个步骤:集体备课、撰写脚本、录制视频、检查质量、修改上传。

集体备课

"微课"在着手开发之前,需要有一个集体备课的机制,统一基本目标。统一基本要求,在这个基础上发挥各自特长,创意出各具特色,又能共同欣赏并分享开发的"微课"成果。"集体备课"在这里具体指备课组成员对"自主学习方案"

的协同设计。"微课",是教师录制的以微型教学视频形式帮助学生完成自主学习方案给出的任务的配套学习资源。因此,集体备课是设计和制作适合的"微课"的前提条件,集体备课的质量决定着微课的有效性。

撰写脚本

这一步,属于教师个人复备,每一位教师都应该发挥自己的聪明才智,根据"集体备课"的成果,设计自己的微视频脚本,并对"自主学习方案"做出适当调整。构思过程实际上是一个分析"任务""方法"和"录制方式"的过程。

"三步分析法"

(1)分析任务。

分析任务可以分为三个步骤。一是分析达成目标与教学目标的要求是否一致,即达成目标能否很好地体现教学目标,包括教学重点难点的要求。如果有不一致的地方,要先调整自主学习任务单中的达成目标,使之与教学目标一致。二是分析任务与达成目标的要求是不是一致,如果有不一致的地方,要分析是什么地方出问题了,然后对症下药,对"自主学习方案"中出问题的部分做出相应调整。三是分析学生完成任务之后,是不是就能达成目标,如果不能达成目标,还有必要继续分析"任务"中存在着什么问题,疏漏发生在什么地方,并且在自主学习任务单中做出相应的调整。

(2)分析方法。

分析任务完成之后,将进入分析方法,即分析"微课"用什么方法能够更好地帮助学生完成任务。根据分析成果选择录制方式。

(3)分析录制方式。

确定用什么方法能够更好地帮助学生完成任务之后,需要进一步考虑用什么样的录制方式才能最有效地帮助学生完成任务。这个过程也是决定选用何种"微课"类型,从而采取何种录制方式的过程。

金陵《翻转课堂与微课程教学法》

录制视频

（1）组建模块。

组建模块指将整个"微课"内容按照其内在逻辑结构划分为若干模块，是关于单位"微课"的结构化思考，便于录制者从整体上驾驭"微课"创作。

（2）规划内容。

规划内容是将模块内部的内容按照由简单到复杂的逻辑顺序，遵循"最近发展区"理论进行排列组合的过程，以便学生在观看视频时能够顺利地思考问题，从而达到"精熟学习"程度。

（3）构思画面。

这是一项复杂的工作，因录制方法不同而遵循不同的法则。用数位板录制"微课"，需要有一个类似于板书设计的版面设计；用PPT录制"微课"需要考虑一个主题一个页面的设计；用录像制作的"微课"，一般为实验探究类或操作示范类，需要考虑采用哪几个镜头和每个镜头下的主体、背景、动作，保证主体突出，动作清晰，观察无误。

检查质量

"微课"录制完成之后的质量检查对于微课程教学法具有重要意义。

对初次录制成功的"微课"进行质量检查，有利于及时发现存在的问题，可以修改后重新录制，保证学生看到的教学视频是教师本人讲课的最高水平。在检查"微课"质量的过程中，教师会发现自己以往在教学中很难发现的问题，教师要予以纠正。

检查可以从以下指标进行："微课"的逻辑性、"微课"的合理性、"微课"的趣味性、"微课"的科学性、视觉传达的有效性、高效学习的可能性。

修改上传

"微课"质量检查之后，如不需修改，则可以直接与"自主学习方案"一起打包上传至教育云服务平台。如需修改，则启动修改，待完毕后继续检查，检查合格，可以与"自主学习方案"一起打包上传至相关教育云服务平台。

微课的内容分类

微课的内容分类：课程精讲类、实验探究类、操作示范类、虚拟面批类、游戏学习类等。

微课的内容类型

（1）课程精讲类

此类"微课"是以学科知识讲授或习题讲解为特点的微型教学视频。其特点是把相关知识用精练的语言讲授，要求思维逻辑严谨，没有语言上的瑕疵和技术上的不流畅。习题讲解是课程精讲类"微课"的一种特殊形式。关键是讲清题意，讲清解题思路（方法），讲清解题过程，给出新的思考与类似习题。

（2）实验探究类

此类"微课"一般以录像的方式记录教师所做的实验操作，并辅以观察记录表格、实验报告等。教师在实践中使用较多的是用手机拍摄。有的实验探究类"微课"也可以用动画方式录制。

（3）操作示范类

此类"微课"以录像为主，记录教师示范、讲解与操作过程，一般用于劳技课程，如编结、书法、制作等，也可以用于语文学科的查字典和毛笔字书法教学中。

操作示范类"微课"在制作方式方面与实验探究类"微课"相似，但是，除了录像之外，还可以用动画等形式展示。此外，操作示范类"微课"一般不需要提出探究主题，也不需要学生做实验报告。

（4）虚拟面批类

此类"微课"是教师将学生练习本、试卷上出现的典型错误搜集起来，制作成为模拟面批讲解的教学视频。制作虚拟面批类"微课"，教师须注重帮助学生发现问题，发现方法，给出类似习题供学生思考。

虚拟面批类"微课"可以采用电子白板录制：把习题输入电子白板，在电子白板上讲解、圈划，保存为视频，检查修改。也可以用手机、摄像机、数码相机等摄录，还可以用其他技术方式创新制作。

虚拟面批类"微课"需要用学生练习本或试卷的原稿，这样可以产生现场真实感。教师在录制时应边讲解边圈点，做到视听同步。讲解时应贯彻启发式教学原则，引导学生发现问题，发现方法，鼓励学生通过自己的努力解决同类问题。

虚拟面批类"微课"开发的一般流程如下。

第一，搜集典型素材。

第二，录制视频：开门见山，分析问题；寻找方法，讲清正确的解题过程；小结。

第三，检查修改。

(5)游戏学习类

此类"微课"是教师为激发学生学习兴趣、帮助学生通过兴趣盎然的游戏内化知识，并从中收获学习成就感而开发的教学视频。

开发游戏学习类"微课"须注意两个问题：一是游戏内化的进阶性，二是每完成一个阶段的游戏学习就给予好玩的奖励，以此保证学生在游戏中体验学习成就感，很好地内化学习内容。

金陵《翻转课堂与微课程教学法》

"微课"评价指标

序号	一级评价指标	二级评价指标
1	"微课"的逻辑性	"微课"呈现出来的教学思路清晰
2	"微课"的合理性	"微课"呈现出有较好的解决教学重点、难点问题的技巧
3	"微课"的趣味性	"微课"吸引学生学习的程度
4	"微课"的科学性	讲解规范，无科学性错误
5	视觉传达的有效性	视听一致，动态呈现，符合阅读与思考的习惯
		画面提纲挈领，简洁鲜明，给人深刻印象
6	高效学习的可能性	"微课"帮助学生完成"自主学习方案"给出的任务的程度

案例《紫藤萝瀑布》"微课程资源"设计（曹树兵老师）

微课类

"语文知识"微课文稿

　　宗璞，著名哲学家冯友兰之女。主要作品有短篇小说《红豆》《不沉的湖》《后门》《知音》《弦上的梦》等，中篇小说《三生石》，长篇小说《野葫芦引》以及散文集《丁香结》等。她的小说，语言明丽而含蓄，流畅而有余韵，颇具特色；她的散文充满了传统的人生价值、哲学观念和审美意识，情深意长，隽永如水。

　　这篇文章写于改革开放初期的1982年5月。文中的十几年前，指文化大革命时期。"焦虑和悲痛"是因为我们一家人深受"文化大革命"的摧残，虽已过去多年，但心灵上的创伤仍无法愈合。"关于生死的疑惑，关于疾病的痛楚"这两句话，指当时作者的小弟身患绝症（后于1982年10月病逝），作者承受着即将失去亲人的巨大悲痛。她在《哭小弟》一文中写道："他们几经雪欺霜冻，好不容易奋斗着张开几片花瓣，尚未盛开，就骤然凋谢我哭我们这迟开而早谢的一代人！"此时，作者偶然看见一树盛开的紫藤萝花，睹物释怀，由花儿由衰到盛，感悟到生的美好和生命的永恒，于是写成此文。

　　托物言志是常见的一种表现手法。它通过描写某种事物的鲜明特征，来表达作者的思想感情。一般来说，这种景物的鲜明特征与人的思想感情有共通之处，这种事物就象征了生活中的某类人。因此，托物言志手法也可以称为象征手法。在本文中，紫藤萝的命运，从花儿稀落伶仃，到如今繁花似锦，正是十几年来整个国家命运的写照和象征。

"结构思路"微课文稿

1. 本文由"赏花""忆花""悟花"三部分组成,请用单竖线标示出起讫。

2. "赏花"按照花瀑、花穗、花朵的顺序来写,写出花的活泼热闹、生机勃勃。请用双竖线标示出起讫。

3. "忆花"先写"我"赏花后的心态转变,请用不同色彩笔圈出两组关键语句;次写十多年前花的稀落伶仃;最后写花历尽劫难、焕发生机,既照应了"赏花"部分,又与十多年前衰败的花形成对比,突出了花的生命力。

4. "悟花"部分紧紧承接上文,在花由衰败而到盛开中,"我"感悟到生命的美好和永恒,这也是本文的主旨句。请用彩笔画出这句话。

"赏析示例"微课文稿

原文:从未见过开得这样盛的藤萝,只见一片辉煌的淡紫色,像一条瀑布,从空中垂下,不见其发端,也不见其终极。

赏析:

这句话运用了比喻的修辞方法,将一树盛开的紫藤萝花比作瀑布,从紫藤萝的形态、色彩方面,表现出紫藤萝花蓬勃的生命活力,气势非凡,灿烂辉煌,表达了作者对紫藤萝花的喜爱、对生命活力的赞美。

方法:

运用了什么修辞或写法——从哪个角度描写景物的——写出了景物什么特点——表达了作者什么思想感情。

"仿写指导"微课文稿

这篇文章的成功之处在于恰当地运用了拟人的修辞手法。如"花朵儿一串挨着一串,一朵接着一朵,彼此推着挤着,好不活泼热闹!"运用拟人的修辞手法描写花串、花朵的"推""挤",突出了花的活泼热闹,写出了花强烈旺盛的生命力,使人感到亲切。

拟人就是把物当作人来写,赋予物以人的特征,使之具有人的思想、感情和行为。运用拟人通常有三种方法:一是用描述人的词语来描述事物。二是让人跟描述的事物对话。三是完全把事物变成人来写。

请你仔细观察身边的景物,运用拟人的修辞手法进行描写,突出它某一方面的特点。(200字左右)

示例:风真调皮啊!你看,它去挠小草弟弟的痒,笑得小草弟弟扑倒在地。风真调皮啊!你看,它向湖水姐姐做鬼脸,乐得湖水姐姐眼角都有了皱纹。风真调皮啊!你看,它把云妹妹推来推去,把那朵悠闲的云赶得满天跑。风真调皮啊!你看,它趁大树爷爷正在睡觉,悄悄地脱走了大树爷爷的绿衣。

测评类

在线测评一

判断下列说法的正误。

1. 宗璞,著名哲学家冯友兰之女。

2. 本文是一篇小说,语言明丽而含蓄,流畅而有余韵,颇具特色。

3. 这篇文章写于"文化大革命"初期的1982年5月。

4. "关于生死的疑惑,关于疾病的痛楚"这两句话,指当时作者的父亲身患绝症(后于1982年10月病逝),作者承受着即将失去亲人的巨大悲痛。

5. 托物言志手法也可以称为象征手法。

在线测评二

1. 下列注音有错误的一项是(　　)。

　　A. 宗璞(pú)　　　迸溅(bèng)　　　绽开(zhàn)

　　B. 沉淀(diàn)　　琼浆(qióng)　　　酒酿(niàng)

　　C. 伫立(zhù)　　　伶仃(dīng)　　　挑逗(tiǎo)

　　D. 忍俊不禁(jìn)　盘虬卧龙(qiú)

2. 下列书写有错误的一项是(   )。

   A. 绽开 淀粉   B. 伫存 贮立

   C. 伶仃 玲珑   D. 繁密 蜜蜂

3. 下列多音字注音有错误的一项是(   )。

   A. tiāo(挑选)   tiǎo(挑逗)

   B. jīn(禁受)   jìn(禁止)

   C. lóng(鸟笼)   lǒng(笼罩)

   D. shèn(盛开)   chéng(盛饭)

4. 下列词语解释有错误的一项是(   )。

   A. 忍俊不禁:忍不住笑。忍俊,含笑。

   B. 伫立:长时间地站着。

   C. 伶仃:形容数量很少。

   D. 盘虬卧龙:回旋地绕,像卧着的龙。盘,回旋地绕、弯曲。

在线测评三

1. 写出作者对三角梅情感态度变化的过程。

   A_____→B_____→C_____→D_____

2. 本文的②~⑤节写了什么?在文中起什么作用?

3. "老伴的眼中闪耀出多年来少见的美丽光彩。"为什么?

4. 结合全文,说一说你对文尾句中"奥秘和潜能"的理解。

模块三 线下教学互动

习得能力——线下教学互动设计的关键

学生在经过"自主学习方案＋微课程资源"的"学得"阶段以后,就进入了线下教学互动的"习得"阶段。这一阶段需要在老师的引导下进一步内化知识、生成能力,也即"习得能力"。

内化知识即在原有认知结构中增加新的元素,基本上表现为对课前学习知识的温故,是一个从陌生到熟练掌握的过程。在这个过程中,认知上表现为学生掌握知识的量的规定性发生改变,新的知识融入原有认知结构之中。与此同时,为"顺应"新的认知结构做好了必要的准备。

生成能力类似于"同化性的图式或结构受到它所同化的元素的影响而发生的改变",是一个在原有认知基础上认识另一个或若干个未知领域的现象的过程,其结果是温故而知新的产生,表现为原有认知结构向新的认知结构的飞跃,学生能力综合发展带动知识内化一气呵成。原有认知结构顺应新的知识元素,"顺应"新认知结构的产生。

因此,"习得能力"真正抓住了线下教学互动的关键。

"展示——评价——深学"——线下教学互动"微格"循环

金陵教授主张线下教学互动阶段的操作应该走简约、包容、发散的路线,进而,他设计了线下教学互动的初级程序——检测、作业、协作、展示,简称"四步法"。"四步法"在翻转课堂实验中简单易学好操作,但仍然是"入门之法"。

对于我校的"两段三模块"来说,其中的第一步"检测"实际上没有必要,因为学生在"学得阶段"已经通过"在线检测"和"问题反馈"了解了自己的自学状况,而教师也通过这两个栏目了解了基本学情。线下教学互动的起始,应该是进一步交流自学任务,展示学习成果,通过教师与学生、学生与学生、小组与学生、班级与小组的多元评价来发现学习中存在的深层问题,由此,将学习引向深入。在深入学习之后,再次展示学习成果,通过多元评价来发现学习中存在的问题,由此,再次将学习引向深入。

在教学实践中,我们发现,线下教学互动是滚动进行的,而每一次"滚动"都必然经历这样一个过程:展示——评价——深学。这就是线下教学互动中的一个"微格"。

现代师范类培训中的"微格教学"给我们极大的启发。

微格教学

微格教学的英文为 Microteaching，在我国被译为"微型教学""微观教学""小型教学"等，目前国内用得较多的是"微格教学"。微格教学是一种利用现代化教学技术手段来培训师范生和在职教师教学技能的系统方法。微格教学创始人之一、美国教育学博士德瓦埃特·爱伦认为微格教学"是一个缩小了的、可控制的教学环境，它使准备成为或已经是教师的人有可能集中掌握某一特定的教学技能和教学内容"。微格教学实际上是提供一个练习环境，使日常复杂的课堂教学得以精简，并能使练习者获得大量的反馈意见。

微格教学并不意味着教学内容或者教学过程的简化不生动，微格教学时间一般控制在 5—10 分钟，在这几分钟内要求教师或者师范生将平时 40 分钟课堂内容能够在这几分钟内完整呈现，并且使学生听懂、理解！

乍看之下认为不可能，但是微格教学要求，在前 2 分钟内将这次所要讲的重点内容提出，之后时间用于讲解、练习。

微格教学指以少数的学生为对象，在较短的时间内（5-20 分钟）尝试小型的课堂教学，可以把这种教学过程摄制成录像，课后再进行分析。这是训练新教师、提高教学水平的一条重要途径。

在"两段三模块"中的"线下教学互动"模块，教学活动由一个或若干个"微格"构成，每一个"微格"都由"展示——评价——深学"构成。而每一个小步骤的具体教学法又可以是灵活多变的，这样做，既简约，可操作，又有较大的包容性、发散性。

展示

展示,特指展示学生"学得"阶段学习活动的成果,主要是完成"自主学习方案"中学习任务的成果。

"展示"其实是进一步内化知识、生成能力的高效教学策略。因为,只有通过展示,才能在"习得"初期,高效巩固"学得"阶段学习的知识,才能在老师的指导下,发现自身学习中存在的问题。展示的功能可以概括为两点:一是教给别人知识(自己进一步内化知识),二是发现自己的不足。展示的第一种功效,我们可以在"学习金字塔"理论中得到印证。

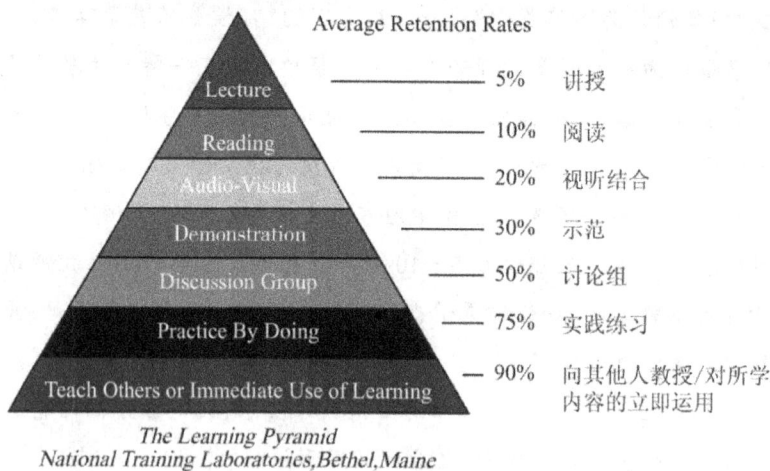

Average Retention Rates

Lecture	5%	讲授
Reading	10%	阅读
Audio-Visual	20%	视听结合
Demonstration	30%	示范
Discussion Group	50%	讨论组
Practice By Doing	75%	实践练习
Teach Others or Immediate Use of Learning	90%	向其他人教授/对所学内容的立即运用

The Learning Pyramid
National Training Laboratories,Bethel,Maine

美国缅因州贝瑟尔国家训练实验室提出的"学习金字塔"

2012 年 4 月 5 日,《中国教育报》第 8 版发表由赵小雅摄影、韩立福撰文、禹天建绘画的题为"推动课堂教学转型新视角"的文章,介绍美国缅因州贝瑟尔国家训练实验室关于学生在多种学习方式指导下,学习 24 小时之后学习材料保持率的情况。

…… ……

结果是:采用"讲授"方法进行学习,学习 24 小时后的材料平均保持率仅仅达到 5%;采用"阅读"方法进行学习,学习 24 小时后的材料平均保持率仅达到 10%;采用"视听结合"方法进行学习,学习 24 小时后的材料平均保持率达 20%;采用"示范"方法进行学习,学习 24 小时后的材料平均保持率达 30%;采用"讨论组"方法进行学习,学习 24 小时后的材料平均保持率达 50%;采用"实践练习"方法进行学习,学习 24 小时后的材料平均保持率达 75%;采用"向其他人教授／对所学内容的立即运用"方法进行学习,学习 24 小时后的材料平均保持率达 90%。前 4 种方法都属于教师主导下的被动教学方法,学习效益值均小;而后 3 种方法都属于学生主动参与的学习方法,学习效益值均高。

把文章中的学习材料平均保持率制作成锥形图示,就是广为流传的"学习金字塔"。

金陵《翻转课堂与微课程教学法》

评价

评价,在线下教学互动"微格"中特指评价"展示"的内容。评价的主体应该是多元的,既有展示者的自我评价,又有小组的评价;既有教师的评价,又有学生的评价。评价的目的,除了激励,更重要的是发现问题,实现"展示"的第二个功能——发现问题。

(关于"评价"的方式,在下文"支架四 嵌入评价"里会深入探讨。)

深学

"深学"相当于金教授的"作业、协作"两个环节。我们之所以把这两个环节改造为一个大的环节,是因为"深学"的方式并不排斥"讲授"在内的传统教学方式,协作学习也只是"深学"的一个"选项"。

"深学"是"展示——评价"基础上的进阶学习,是内化知识的重要环节。翻转课堂的重要特征之一,就是"作业"这一"习得能力"的重要环节被提前到课堂上进行,学生在课堂里进一步内化知识、生成能力。在这个意义上,可以说没有"深学"就没有"翻转"。

"深学"的内容需要教师在课前通过分析"在线测学"和"问题反馈"两个环节的学情,充分预估学生有可能存在的问题,有针对性地设计"深学"活动,同时,结合在"展示——评价"环节发现的问题,调整预设,组织"深学"。"深学"阶段需要教师预设和调整学习活动。

由于"深学"阶段是学生在自主学习阶段后的"进阶",所以,难免会遇到种种疑难或困惑。这个时候,开展协作探究是非常必要的。单纯地"讲授"往往沦为重复。这一环节中,教师对"有效活动"的设计调整至关重要。

(关于"活动"的方式,在下文"支架三 有效活动"里会深入探讨。)

案例《紫藤萝瀑布》"线下教学互动"设计(曹树兵老师)

课内		线下教学互动		
		展示	评价	深学
第1课时	语文知识	师徒交流徒弟展示	师傅评价	重点讲解托物言志(象征)的知识。
	朗读课文	组长主持组内交流徒弟展示	师傅评价	听写重点词语。
	思维导图	思维导图组内交流推举佳作分组展示	组间评价师生评价	(PPT精讲点拨课件) 1.分角色朗读"赏花"部分,理清写景的顺序,感受景物的特点,理解拟人的修辞方法的作用。 2.有感情地读第7段,体会借景抒情的写法。 3.比较阅读第8、第9段,理解对比手法的作用。 4.背诵第10段,理解"紫藤萝"的象征意义,体会本文托物言志的写法。
第2课时		师徒交流师徒展示分组展示	生生评价师生评价	(PPT精讲点拨课件) 重点讲解两处难句的赏析。 1."紫色的瀑布遮住了……流向人的心底。"(物我交融) 2."香气似乎也是浅紫色的,梦幻一般轻轻地笼罩着我。"(通感)

片段写作	仿写片段组内交流推举佳作分组展示	组间评价师生评价	补写：为自己的仿写补写一两句议论抒情的句子。	
拓展阅读	组长主持组内交流徒弟展示	师傅评价	讨论：两篇文章在景物描写和表现手法上有哪些相似之处？	

说明：师傅和徒弟指小组师友制中学生的不同角色分工。

从"三环八步"到发现教学融合的奥秘

● 三环八步

在三个模块中，金陵教授对自主学习方案和微课程资源的阐述较为完备，而第三个模块"线下教学互动"较为薄弱。金教授认为这是一个开放的模块，需要教师在教学中创新。我们认为这一部分内容才是"翻转课堂"高效的关键。"翻转课堂"作为一种线上与线下混合的教学模式，与线上学习相关的前两个模块业已成熟，而线下的课堂教学模式只是建立了教学环节的基本模型——"展示——评价——深学"。那么，怎样展示？如何评价？又如何引领学生深入学习呢？我们在操作层面上，推行了"三环八步"教学模式。

"三环八步"教学模式操作要领

环节	步骤	任务目的	教师操作要领	学生操作要领
自主质疑	一尝试自学	掌握基础知识	预设并上传预习学案和微课；明确双基自学目标，让90%学生掌握80%；将目标转化为任务，原则上不超过三个；依据预设的重点、难点、疑点设计自学程序；提供1~2个微课，每个不超过10分钟。	读目标，明确重难点；根据自学任务，独立思考问题，圈点勾画教材，标记疑难问题；有选择地观看微课。

	二基础测学	检测自学情况	预设上传检测题；要紧扣双基自学目标，涵盖每个知识点，难度以中下为宜；根据学科特点可以设计选做题。	先闭卷限时自测；再看答案讲析或者微课；小组研讨疑难后，将不能解决的疑难问题上传给老师。
	三解疑问学	提出疑难问题	收集并分析学生汇报的共性疑难问题，调整教学目标和重难点；指明本节课的学习目标。	汇报疑难问题；明确本节课的学习目标。
练习内化	四进阶深学	深入探究疑难	预设并提供进阶深学任务，原则上不超过三个；科学设计自学任务程序；如果是传统的练习设计，则强调独立思考，自主解疑；如果是活动设计，必须指向目标，有助于知识生成、能力形成，发挥合作学习的协同优势，切忌无效活动。	根据深学任务，独立思考问题，按照程序，逐次完成任务；在合作学习中要明确活动中自己的角色任务，组内同学互帮互学，活动中要强调协作。
	五展示论学	师生思维碰撞	预设并组织展示的方式、人员、组别、次序；首先，生生点评，然后师生点评；教师点评要精当，及时抓住生生点评中的关键处，把学习引向深入。	按照老师的组织，分组展示论学；要先组内点评补充，再倾听其他组的点评，充分进行思维碰撞；要特别关注老师的精讲点拨。
	六系统理学	总结归纳梳理	根据本章节重难点和课中阶段的学习成果，梳理学习过程，形成知识网络。系统理学的方式可灵活预设，可以是初绘思维导图、自我检测、拓展活动等。	反思论学阶段的成果，回顾整个学习过程，按照老师提供的方式构建知识网络。

拓展升华	七拓展用学	拓展训练运用	设计、上传分层性的"拓展应用"检测题；提供思维导图范例，引导学生绘制思维导图，形成知识网络。	自主、限时完成检测题并上传提交；对照范例，自主完成思维导图。
	八微课助学	纠错总结升华	设计、上传检测题辅导微课或作业讲析电子材料；依据学生拓展测学情况，确立共性问题和重点，并当面辅导学生。	观看微课或作业讲析材料，及时纠错并进行规律总结。

● **"教学融合"的视角：**

学习支架 = 问题情境 + 思维导图 + 有效活动 + 嵌入评价

学习支架

经过"三环八步"的实践探索，我们对三个模块——特别是线下教学互动模块，再次解构和重构。我们尝试引入"支架"这一概念。

伍德（Wood, 1976）最先借用这个术语来描述同行、成人或有成就的人在另外一个人的学习过程中所施与的有效支持。

普利斯里（Pressly, 1996）等人的定义是：根据学生的需要为他们提供帮助，并在他们能力增长时撤去帮助。

英特尔未来教育的第 5 模块中说：支架就是我们为学生提供的支持机构，用来帮助他们组织和支持调查或探究过程。

> **学习支架**
>
> 支架是由建筑术语借用而来，原意是指建筑行业中使用的"脚手架"，即人们在建造、修葺或装饰建筑物时所使用的能够为他们和建筑材料提供支持的暂时性的平台、柱子等。楼房建造是主体，支架只不过是一种临时性的、过渡性的辅助工具，当房子造好后，这

些支架就会被拆掉,最终只留下建筑物本身屹立在那里。在这里用来形象地描述一种教学方式,根据建构主义学习理论,教学活动也是一样——学生在学习的过程中,需要老师适时、适量地支持;随着学生学习的发展,这种支持就会渐渐地减少;直到学生解决了问题,学会了学习,就不再需要支持。这种支持师生教学活动的支架,我们就称之为"学习支架"。

吴和贵,《支架式教学:有效教学的生长点》,中山大学出版社,2013 年 4 月出版

华东师范大学网络教育学院闫寒冰老师用一个图示清晰地展现了"学习支架"的理论依据。

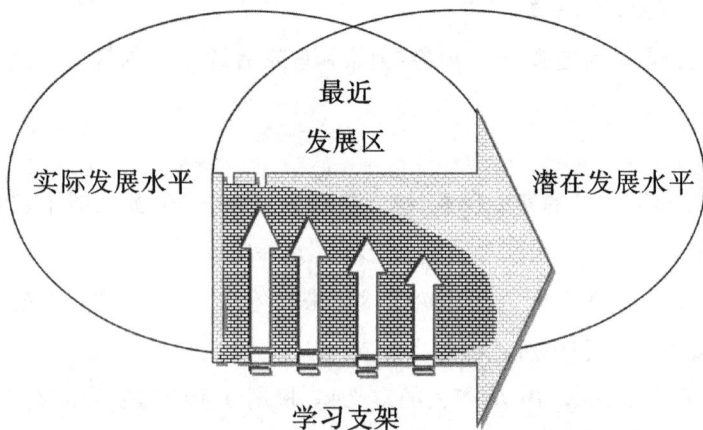

实际发展水平　最近发展区　潜在发展水平

学习支架

苏联著名心理学家维果茨基的"最近发展区"理论,为教师如何以助学者的身份参与学习提供了指导,也对"学习支架"提出了意义明晰的需求说明。维果茨基将学生的实际发展水平与潜在发展水平相交叠的区域称为"最近发展区"。这个发展区存在于学生已知与未知、能够胜任和不能胜任之间,是学生需要"支架"才能够完成任务的区域。

闫寒冰老师认为,学习支架使得学习情境能够以保留了复杂性和真实性的形态被展示、被体验。离开了学习支架,一味强调真实情境的学习是不现实、低效率的。

学习支架让学生经历了一些更为有经验的学习者(如教师)所经历的思维

过程,有助于学生对于知识,特别是隐性知识的体悟与理解。学生通过内化支架,可以获得独立完成任务的技能,保证学生在不能独立完成任务时获得成功,提高学生先前的能力水平,帮助他们认识到潜在的发展空间。学习支架对学生日后的独立学习起到潜移默化的引导作用,使他们在必要的时候,可以通过各种途径寻找或构建支架来支持自己的学习。

闫寒冰老师从表现形式方面,对学习支架进行了分类。

范例

范例是符合学习目标要求的学习成果(或阶段性成果),往往包含了特定主题的学习中最重要的探究步骤或最典型的成果形式。好的范例在技术和主题上都会对学生的学习起到引导作用。范例并不一定总是电子文档等有形的实体,还可以是老师操作的技巧和过程。

问题

问题是学习过程中最为常见的支架,相对"框架问题"而言,支架问题的系统性较弱,同时更具结构性,更加关注细节与可操作性。

建议

当设问语句改成陈述语句时,"问题"支架就成为了"建议"支架。与"问题"支架的启发性相比,"建议"支架的表现方式更为直接。

指南／向导

指南(亦可称为向导)是问题、建议等片段性支架针对某个主题的汇总和集合,关注整体性较强的绩效。

表格

表格用二维表格的形式对信息进行整理,或为学生的整理与分析提供框架。

图表

图表用可视化的方式对信息进行描述,尤其适合支持学生的高级思维活动,如解释、分析、综合、评价等。

其他:解释、对话、合作

一中心、两阶段、三模块、四支架的关系

结合学习支架的概念和分类，我们对"三环八步"的教学结构要素进行分析，将教学中的各种教学法抽离出来，再优化组合，搭建起了四个相互联系，又相对独立的教学支架，即问题情境、思维导图、有效活动、嵌入评价。

"一中心"即"以学习活动为中心"是"灵魂"；"两阶段"即"学得阶段和习得阶段"，是从"学"的视角对学习过程的划分；"三模块"是从"教"的视角对教学结构的区分（这三个模块本身也是模块化的教学支架），而"四支架"则从"教"与"学"融合的视角，在操作层面上对"学"的过程提供"教"的支撑（这是更加具体而微、可以灵活运用的教学支架）。

四支架与两阶段三模块的关系示意图

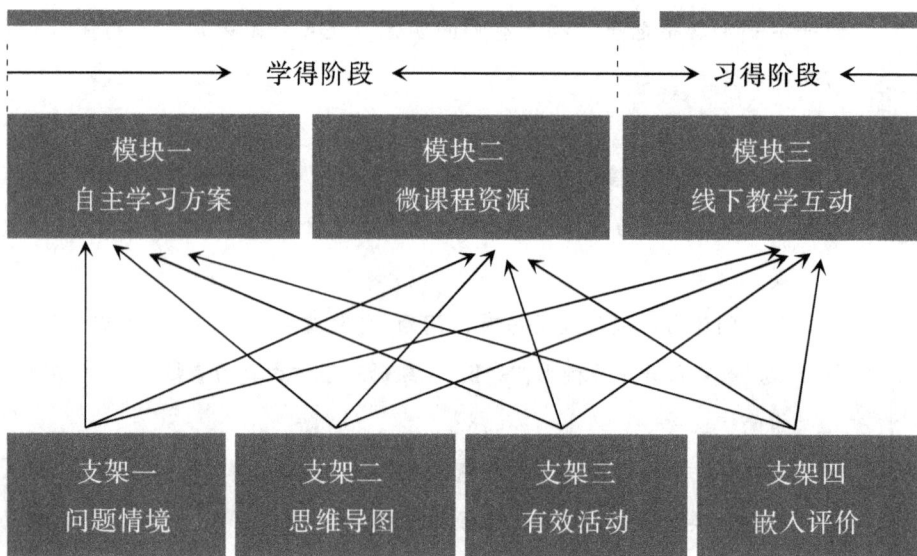

"一中心、两阶段、三模块、四支架"教学设计过程模式

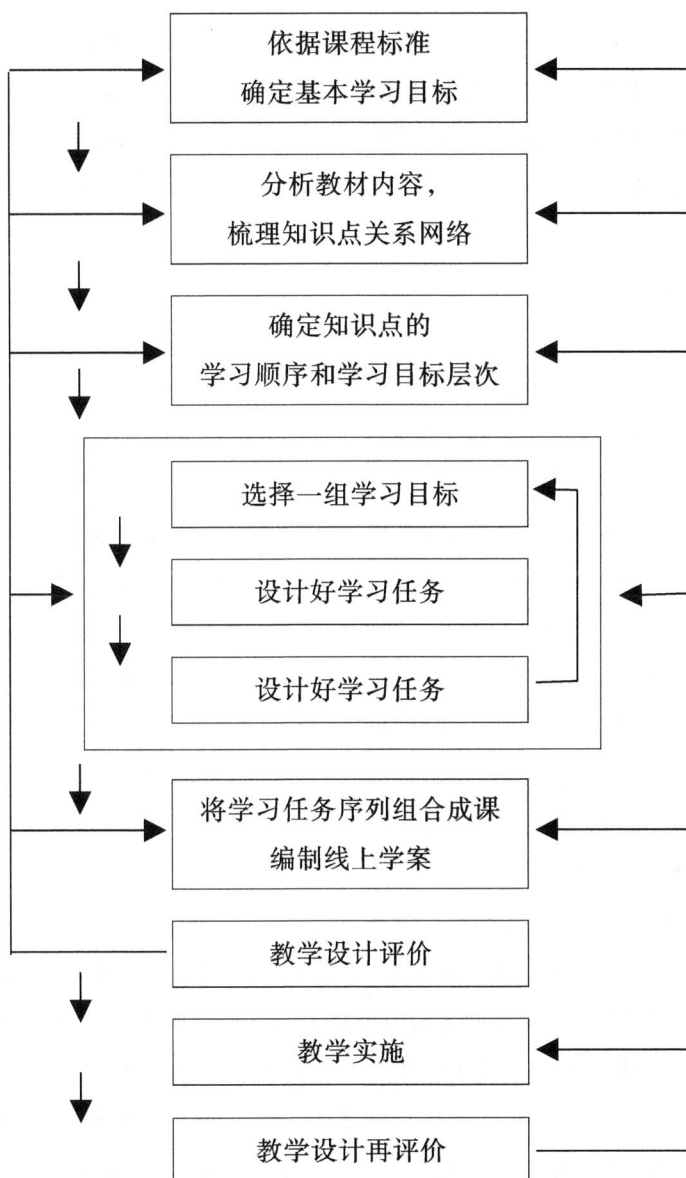

```
              ┌─────────────────────┐
         ┌───→│   依据课程标准        │←───┐
         │    │  确定基本学习目标      │    │
         │    └─────────────────────┘    │
         │            ↓                  │
         │    ┌─────────────────────┐    │
         ├───→│   分析教材内容，       │←───┤
         │    │  梳理知识点关系网络     │    │
         │    └─────────────────────┘    │
         │            ↓                  │
         │    ┌─────────────────────┐    │
         ├───→│   确定知识点的         │←───┤
         │    │  学习顺序和学习目标层次  │    │
         │    └─────────────────────┘    │
         │    ┌─────────────────────────┐│
         │    │  ┌──────────────────┐   ││
         │    │  │  选择一组学习目标   │←┐ ││
         │    │  └──────────────────┘ │ ││
         │    │      ↓                │ ││
         ├───→│  ┌──────────────────┐ │←┤│
         │    │  │  设计好学习任务    │  │ ││
         │    │  └──────────────────┘ │ ││
         │    │      ↓                │ ││
         │    │  ┌──────────────────┐ │ ││
         │    │  │  设计好学习任务    │─┘ ││
         │    │  └──────────────────┘   ││
         │    └─────────────────────────┘│
         │            ↓                  │
         │    ┌─────────────────────┐    │
         └───→│  将学习任务序列组合成课 │←───┘
              │   编制线上学案        │
              └─────────────────────┘
                      ↓
              ┌─────────────────────┐
              │    教学设计评价        │
              └─────────────────────┘
                      ↓
              ┌─────────────────────┐
              │    教学实施           │←───
              └─────────────────────┘
                      ↓
              ┌─────────────────────┐
              │   教学设计再评价       │
              └─────────────────────┘
```

支架一 问题情境

问题情境——"四支架"的核心支架

我们在"学得阶段"设计"自主学习方案"时,需要贯彻"任务驱动、问题导向"的原则,而在"习得阶段","问题情境"又是深度学习的起点。学生在"学得阶段",通过"在线检测",初步获得学习的成就感,并发现自身存在的问题,产生深度学习的求知欲和自信心。在深度学习中,教师设计以问题为中心的活动情境,使学生带着问题运用知识,深入探究,在探究中进一步内化知识、生成能力。

因此,问题情境是"四支架"中的核心支架。我们可以从以下四种模式中获得启示。

---

1. 杜威的反省思维问题模式。

实用主义教育家杜威从儿童天生就具有某些才能、兴趣和社会需要等本能的观点出发,认为教学过程应以学生为中心,以问题为主导,给学生提供材料,让学生自主学习。其主要过程分为五步:①创设问题情境,构建学生感兴趣的学习氛围,以引起学生困惑、迷乱、怀疑等心理冲突。②明确问题性质,预设可能的解释,以作为展开思维的刺激对象。③提出解决问题的假设,占有有关资料,进行审慎调查研究。④阐释假设的内涵与外延,使其更准确,以期与客观事实相符。⑤检验假设,在行动中验证意义所在,从而解决问题,获得直接经验。

2. 帕内斯的"问题多元化创造"模式。

帕内斯是一名创造教育研究者,他从创造过程模式理论出发,倡导学习时关注问题自身的创造价值,以发现层次化、多元化的问题为中心,构建如下问题多元化教学模式:①使学生善于发现问题,在"给定的困境"中,指导学生提出值得探讨的许多具体问题,描述有关问题的诸多要素。②使学生学会确定问题,给定一个复杂的问题情境,要求学生找到陈述问题之后的"潜意识的"、"真正的"问题,

---

并扩展或重新定义问题,识别若干可能存在的子问题。③学会打破习惯性思维,培养发现、提炼问题的思维品质,如逆向思维、发散性思维等。④学会推迟判断,即对某一问题给出的答案,暂时不做评价。⑤进一步发现新的关系,如事物或经历之间的相似或差异。⑥学会评价问题及解决方案。

3.布鲁贝克的"问题课程"模式。

布鲁贝克从社会性问题的探讨和学习入手,如"贫穷问题"、"毒品问题"、"环保问题"、"女权问题"等,提出了如下"问题课程"模式:①确定研究的社会性问题,要具有全球性、地域性、时代性特征。②围绕问题展开社会调研,如问题的现状、性质、危害、趋向等。③对问题进行研讨,调动各学科的知识素养,允许学生就问题提出自己的观点,激励思维,在研讨中将各学科知识整合到学生自身发展上。④就问题调研写出问题报告,不拘形式,可以是论文,也可以是调查报告,只求个人完成,有独立见解。

4.托马斯的问题探究模式。

托马斯着眼于问题确立、探索、解决的全过程,提供了发现、提炼、辨析、解答的基本模式:①明确有待调查研究的问题,确立探究的起点状态。②将问题分解为若干组成部分,以便清晰地了解回答问题所需收集的各类信息资料。③收集所需信息资料,并予以分类、归纳、综合。④以解决或回答问题的方式来阐明信息资料,同时检验所收集的信息资料的价值。⑤陈述结论。⑥评估解决问题过程中的每一步骤。⑦诊断补救。如未能完成解答,应找出原因,开始新的探究、补救过程。

郑勇、陶三发、谭子刚《情境·探究·建构——课堂教学的最优化》

杜威的五步教学法把问题情境看成是首要的教学因素,教师的作用就在于提供材料,构建一种问题氛围,为学生形成一种暗示环境。一旦确立问题,学生会依其兴趣,通过假设——推理——检验等思维过程去解答问题,最终养成学会生活、服务社会的反省思维能力。帕内斯所关注的是问题的确立、问题的质量、问题的评价，而不是问题的解答。如何多层次、多视角地审视、评价有价值的问题是这一模式的本质所在。布鲁贝克的"问题课程"将课堂与社会联系在一起，有利于培养学生的社会责任感、使命感。同时通过调研，学生的实践能力大大提高，尤其在尊重事实、注重实地研究等科研素养养成方面的影响不可低估。托马斯的问题探究模式以特定问题的纵向探究和解答为取向层层推进，在不同阶段培养学生不同的能力。如对问题的分析能力，搜集、综合信息资料的能力，归纳、演绎的推理能力，自我监控、自我评价的能力等。

以问题为中心的教学模式多种多样，但它们有共同的特征——"以问题为中心"的教学模式。"问题情境"贯穿于此种教学过程的始终。如何搭建"问题情境"支架，将学习一步一步引向深入呢？

问题情境设计的"四化"

学习内容"问题化"

在教学中针对教材内容、教学重点和难点，结合学生认知水平，把教学内容加工成阶梯式的问题网络。这些问题中蕴含着能引发学生认知冲突的元素，因而能够激发学生的探究欲望。这些问题成为沟通书本知识与学生经验的桥梁，让学习的知识更具有生活意义。教学内容问题化，有助于让学生在真实的问题情境中去分析，去思考。教学实践表明，通过问题构建将知识问题化，学生可以在用问题搭建的桥梁上顺利通过，从而达成教学目标。

问题提出"情境化"

情境是指根据所要学习的知识和技能的发生、发展的可能过程所设计的学习环境。其目的是将学科的学术形态转化为教育形式，展现知识的背景，促使学生建构活动的发生，在实际情境中进行学习，可以使学生利用自己原有认知结构中的有关经验去同化和索引当前学习到的新知识，从而赋予新知识某种意义。

情境的构成要素是蕴含学习问题的各种背景素材，一般由相关的学习内容和预设的问题组成，也称问题情境。问题的提出不能直白进行，应尽可能在教师创设的问题情境中自然提出。通过真实情境烘托，学生的学习就会变得轻松自然。问题提出的最佳方式是学生在教师设置的情境中自主发现问题、探究问题、解决问题。

情境创设"生活化"

接受学习中的情境大多局限于课堂的有限空间,且多为模拟的、假设的情境,情境的利用也仅仅在学习的启动阶段。而在深度学习阶段,还应该包括课外、校外的空间与资源。除了模拟情境,更应该注重真实情境的创设与利用,生活情境始终与学习行为相伴。

在设计教学情境时,教师要把学生置于教学的出发点和核心地位,尽可能为学生创设真实的学习情境,努力营造出一个宽松、民主的学习环境和学习氛围,激发学生的学习热情和参与意识,激活学生的理智、经历和情感体验,最终使学生在真实的情境中获取新知识,学习新方法,培养新能力。

在具体设计中,教师应该从学生身边熟悉的家庭、社会、人生、自然、科技等领域入手,精心挑选适合教学目标的、学生感到新奇的、能够引发学生思维冲突的素材,创设情境进行教学,可以使学生对相关知识的认识更加感性化,产生问题意识,引发探究兴趣,形成学习动机。

生活探究"活动化"

生活探究"活动化"就是在生活情境中探究问题,教师必须搭建好探究活动的任务支架,才能维持学习动机,将学习引向深入。"两阶段、三模块、四支架"教学法之所以重视活动任务设计,是因为"做中学"更重视问题探究、参与体验、实践表达,这与关注既定知识的接受学习相映成趣。此外,"活动"不仅仅是使用语言、想象,还对一定的场地、设备、工具、材料有特定的要求,特别是要提供适合的高度定制化、集成化的数字化辅助学习工具。只有这样,活动学习才能在真实的、丰富的、具有挑战性的情境中发生和深入,活动学习的质量才能得以保障。

案例 用几何画板辅助探究中点四边形(岳茂富老师)

【问题情境】

一块面积为 100 平方厘米的白铁皮零件(形状是一个四边形),要从中裁出一块平行四边形白铁皮,使四个顶点分别落在原铁皮的四条边上,并要求裁出的平行四边形的面积等于 50 平方厘米,可以怎样裁?

【问题支架】

1. 回顾类比:上节课我们学习了三角形的中位线,我们已经知道连接三角形三边中点所得的三角形与原三角形形状相同,周长等于原三角形周长的二分之一,面积等于原三角形面积的四分之一。结合这一结论你对上面问题中的四边形问题可尝试如何探究?

2. 连接四边形各边中点所得的四边形叫中点四边形,请思考中点四边形的形状是怎样的?

3. 中点四边形形状的特殊性是受原四边形的什么特征影响的? 你能找到其中的对应规律吗?

4. 中点四边形的周长与面积和原四边形有什么关系?

【问题探究】

1. 各小组组长安排每个组员各画一个任意四边形,自己独立思考。联想三角形的中位线的定义和性质, 多数学生会想到尝试连接四边形四边的中点,得到中点四边形。

2. 部分同学得到中点四边形后,把得到的初步想法提议给小组长,小组长初审后安排组员复核,统一探究方法、方向,要求通过观察、度量中点四边形的长度、各内角的度数,探寻一般性结论。

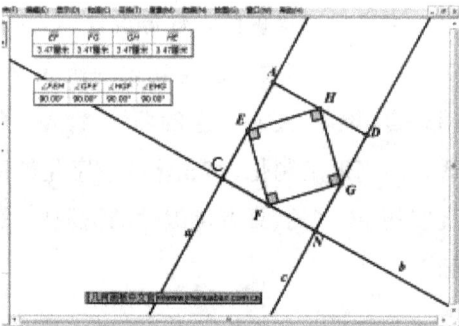

3. 为了更准确地探寻一般性结论, 同学们借助平板电脑中的几何画板软件,画出如图中点四边形。通过拖动四个顶点的位置, 改变原四边形的形状,中点四边形的边的长度、各内角的度数便马上得到具体值。

4. 由特殊四边形的判定方法,结合以上边角值,能得到中点四边形是特殊的平行四边形(矩形、菱形、正方形)。

5. 探究延伸:如果四边形的中点四边形是矩形、菱形、正方形,则原四边形需要具备什么条件? 小组内讨论交流后发现,EF 和 GH 分别是△ACN 和△ADN 的中位线,而第三边都是 AN,同理,EH 和 GF 对应着第三边 CD,结合三角形中位线定理,考虑到影响中点四边形的形状的因素可能是原四边形的对角线。

6.再次验证:利用上面编辑的几何画板,反复改变中点四边形的形状,当其是矩形、菱形、正方形时,观察对角线 EH 和 GF 的关系。

总结得出一般性结论:

①中点四边形的形状与原四边形的对角线有密切关系;

②只要原四边形的两条对角线相等,中点四边形就是菱形;

③只要原四边形的两条对角线互相垂直,中点四边形就是矩形;

④要使中点四边形是正方形,原四边形的两条对角线要符合的条件是相等且互相垂直。

⑤当对角线不满足以上特殊情况时中点四边形为平行四边形。

7.深化研究:学生用类似6的方法,实验操作中点四边形。通过多次数值测量,得到中点四边形的周长为原四边形周长的一半,面积为原四边形的四分之一。至此,问题情境中的问题得以解决,学生借助信息化手段实现了从特殊到一般的探究。

支架二　思维导图

思维导图是一种学习支架

让我们先来读一段书摘:

思维导图由世界著名的英国学者东尼·博赞发明。思维导图又叫心智图,是把我们大脑中的想法用彩色的笔画在纸上。它把传统的语言智能、数字智能和创造智能结合起来,是表达发散性思维有效的图形思维工具。

思维导图是一种革命性的学习工具,它的核心思想就是把形象思维与抽象思维很好地结合起来,让你的左右脑同时运作,将你的思维痕迹在纸上用图画和线条形成发散性的结构,极大地提高你的智力技能和智慧水准。

简单地说,思维导图所要做的工作就是更加有效地将信息"放入"你的大脑,或者将信息从你的大脑中"取出来"。

思维导图能够按照大脑本身的规律进行工作,启发我们抛弃传统的线性思维模式,改用发散性的联想思维思考问题;帮助我们做出选择、组织自己的思想、组织别人的思想,进行创造性的思维和脑力风暴,改善记忆和想象力等;思维导图通过画图的方式,充分地开发左脑和右脑,帮助我们释放出巨大的大脑潜能。

我们之所以使用思维导图,是因为它可以帮助我们更好地解决实际中的问题,比如,在以下方面可以帮助你获取更多的创意:

(1)对你的思想进行梳理并使它逐渐清晰;

(2)以良好的成绩通过考试;

(3)更好地记忆;

(4)更高效、快速地学习;

(5)把学习变成"小菜一碟";

(6)看到事物的"全景";

(7)制订计划;

(8)表现出更强的创造力;

(9)节省时间;

(10)解决难题;

(11)集中注意力;

(12)更好地沟通交往;

(13)生存;

(14)节约纸张。

绘制思维导图非常简单。思维导图就是一幅幅帮助你了解并掌握大脑工作原理的使用说明书。

思维导图就是借助文字将你的想法"画"出来,因为这样才更容易记忆。

绘制过程中,我们要使用到颜色。因为思维导图在确定中央图像之后,有从中心发散出来的自然结构;它们都使用线条、符号、词汇和图像,遵循一套简单、基本、自然、易被大脑接受的规则。

颜色可以将一长串枯燥无味的信息变成丰富多彩的、便于记忆的、有高度组织性的图画,接近于大脑平时处理事物的方式。

"思维导图"绘制工具如下:

(1)一张白纸;

(2)彩色水笔和铅笔数支;

(3)你的大脑;

(4)你的想象!

这些就是最基本的工具,当然在绘制过程中,你还可以拥有更适合自己习惯的绘图工具,比如成套的软芯笔,色彩明亮的涂色笔或者钢笔。

东尼·博赞给我们提供了绘制思维导图的七个步骤,具体如下:

(1)从一张白纸的中心画图,周围留出足够的空白。从中心开始画图,可以使你的思维向各个方向自由发散,能更自由、更自然地表达你的思想。

(2)在白纸的中心用一幅图像或图画表达你的中心思想。因为一幅图画可以抵得上1000个词语或者更多,图像不仅能刺激你的创意性思维,帮助你运用想象力,还能强化记忆。

(3)尽可能多地使用各种颜色。因为颜色和图像一样能让你的大脑兴奋。颜色能够给你的思维导图增添跳跃感和生命力,为你的创造性思维增添巨大的能量。此外,自由地使用颜色,绘画本身也非常有趣!

(4)将中心图像和主要分支连接起来,然后把主要分支和二级分支连接起来,再把三级分支和二级分支连接起来,依此类推。

我们的大脑是通过联想来思维的。如果把分支连接起来,你会更容易地理解和记住许多东西。把主要分支连接起来,同时也创建了你思维的基本结构。

其实,这和自然界中大树的形状极为相似。树枝从主干生出,向四面八方发散。假如大树的主干和主要分支,或主要分支和更小的分支以及分支末梢之间有断裂那么它就会出现问题!

(5)让思维导图的分支自然弯曲,不要画成一条直线。曲线永远是美的,你的大脑会对直线感到厌烦。美丽的曲线和分支,就像大树的枝杈一样更能吸引你的眼球。

(6)在每条线上使用一个关键词。所谓关键词,是表达核心意思的字或词,可以是名词或动词。关键词应该是具体的、有意义的,这样才有助于回忆。

单个的词语使思维导图更具有力量和灵活性。每个关键词就像大树的主要枝杈,然后繁殖出更多与它自己相关的、互相联系的一系列次级枝杈。

当你使用单个关键词时,每一个词都更加自由,因此也更有助于新想法的产生。而短语和句子却容易扼杀这种火花。

(7)自始至终使用图形。思维导图上的每一个图形,就像中心图形一样,可以胜过千言万语。所以,如果你在思维导图上画出了10个图形,那么就相当于记了数万字的笔记!

以上就是绘制思维导图的七个步骤,不过,这里还有几个技巧可供参考:

把纸张横放,使宽度变大。在纸的中心,画出能够代表你心目中的主体形象的中心图像。再用水彩笔任意发挥你的思路。

先从图形中心开始画,标出一些向四周放射出来的粗线条。每一条线都代表你的主体思想,尽量使用不同的颜色区分。

在主要线条的每一个分支上,用大号字清楚地标上关键词,当你想到这个概念时,这些关键词立刻就会从大脑里跳出来。

运用你的想象力,不断改进你的思维导图。

在每一个关键词旁边,画一个能够代表它、解释它的图形。

用联想来扩展这幅思维导图。对于每一个关键词,每一个人都会想到更多的词。比如你写下"橙子"这个词时,你可以想到颜色、果汁、维生素C等等。

根据你联想到的事物,从每一个关键词上发散出更多的连线。连线的数量根据你的想象可以有无数条。

由此,我们可以这样把握思维导图的实质:

思维导图 = 知识网络 + 思维过程。

作为 21 世纪全球革命性思维工具、学习工具、管理工具,思维导图已经应用于生活和工作的各个方面,包括学习、写作、沟通、家庭、教育、演讲、管理、会议等。

我们将思维导图引入信息化教学的"学得阶段",作为一种学习支架,更关注它的教学应用价值:思维导图是"学得"的成果,更是产生问题情境的新载体。

思维导图的教学应用价值

● 使思维过程与知识网络图形化,是信息化教学的新学具。

● 为思维过程与知识网络提供个性化表达。

● 在学得阶段,学生用思维导图建立系统完整的知识框架体系。

● 在习得阶段,通过评价思维导图,锤炼思维方式,为深入学习提供突破口。

思维导图的教学应用类型

我校思维导图的教学应用类型主要有手工绘制型、自主设计型、软件绘制型、范例引导型。

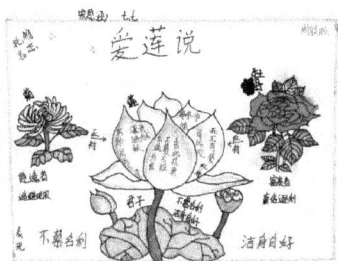

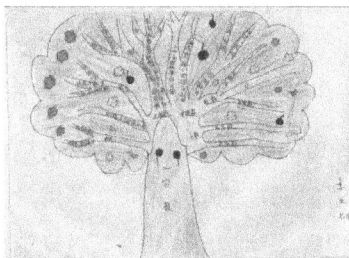

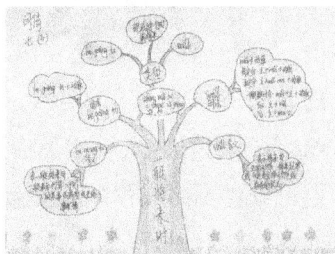

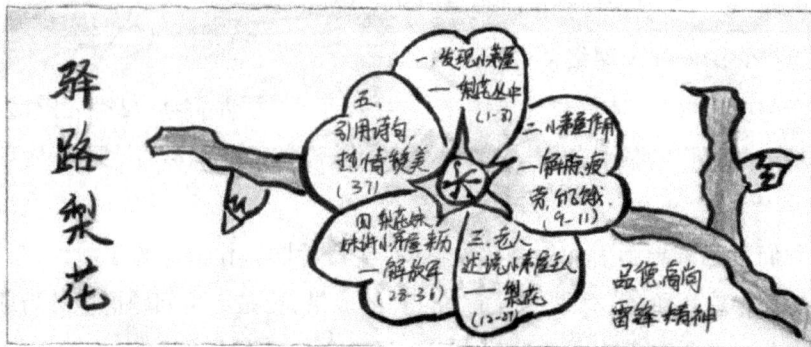

支架三　有效活动

问题情境是"习得"能力的温床,而丰富多彩的活动是"习得"能力的最有效的途径。

有效活动的情境分类

1. 真实型教学活动情境

自然、社会是学生知识建构不可缺少的资源,也是运用知识的最佳学习情境,学生在其中感悟、观察、体验。通过形式多样性的真实客观存在的教学活动情境,让学生亲临生活实际,在社区、工厂、田间、野外等真实的生活与场景中学习知识,运用所学知识解决实际问题,这就是真实型教学活动情境。

在真实的情境中进行教学,拓宽了教育的空间,把理论与实际相联系,可以使所学的知识得以运用,学生在身临其境的演练中施展自己的才能,品尝受阻时的焦虑和成功时的喜悦,在积极思考中提高了解决实际问题的能力。教育空间的拓宽,推倒了学校与社会之间的围墙,丰富了儿童认知建构的源泉。

2. 仿真型教学活动情境

教学中有时受时间、空间、财力、物力的限制,不可能每节课都把学生带入实际生活中。一些较难接触或学生不易真实接触的学习内容可以用模拟现实环境和情况的方法来满足教学的需要,这就是仿真型教学活动情境。如模拟十字路口的红绿灯的变化规律,模拟商店中现场购物的体验,学生在模拟法庭中辩论等等。更可以借助多媒体等教学手段模拟现实情境,也可以采用学生模拟表演等形式,达到所需教学活动的效果。模拟现实生活、创设仿真教学活动情境是教学中教师们经常使用的方法。

3. 资源型教学活动情境

根据课程的教学目标,为学生提供丰富的学习资源,由学生选择学习、探究的方式,充分发挥学生的主体作用,教师则起学习的引导者作用,使学生在探索中学习求知,培养其独立钻研、独立学习的能力,这样形成的教学活动情境称为资源型教学活动情境。资源的共享是时代发展的要求。学习的根本目的在于拥有学习资源,利用学习资源。为学生提供具有丰富学习资源的情境将会是未来教学环境发展的总趋势。

资源型教学活动情境,教师要围绕学习一个概念、掌握一个定理(规律)、解决一个问题,仔细选择,提供一系列学习资源供学生观察、探究、讨论、概括、拓展和使用。

资源型教学活动情境的问题背景不一定完全按照学生经历的实际发生去设置,但要提供大量学习资源,包括前人或他人认识过程的材料,供学生对比、选择、研究、归纳。资源型教学活动情境提供的资源包括供学生学习的器材和时空环境。资源型教学活动情境一般说比较适用于新授课、研究性学习等教学内容的线下教学互动。

4. 探究型教学活动情境

探究活动与问题情境是密切相关的。一般情况下学生在一定的问题情境的刺激下会主动参与探究。但实际教学中还往往出现学生遇到问题时,常常发现很难识别问题的关键和形成连贯的研究方法。他们也常常不清楚怎样把现在的问题和已经知道的东西联系起来。围绕问题的探究总是停留在问题的表面,有时引发问题后,教师如果不继续营造探究的情境,好的问题也会渐渐失去挑战性。因此在探究过程中需要教师营造探究学习的氛围,引导学生在探究过程的不同阶段深入地学习。探究型教学活动情境适用于科学探究性学习、综合实践活动等探究性、体验性教学,可以较好地达成过程方法、情感态度的教学目标。

5. 练习型教学活动情境

为新知识学习后巩固和拓展而创设的教学活动情境称为练习型教学活动情境。教学中无论是新课的巩固练习,还是独立的练习课,往往都需要在一定的情境烘托下,达到练习的效果。新课的巩固练习,有时利用课中的教学活动延伸即可达到引导学生自主练习的目的,有时也需要单独创设。独立的练习课,有时教师们可以用带有趣味性的故事情境进行串联,调动学生的练习兴趣。

　　练习型教学活动情境是在一定问题背景下和良好的心理氛围中进行学习后的拓展和练习,促进学生形成良好的求知心理,积极参与对所学知识的巩固、内化、拓展、熟练、应用,最终形成良好的智力、能力与素质。练习型教学活动情境适用于总结复习、巩固练习、各种评价等。

案例 初中生物信息化教学的五种"典型活动"实景(张辉老师)

(一)微课助学

课前微课助学(以学案为依托,以微课为辅助)

(二)绘制导图

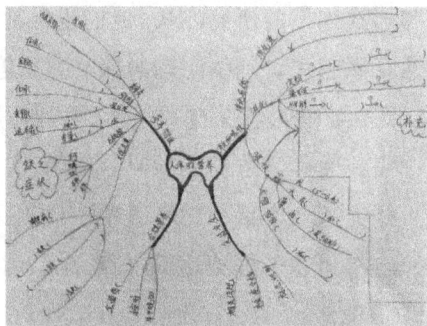

提供思维导图范例,引导学生绘制思维导图

（三）展示评价

以培养学生的成就感为抓手,强化知识的自动生成

（四）仿真实验

利用生物仿真模拟实验室完成实验课翻转（先线上模拟实验再动手操作）

（五）实验探究

学生自主完成实验探究（强化动手实践,完成实验课翻转）

"PBL 项目学习"——有效活动的高阶应用(一)

"项目学习"是有效活动的一种高阶应用。

基于项目的学习(Project-Based Learning)

PBL 的基本要素和特征：

基于项目的学习主要由内容、活动、情境和结果四大要素构成。

```
        基于项目的学习(PBL)
    内容-活动-情境-结果
```

基于项目的学习主要有如下特征：

①有一个驱动或引发性的问题，问题是用来组织和激发学习活动的，学习活动则是有意义的基于项目学习的主体。

②有一个或一系列最终作品，而且学生之间要就作品制作进行交流和讨论，从而在交流和讨论中得出结论和发现一些新的问题。

③关注的是多学科交叉的知识。来源于现实生活的问题是一种多种学科交叉的问题。在学习过程中，面对现实生活中的问题，学生需综合运用多种学科知识来理解和分析，单纯地依靠一门学科知识则无法解决所遇到的问题。

④强调学习活动中的合作。老师、学生以及涉及该项活动的所有人员相互合作，形成"学习共同体"。在"学习共同体"中，成员之间是一种密切合作的关系。

⑤学习具有一定的社会效益。基于项目的学习能促使师生与广大的社区进行联系，学生的作品，如学习过程所需的文献资料和学生的最终作品都能够与老师、家长以及商业团体进行交流和分享，学生制作的作品可以提供给商家在市面上销售，从而获得一定的经济效益。

⑥学习是在现实生活中进行探究。基于项目的学习要求学生

对现实生活中的问题进行探究,学生通过探究获得学科知识的核心概念和原理,从而掌握一定的技能。

⑦学习过程中需运用到多种认知工具和信息资源。在学习过程中,学生会使用各种认知工具和信息资源来陈述他们的观点,支持他们的学习。这些认知工具和信息资源有计算机实验室、超媒体、图像软件和远程通信等。

PBL 的操作程序:

PBL 是一种新型教学模式,是一种革新传统教学的新理念,这种学习强调的是以学生为中心,强调小组合作学习,要求学生对现实生活中的真实性问题进行探究。通常其操作程序分为选定项目、制订计划、活动探究、作品制作、成果交流和活动评价六个步骤。

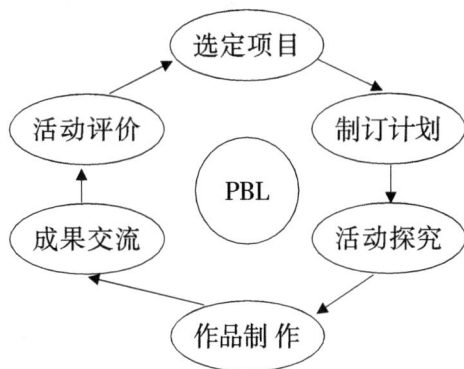

①在基于项目的学习中,项目的选择很重要,它应该由学生根据自己的兴趣来选择,教师在此过程中只能作为指导者的角色。首先,所选择的项目是否和学生日常的生活相关;其次,应该考虑学生是否有能力开展该项目的学习,并且项目应能融合多门学科,如自然、数学和语文等;再次,项目应该丰富,值得学生进行至少长达一周时间的探究;最后,学校有能力对该项目学习进行检测。

②计划的内容有学习时间的详细安排和活动计划。时间安排是学生对项目学习所需的时间做一个总体规划,做出一个详细的时间

流程安排。活动设计是指对基于项目的学习中所涉及的活动预先进行计划,如采访哪些专家、人员的具体分工、从什么地方获取资料等。

③活动探究是基于项目的学习的主体,学生大部分知识内容的获得和技能、技巧的掌握都是在此过程中完成的。

④作品制作是基于项目的学习区别于一般活动教学的重要特征。在作品制作过程中,学生运用在学习过程中所获得的知识和技能来完成作品的制作。

⑤学习小组通过展示他们的研究成果来表达他们在项目学习中所获得的知识和所掌握的技能。

⑥基于项目的学习与传统教学模式的一个重要区别还在于学习评价。在这种教学模式中,评价要求由专家、学者、老师、同伴以及学习者自己共同来完成。它不但要求对结果评价,同时也强调对学习过程评价,真正做到了定量评价和定性评价、形成性评价和终结性评价、对个人的评价和对小组的评价、自我评价和他人评价之间的良好结合。

ET- 纳纳的博客

案例 冯振彬老师设计执教"网络利弊大家谈"课堂实录(片段)

主持人利用网络热词"微"字引出本节课的辩论主题"上网利大还是弊大"。主持人介绍双方选手,正方选手分别是一班代表、二班代表、三班代表。反方选手是四班代表、五班代表、六班代表。各班同学在辩论的过程中利用平板查询有关资料及时提供给自己的选手。第一环节:开篇立论,各抒己见。……第二环节:你攻我防,自由辩论。在这一轮中就需要支持者的帮助,充分发挥平板上网的作用,提问或回答。双方的支持者利用平板上网查询有关资料,通过蓝牙或共享提供给选手。……第三环节:最后陈述,一决高低。由双方三辩陈述,时间不超过4分钟。……二人除了陈述文字资料外,还通过平板提供了影像资料,向同学们形象展示了证明自己观点的佐证。

主持人最后总结:通过刚才双方激烈的辩论,我是完全理解到了,任何事物都有它自身的两面性,而中学生上网这件事情也不例外。我们既不能说它是百害而无一利,也不可能说它是百利而无一害。而对于我们学生来说,学习是首要目的,我们可以利用闲暇时间看看新闻、听听音乐、查找资料等,但一切都要以"适度"为准。社会在进步,科技在发展,我们只有与时俱进,才能跟上时代的步伐。我们学校抓住了促进教育发展的契机,适时把翻转课堂引进了我们的学习之中。小小的平板电脑就成了我们学习的武器,提高了我们学习的兴趣,拓展了我们的视野,增强了我们的动手能力。为了我们能更好地利用平板上网学习,我提议同学们做好以下几点:

1. 要善于网上学习,不浏览不良信息。

2. 要诚实友好交流,不辱骂欺诈他人。

3. 要增强自护意识,不随意约会网友。

4. 要维护网络安全,不破坏网络秩序。

5. 要有益身心健康,不沉溺虚拟时空。

…………

"STEM 做中学"——有效活动的高阶应用(二)

"STEM 做中学"是有效活动的另一种高阶应用。

"做中学"是国家素质教育改革项目的简称,在欧美又称为STEM 教育。"做中学"课程包括生命科学、地球和环境科学、物理和物质科学、设计和技术科学,把互相不关联的四大自然科学领域课程整合到一个教学平台上,非常有利于学习的融会贯通。20 世纪 60 年代开始,美国、法国、英国、加拿大等发达国家已经开始进行探究式科学教育改革,并把语文、数学、探究式科学教育列为幼儿园和中小学的三门主要课程。"探究式科学教育"(Inquiry-Based Science Education)是国际科学理事会和联合国教科文组织在世界范围内推动的素质教育项目,在美国叫"动手做",法国叫"动手和面团",加拿大叫"以学生为中心的教学法",中国叫"做中学"。

"做中学"既是一种教育理念，又是一种教育方法，同时也是一个教育过程。作为儿童科学教育的一种形式，它也体现着素质教育的目的和精神。"做中学"的教学流程有其鲜明的特色和基本模式。"做中学"研究成果表明："做中学"不仅能培养儿童的科学精神和动手能力，也能培养儿童的团队合作精神，是儿童科学启蒙教育的重要形式。

"做中学"吸取了美国的"Hands-On Inquiry Learning"和法国的"La Maina La Pate(即"动手做")"等国外先进的经验。从生命科学、地球和环境科学、物理和物质科学、设计和技术科学四大自然科学领域出发，培养孩子的思维能力、观察能力、解决问题能力、创造能力、表达能力、合作能力和社会情绪控制能力，使孩子主动学习，提高学习效率。为3—15周岁孩子提供优质的科学教育，实现素质教育的目标。

孩子们的探究过程首先是基于前概念提出问题、给出假设、设计和实施实验、得出结论、相互交流等步骤，并在教师和家长的帮助下，对整个过程进行记录（"学龄前"儿童用图画记录）。

传统演绎式教育仅教具体概念和知识，教孩子说、写、听、唱等具体技能的学习，一旦遇到突发情况，这些就不管用了。而"做中学"科学探究是孩子自己参与的活动，让孩子亲自参与物体和自然现象的发现、观察与实验，接触实际，从而达到以下目的：保护孩子的好奇心，激发孩子的学习兴趣，孩子就会主动学习；激发保护想象力，扩展思维；获得重要的科学概念和科学概念之间的联系；学习探究的技能；改善合作和交往能力；促进语言和表达能力的发展，并在学习的过程中逐渐建构自己的知识体系。

案例 创新作文获奖作品《我的3D打印学习之旅》(选摘)

加入3D打印兴趣小组

……今天，老师说学校新组建了一个3D打印创新实验小组，我报了名……辅导员是郭广龙老师……

看到打印作品和目睹打印过程

……郭老师把我们带到3D打印创新实验室。我立刻被教室后面展示橱柜里面的3D模型吸引了，有金色的十二生肖兽首……接着，让我们仔细观察3D打印的过程……

接触 sketchup

我们首先学习的是电脑3D软件sketchup，模型需要先在电脑里制作出来……和在纸上平面绘画不同，3D软件是在一个立体的空间里面绘画，刚上来真有点不适应。但是老师给我们演示几次之后，我就逐渐入门了，感觉sketchup的推拉工具真好玩……

开始做三维模型

初步掌握了几个主要的工具之后，老师给了我们第一个正式作业：用sketchup分别制作正方体、长方体、球、圆锥、棱锥、棱台等简单几何体模型。这个简单。第二个作业是做一个3D书桌。先看视频演示，然后自己制作。这个3D书桌就复杂多了……最后，胜利完工。

第一个原创作品

之后，郭老师交给我们一个新任务：做一个自己的原创设计的模型，不能是视频教学中的例子。做什么呢？受历史和地理课本上的图片启发，我决定做个金字塔。埃及的金字塔太简单，只是一个四棱锥体而已，我选择做玛雅金字塔，四周有台阶，上面还有个祭台，当然为了降低制作难度我把它抽象简化了。先在纸上设计好每个部位的比例、尺寸，然后用sketchup不断修改，费了九牛二虎之力，终于大功告成。

"小组师友制"——有效活动的高阶组织形态

"小组师友制"是有效活动的一种高阶组织形态，兼有小组合作学习和"师友制"的优点。

"师友制"合作学习

……山东青岛即墨二十八中一线教师在改革探索中发展了"和谐互助"教学模式。它提倡课前预习和课堂自主学习，变以"讲"为主的教学模式为以"学"为主的教学模式……和谐互助教学策略

正是借助学生之间的关系,采用"学生问学生、学生教学生、学生帮学生、学生检查学生、学生影响学生、学生引领学生"的方式使其互助学习、共同发展。

······ ······

"和谐互助"教学策略的基本思想是学生同桌两人为一组,其中一名同学担任"师傅",另一名同学担任"学友",课前,学生根据预习作业预习,课上,师友对预习情况展开讨论,若学友有解决不了的问题,则师傅帮助解决,若是师傅也一知半解,则可先同其他师傅请教讨论,理解之后再教给学友,如果都不会,则由老师统一讲解。在学习过程中,师友两人和谐互助,共同学习,共同进步。

······ ······

教师通过一段时间的观察,从各个学科角度将学生按照基础知识、智力水平、兴趣爱好、学习能力、交往能力等划分为四类,即优秀、良好、一般、较差。两两配对结成同桌,其中一人为"师傅",另一人为"学友",通常是优秀生和一般的学生一组,良好生和较差的学生一组,也要考虑学生的意愿,由学生自主找到学习伙伴,更有利于提高学习积极性,提高团队的配合度。对于某些学生从学习效果角度考虑而出现的强强联合的现象,教师要适当加以干涉。分组时要本着合作互补的原则,同质师友间形成竞争,以竞争促学习,各组师友之间要体现公平性,起点相同,这样才能真正展开师友互助。

师友组合并不是固定的,要实行动态管理体制,课前教师对学生的思想意识、教学方式、职责分工等进行集体和个别培训。师傅有责任教会学友学习,培养学友的学习习惯、创新思维,激发其学习热情和灵感,对学友的思想、行为、学习、纪律等方面进行全面管理;学友接受师傅的学习指导和管理,不断弥补不足,提高自己的能力和素质。师友之间要遵循荣辱与共、和睦相处的原则,但师傅不可以包办学友的学习活动,课堂上要发挥每一位学生的主观能动性。师傅善于倾听,学友不懂就问,师友之间勤于交流、换位思考、取长补短、共同提高。

孙雨、林景波《"和谐互助"教学策略的研究》,《考试周刊》,2014 年第 28 期

小组师友制学习操作要领

1. 尝试独立解决;

2. "徒弟"讲给"师傅"听;

3. "师傅"教给"徒弟"学;

4. 小组共同解决疑难;

5. 全班共同解决疑难。

座次排列示意图

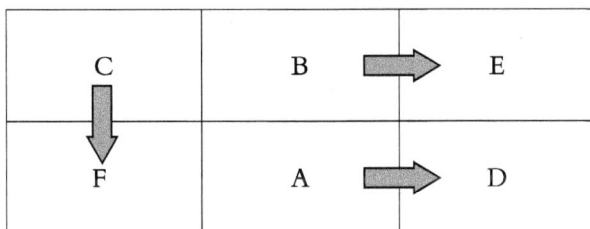

说明:按照"组间同质、组内异质"的原则,将全班分为若干小组。每组六人,按照素养发展水平分为两组,ABC 为较高水平的三位同学,DEF 为较低水平的三位同学。ABC 三位同学为"师傅",DEF 三位同学为"徒弟",分别按照箭头指示方向结成"师徒",并按照图示座次排位置。

案例 舞蹈课教师杨华的一则教育日志(节选)

2015 年 4 月 23 日下午六点一刻,我像往常一样到舞蹈教室例行检查,发现我那群"男子兵团"还在那儿簇拥一团,埋头观看手里的平板电脑,时而点头,时而摇肩,时而摆臂,时而踢腿……甚是陶醉。此情此景,让我格外感动。自成立男子舞蹈社团以来,我那 20 多个帅气小伙子的努力我是尽收眼底,对于这一群普普通通的农村男孩子来说,又是格外不容易。他们在此之前并没有接触过舞蹈,就只有广播体操的水平。加入舞蹈社团以后,每一个坚持的细节、努力的画面都

令我感动，今天也不例外。看着件件背后湿透的 T 恤，我已不忍再继续看下去，笑着说："王乐，你们怎么还没回去？今天的训练已经结束了，快点回家吧！"王乐抬头看见了我，腼腆一笑说："老师，我们今天学的起跳动作老是做不齐，我们在一起解决它。就一小会儿，嘿嘿……"说着，露出一口洁白的牙齿。"今天我们学的这个动作，确实是有些难度的。蒙古舞在所有少数民族舞蹈中是最具有鲜明特点的，明快的节奏，表现了他们开朗豁达的性格和豪放英武的气质，具有强烈的民族特色。所以要想跳好蒙古舞：其一是通过肢体训练达到肢体的解放，肢体的解放是把握蒙古舞气质的基石；其二是把握民族气质；其三是在把握气质的前提下恰到好处地处理动作节奏。只有掌握了这三点，才能很好地把握住蒙古舞的节奏与速度，才能整齐划一。"说着，我示范出今天的动作，学生即兴开始模仿，我便顺势开始逐个纠正学生动作。"叮……"清脆的放学铃声响起。"同学们，今天就到这里吧，一会儿天就黑了，回家吧，在路上注意安全！"我回过神来，认真地说。"可是，这个问题不完全解决，会影响明天的进度啊！"褚朝阳急切地说。我欣慰地说："那好吧，既然大家都不尽兴，那回家后我们用平板中的微信看看自己对这个动作的领悟，不过要答应老师路上注意安全。""好的。""OK。""没问题。""保证。"……学生争先恐后地说着。

"叮咚……"在我刚拿钥匙开开门，那熟悉的声音就已经响起，我无奈地摇了摇头，一定是那帮孩子！现在孩子们的热情已经都上来了，练了这么长时间，再苦再累从没有一位同学请过一次假，看似不靠谱的学生竟然在我这儿有了"正行"，我把包放下就点开了视频。"老师，老师，你可上来了，老师你那四个轮子还不如我们两个的快哦。"宁坤调皮地说。我瞪了瞪他："你一定是开着回家的！""嘿嘿……"宁坤挠了挠头，"老师，我今天每做一个动作都很用力的，可是就是没有蒙古族的那个感觉。""呵呵，"我笑了，"蒙古族舞蹈不是用力做动作，而是掌握我说的那三个技巧……"当我刚解决完宁坤的问题后，发现已经有好几个学生的视频请求在那里亮着，随即又点了下一个。

"功夫不负有心人。"终于，在 5 月 20 日市现场会的演出中，我们获得了很高的赞誉，同时还获得了参加泰安市艺术展演的资格。我想说："你们是最棒的！期望你们在今后的学习中也发扬学习舞蹈的坚韧精神，不断超越！"

支架四 嵌入评价

课堂嵌入式评价

课堂嵌入式评价

课堂嵌入式评价起源于 1998 年，美国一所中型公立大学的教育理事会对教育评价的改革，他们认为规范化的考试提供的信息并不能真正代表课程学习已经达标，他们希望能够得到真正显示学习结果和学生学习表现的数据，经过多次讨论，理事会决定使用由教师主导的课堂嵌入式评价，这种评价方式允许灵活的授课方式和课程内容，但仍然能衡量学生在整个学习过程中的表现。

课堂嵌入式评价基于 Barbara Walvoord 和 Virginia Johnson Anderson 的研究工作(1995 年)，是一个基于课堂的过程，教师使用无干扰的、系统的方法来为学生的学习结果评级。这个过程要求教师确定每节课的教学目标，设计评价这些目标的量规，用这些量规评定学生表现，记录数据并注意以后上课中需要做出的调整。

课堂嵌入式评价是一个将学生在课堂上产生的日常工作作为评价材料的评价过程。这些日常工作可以是平时的小论文、一个实验项目、案例研究报告、口头报告，或者教师平时用来评价学生的任何形式的任务。

以评价发生的时间为标准，评价可以分为教学前的评价、教学中的评价和教学后的评价。总结性评价是一种事后评价，这种评价发生在教学之后，没有把评价纳入到教学的过程中，没有把教学和评价看成是一个整体，评价与教学是分离的。随着评价与教学关系的深刻变革，要改变把两者割裂开来、将评价看作是教学以外的事情这种局面。嵌入式评价，从时间上来说，它贯穿于教学的整个过程中，即教学前、教学中以及教学后，时刻伴随着学生学习的整个进程。

> 以评价发生的空间为标准,评价可以分为课堂内的评价和课堂外的评价。学校内大量存在着各种形式的课堂内的口头、书面评价,课堂外的评价也不局限于作业评价这一种形式,档案袋评价等方式把评价延伸到课堂以外,全面关注有关学生在课堂内外的评价信息,嵌入式评价从空间上贯穿于课堂内外,全方位地对学生的学习进行综合评价。
>
> 王晓莉,《课堂嵌入式评价及其应用》,《中小学电教》,2010 年 12 期

线上与线下嵌入式评价的方式举隅

线上学习	思维导图	问题情境	有效活动
在线测学	个人展示	组内交流	小组展示
自我评价	组内评价	生生评价	组间评价
师生评价	师生评价	师生评价	师生评价

案例 语文《口技》"在线测学"统计分析(王宁老师执教)

首先让学生在平板上完成 5 道选择题,每题 20 分,点击完正确答案,然后提交。全部做完后会显示出自己随堂检测的得分情况,学生自己就能看到做错了哪一个题目。同时,云平台上也会出现一张学生们得分情况的扇形图。另外,老师在云平台上也能看到学生的得分情况、错误的人数及哪几个人做错了。点击统计分析,这里又分为按题分析、按人次分析。王老师先点击按题分析,接着显示出针对这一个题的扇形图。这 5 个题目,第一题正确率在 95%,第二、三、五题在 80%,第四题在 50%,学生们对知识点的学习、掌握情况,老师顿时了然于胸。随后,王老师又点击按人次分析,我们看到得满分的有以下学生:马强、张乐康、吴亦飞、吴之徐、许潇亚、姜庆乐、周龙飞。而其他学生错的是哪些题目呢?王老师随后又点击杨明格同学的做题情况,接着出现了一个分布图:正确答案、错误答案、得分情况,她的得分是 80 分,我们看到杨明格错的是第 4 题。通过以上分析,王老师调整了教学预设,把 B 课的教学重点放到了"揣摩本文侧面描写

的表达效果"上。

情感、动作技能领域的目标评价——线下评价的关注点

信息化教学,作为线上和线下融合的混合式教学,线上的嵌入评价方式相对成熟,比如线上课程学习时长、线上学习频率、线上答疑讨论、线上学习测试等,而这些方式大都指向学生认知领域目标的评价。在线上对情感领域和动作技能领域的评价相对困难,因此,也容易被忽视,需要引起特别关注。

我们知道,布卢姆及其伙伴建立了认知领域的目标分类(前文我们已经引用),后期又增加了情感领域的目标分类。后来美国的哈罗(A.J.Harrow)和辛普森(E.J.Simpson)继续编写了第三个领域——动作技能领域的目标分类。了解后两个领域的目标分类,对我们在线下"习得"阶段嵌入评价极有帮助。

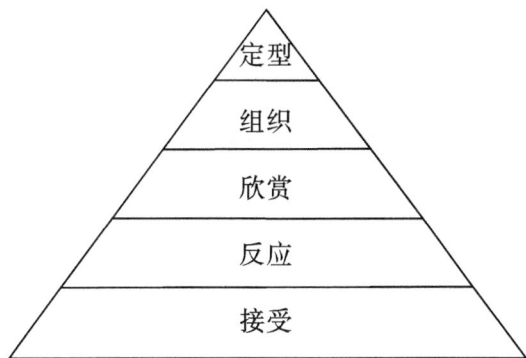

情感领域教学目标分类示意图

情感领域目标分类层级

情感领域包括五个层次,它的目标包括描述兴趣、态度和价值等方面的变化以及鉴赏和令人满意的顺应的形成。

(1)接受。学习者愿意注意他所感受到的某些现象和刺激。例如,学生愿意参加某一学科的学习活动。

(2)反应。学习者受到了充分的驱动,正在积极地注意并伴随着满意的感觉。例如,学生积极地参与学科学习活动,有较高兴趣;通过自愿阅读和讨论,了解当前国际、政治、社会以及经济事务中的

重大问题;在音乐、艺术等方面的自我表现中获得享受,并以此作为个人充实的另一种手段。

(3)欣赏。学习者对指导行为的基本价值的信奉,并已达到要追求、寻找、得到的地步。例如,认识到学科学习的意义,从内心接受;或渴望自己能形成良好的演讲和写作能力;或积极参与展示当代艺术成就的准备工作。

(4)组织。当学习者连续地将价值加以内化时,他会遇到与多种价值有关的各种情景。这时学习者要把各种价值组织成一个体系,确定价值之间的相互关系,并确立占主导地位的和普遍的价值。例如,学生在学习中已有了责任感,了解到自己学习中的优缺点,能根据自己的情况规划学习活动。

(5)定型。学习者始终根据他已经内化了的价值来行事,具有了基本的定向,并始终如一地、有效地行动,将内化了的信念、观念和态度整合成一个完整的世界观。例如,学生在学习中有了明确的目的性,把某学科的学习作为个人毕生的事业,学习中表现出独立的活动能力和良好的学习习惯。

创作
适应
熟练
表现
模仿
准备
领悟

动作技能领域教学目标分类示意图

动作技能领域目标分类层级

动作技能领域包括七个层次,它的目标包括手操作技巧和设计创造能力的形成。

(1)知觉(领悟)。操作者通过感觉器官来觉察客体、质量或关系的过程。例如,学生通过视、听、触摸等了解了仪器的基本结构、性能。

(2)定势(准备)。操作者为某种特定的行为或经验而做出的预备性调整或准备状态。例如,学生知道了实验的操作步骤,做好了操作的准备。

(3)指导下的反应(模仿)。"操作者在教师指导下或根据自我评价表现出的外显行为而行动。例如,学生能根据教师的示范而操作,或尝试了各种操作程序,出现了一些错误,从而发现有效的操作顺序和方法。

(4)机制(表现)。操作者对从事某种行动已有一定的信心和熟练的程度。例如,学生能正确安装和操作仪器,能正确地独立完成实验。

(5)复杂的外显反应(熟练)。操作者能够从事相当复杂的动作行动,已掌握了技能,能稳定又有效地运作。例如,学生在实验操作中形成了熟练技巧,能迅速排除故障,精确地完成实验。

(6)适应。操作者能改变动作以符合新问题情境的要求。例如,学生能改进仪器装置和调整实验步骤,以达到新的实验目的。

(7)创作。操作者根据本人在动作技能领域中形成的理解力、能力和技能,创造新的动作行为或操作材料的方式。例如,学生能创造新的实验方法,能运用熟练的技能解决不熟悉的问题,能设计出新的实验。

嵌入式多元评价的特点

从"学"的角度来看,嵌入式多元评价可以用两个词语来概括:"以学评学"、"以评促学",为满足学生多元发展的学习需求服务,要强调学生在学习过程中的主体地位。它的主要特点表现为:

1.针对章节具体学习目标的指标评价。

2.嵌入章节学习过程的分阶段评价。

3.学生与教师的自我评价。

4.能满足学生学习成就感、建立学习自信心的激励评价。

5. 旨在培养问题意识和解决问题能力的评价。

6. 可迁移为对生活的热爱和更为进取的人生态度的评价。

7. 可拓展为生活领域的学生核心素养发展性评价。

8. 为促进学生自我教育、自我管理、自我服务的终生自主发展能力的评价。

从"码书码课"走向未来学校"泛在学习"服务

● 码书码课

码书：新型信息化学具的诞生

微课视频虽然有诸多优点，但是，单个的微课视频与传统的课件并无本质差别，孤立的微课所能发挥的作用是极其有限的，它必须与电子书包、教学平台、自主学习方案、在线和课堂交流互动结合在一起，形成一种复杂的教学网络，才能最大限度地发挥它的作用。与体系化、经典性和便于携带的课本相比，它的缺点非常鲜明。于是，把传统纸质课本和微课视频的优势结合起来的"码书"出现了。它融合了学习内容和学习方式、传统课本和微课视频，因此，"码书"本身就是一种线上学习和线下学习融合的新型学具。

码课：自组织学习 2.0 版

而"码课"即扫码上课，扫一下二维码，课程内容就呈现在屏幕上，方便随时随地随意地学习。

自组织学习

1999 年，印度教育科学家苏迦特·米特拉去了印度的很多偏僻乡村，那里的人既不懂英语也没见过电脑。苏迦特·米特拉在孩子们经常聚集的街头的墙上装上连接了互联网的电脑屏幕，配上鼠标，然后离开那里。几个月后，试验表明，孩子们无师自通，学会了使用电脑。在以后的十多年里，苏迦特·米特拉在印度、南非、柬埔寨、英国、意大利等地还进行了类似的以生物、数学、语言等为内容的教育实验。结果证明,在不需要老师或科学家输入逻辑和程序的情况下,学习者可以独立自主地完成学习,这就是"自组织学习"。

魏忠,《教育正悄悄发生一场革命》,华东师范大学出版社,2014.7

我们惊喜地发现,"码书码课"让老师摆脱了对"模式"的"依赖",甚至,让学生暂时摆脱对教师和课堂的"依赖",学习活动呈现出一种"自组织"的新形态。无论纯粹的"自组织"教育实验"激进"得多么令人难以认同,至少真正让我们懂得了建构主义对教育的重新定义:教育是一种自组织行为。我们的结论是:"码书码课"的真正价值在于"培养学生的自主学习能力",让学生真正成为学习的主人,让教师彻底摆脱知识传授者的角色,而真正转变为学习活动的组织者、引导者。(当然,目前阶段,它还不能真正代替业已成熟的线上自主学习和线下课堂学习融合的教学方式。)

"码书码课"的实验,让我们进一步明确了"信息化教学"的未来景象——"泛在学习",也让我们进一步明确了"未来学校"的主要功能——为"泛在学习"提供公共教育服务。

● "未来学校"的视角:信息化教学 = 学校为"泛在学习"提供服务

《国家中长期教育改革和发展规划纲要(2010—2020年)》指出:教育信息化的核心理念是信息技术与教育教学深度融合。

我们对"融合"是这样理解的。

"融合"不是一般的技术应用,而是信息技术与教育教学的相互促进。一方面,信息技术要进入教育教学过程,改变教育教学模式,形成新的教学方法和模式,发挥信息技术对教育教学改革的推动作用;另一方面,要实践新的教育教学理念和模式,必须有与之相适应的信息技术提供支撑,同时也为信息技术的发展提供了新的方向。

我们对"深度"是这样理解的。

信息化教学就是要逐步实现教育的结构性变革——也就是要改变"以教师为中心""以课堂为主阵地""以传授为主要形态"的教学结构,构建出新型的"以发展学生的核心素养为中心""以生活为学习领域"、"以学习活动为主要形态"的学校生态系统。

我们可以推测"未来学校"的主要功能是为"泛在学习"提供公共教育服务。

走向"未来学校",就一定要在四个层面上"深度融合"。线上与线下的融合,"学"与"习"的融合,"教"与"学"的融合,"教学"与"生活"的融合。

1. 线上与线下的融合

即"E(e-Learning)+C(Classroom)"的融合模式。单一的 e-Learning 模式并不能取得满意的效果,它必须与传统课堂学习结合。翻转课堂即是线上与线下的融合的成功典型,从目前的实践成果来看,它也取得了很好的效果。虽然线上与线下的融合只是狭义的、浅层次的融合,从广义来看,线上与线下的融合还包括更多内容和层次。但是,它仍然是不可或缺的基础性的融合。

2. "学"与"习"的融合

"学"与"习"的融合,才是以"翻转课堂"为代表的信息化线下教学互动的精髓。传统课堂的弊病是以学为主,而只能把练习放到课堂之外(作业);在线学习,无论做多少练习,由于没有老师的现场指导和同学的切磋砥砺,所有的"练习"都沦为另一种低效的"学"。

3. "教"与"学"的融合

自古以来,"教学相长"是课堂教学的最佳境界。"教学相长"是教师和学生的主体性都得以张扬的理想描述。现代信息技术为传统课堂教学提供了多元多维立体的师生"评价"网络空间。我们可以这样描述未来的"教学相长":"学"无处不在,"教"即时传递,反馈评价贯穿始终。未来,"课堂互动"将成为学校提供的最富有魅力的教育教学服务。互动性的要求,需要增加老师。"教育信息化革命,并不是传统的课堂搬上在线,而是技术解放了人们乐群的天性,如果可预见不远的将来,在线学习的效果会普遍超过真实课堂,那么,学校剩下来的,也许是最美好的互动。"(魏忠)

4. "教学"与"生活"的融合

杜威说"教育即生活"。我们也可以这样说,"教学"与"生活"的融合,必将推倒教室、学校的围墙,让学生走向生活的广阔领域。这包含着两层意思,一是打破教学时空的限制;二是在自主活动中学习。各种"自组织社团活动"将取代班级,小型化的社区学校将会像雨后春笋般出现,各个层面的校级联盟将会通过网络遍布世界的每一个角落,从而取代僵化、畸形的"超级学校"。"泛在学习"将依托社区学校联盟最终成为现实。

我们可以借用祝智庭教授在专题报告"未来教育新发展"中的图示来展望"泛在学习"的美好前景。

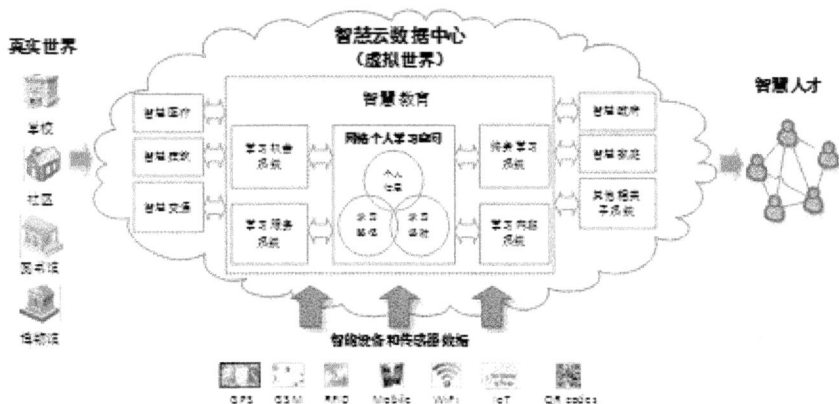

第三辑

学科应用
XUEKE YINGYONG

叁

语文学科

语文学科微课程教学法的基本模式

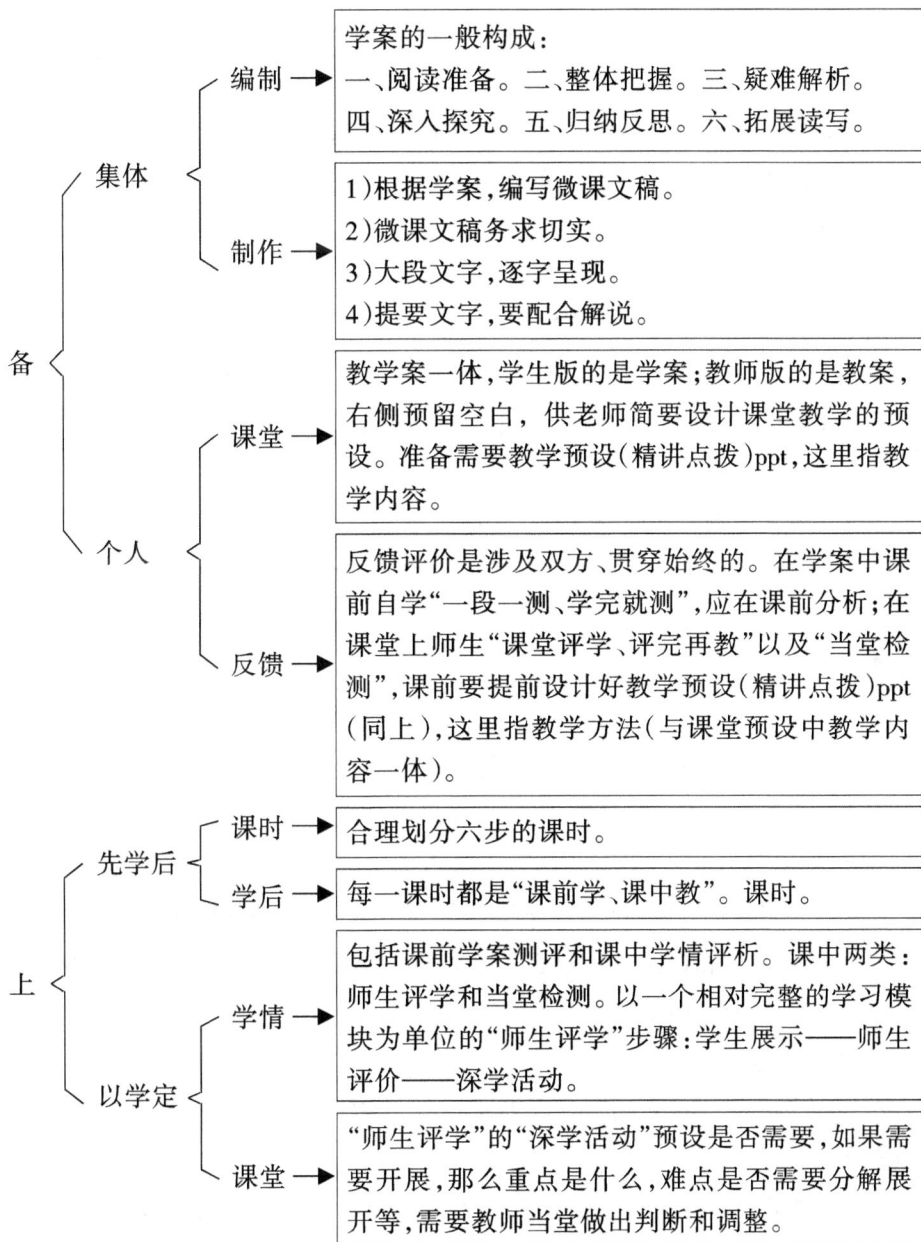

备
├ 集体
│　├ 编制 → 学案的一般构成：
│　│　　　　一、阅读准备。二、整体把握。三、疑难解析。
│　│　　　　四、深入探究。五、归纳反思。六、拓展读写。
│　│
│　└ 制作 → 1)根据学案,编写微课文稿。
│　　　　　　2)微课文稿务求切实。
│　　　　　　3)大段文字,逐字呈现。
│　　　　　　4)提要文字,要配合解说。
│
└ 个人
　　├ 课堂 → 教学案一体,学生版的是学案;教师版的是教案,
　　│　　　　右侧预留空白, 供老师简要设计课堂教学的预
　　│　　　　设。准备需要教学预设(精讲点拨)ppt,这里指教
　　│　　　　学内容。
　　│
　　└ 反馈 → 反馈评价是涉及双方、贯穿始终的。在学案中课
　　　　　　　前自学"一段一测、学完就测",应在课前分析;在
　　　　　　　课堂上师生"课堂评学、评完再教"以及"当堂检
　　　　　　　测",课前要提前设计好教学预设(精讲点拨)ppt
　　　　　　　(同上),这里指教学方法(与课堂预设中教学内
　　　　　　　容一体)。

上
├ 先学后
│　├ 课时 → 合理划分六步的课时。
│　│
│　└ 学后 → 每一课时都是"课前学、课中教"。课时。
│
└ 以学定
　　├ 学情 → 包括课前学案测评和课中学情评析。课中两类:
　　│　　　　师生评学和当堂检测。以一个相对完整的学习模
　　│　　　　块为单位的"师生评学"步骤:学生展示——师生
　　│　　　　评价——深学活动。
　　│
　　└ 课堂 → "师生评学"的"深学活动"预设是否需要,如果需
　　　　　　　要开展,那么重点是什么,难点是否需要分解展
　　　　　　　开等,需要教师当堂做出判断和调整。

语文学习任务设计示例

一、阅读准备

（一）观看微课"语文知识"，了解作家作品、写作背景、文体文化常识。完成自我测评。（在线检测或者使用纸质学案）

（二）听读课文一遍后，在课文中圈画下列生字、生词，并给加点的生字注音。完成自我测评。（在线检测或者使用纸质学案）

二、整体把握

（一）观看微课"朗读指导"，给课文标注段号，选段朗读，并为课堂展示做准备。（在线检测或者使用纸质学案）

（二）观看微课"结构思路"，默读课文后，绘制结构导图，并为课堂展示做准备。（软件绘制或手工绘制，个人绘制或集体绘制）

三、疑难解析

（一）默读一遍课文后，观看微课"疑难解析"。完成测评。（在线检测或者使用纸质学案）

（二）再次浏览课文，尝试提出一个有价值的问题。（在线提交研讨或者问题反馈单）

四、深入探究

精读课文若干重点语段，思考问题，赏析语言，并为课堂展示做准备。（在线提交研讨反馈单或者使用纸质学案，独立思考或集体研讨。）

五、归纳反思

（一）观看微课"写作特色"，完成测评。（在线检测或者使用纸质学案）

（二）反思本课阅读，总结自己在本文内容和写法上的学习收获。（在线提交研讨反馈单或者使用纸质学案。）

六、拓展读写

（一）完成类文拓展阅读，观看微课讲解。（在线提交研讨反馈单或者使用纸质学案。）

（二）观看微课示范，完成情境片段仿写。（在线提交研讨反馈单或者使用纸质学案。）

《驿路梨花》教学反思

胡翠平

最美的语文老师什么样呢？明眸善心,微笑如花,执着守候,而又乐此不疲。读懂文本,从文本中读懂自己与生活,再读懂学生。对话,你说我听、我思。你的一句话,激起了灵感的水。守住"语言"和"文化",美美地寻。

那我们能不能让学生成为这样最美的语文老师呢？能!

如何做呢? ——信息化翻转课堂!

教师课前推送微课,让学生充分预习,充分走进文本,深入文本。

A课:给学生留两节课时间,学生在组长带领下解决"学习任务"和"思维风暴"。此时,教师只是巡视,尽量不干扰学生。

以《驿路梨花》为例,课前推送学习任务单如下:

1. 朗读课文,感受清新自然的文风。(个人读——小组分段展示——评读——再读)

2. 研读课文,理清"五件好事""四写梨花""三个悬念""两个误会""一个中心一条线索"。(组长带领合作解决)

3. 细读课文,提炼本文写作特色。(各显神通——群英荟萃)

4. 品读课文,入情入境中品词嚼句。(百家讲坛)

5. 陶冶情操,做真善美的幸福人。(学习成就人生)

课前推送"思维风暴"如下:

1. 温馨提示:这篇课文以前在初中语文课本中出现过, 后来被无情删掉,时隔二十年,驿路梨花又飘香而来,请你好好寻思一下,这是为何?(可以多多考虑时代性和艺术性哦)

2. 每篇文章都会扑闪着眼睛说话,每篇文章也都有其独特的个性,正如阅读此题的你! 本文有哪些写作特色呢?

3. 本文还有哪些句子或哪些词语,甚至标点符号,你读后,总是唇齿留香,想回眸再品呢?

4. 每篇文章无非是"写了什么""怎样写的""为什么写"。你能否将这三方面画成有创意的思维导图呢？

课前推送《爱是会传递的》视频和教师的下水文《孩子，我能帮你吗？》。（待展示课用）

课前推送当堂达标检测试题。（展示课结束前十分钟做题）

B课：学生展示，教师稍作评导。

教学过程：

一、情境导入：

多年以前，我家访路过一个小山村，驻足好久，是被一棵梨树吸引住的。当我站在她的身影下，当我仰望她那如雪的洁白，突然我发现我丢了我自己，我已经深深被她迷醉，那清香，那玉洁，那么诱人心魂！今天咱们就一起去望望这"驿路梨花"！

二、醉读课文：

我们走过群山暮色，我们轻嗅月色梨花，我们在温暖如春的小屋里，寻觅着赐予我们幸福的人。清晨劳动中，一个又一个"梨花"小姑娘，为我们解开了幸福的密码。读完课文，有什么独特感受和发现吗？

三、思维导图展示：

学生以小组为单位展示介绍思维导图。

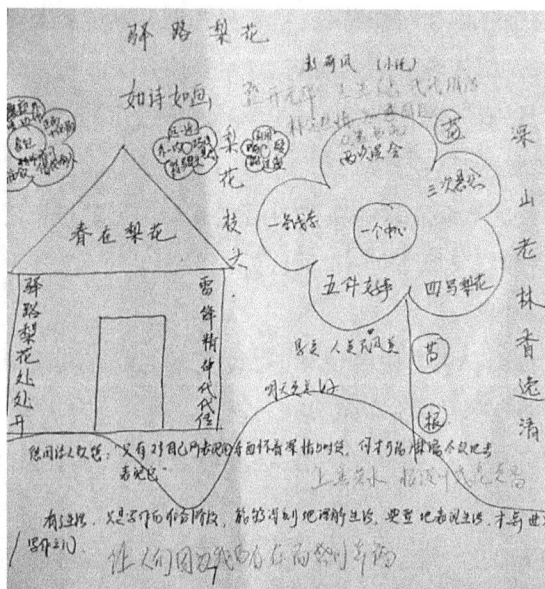

四、小组展示思维风暴,还可以再谈谈自己独特的发现和疑问。

五、学生朗读平板上教师的下水文《孩子,我能帮你吗?》,比较教师的文章和《驿路梨花》的写作方法有哪些异同。

六、学生看《爱是会传递的》视频,谈感受。

七、平板当堂测试。

八、结束语:

昨天晚上,我来到咱们的凌云商场,看到了雷锋像,写下了这些话分享给大家:"春风十里,柳丝如你。梨花飘香,清新几许。爱的传递,红领巾的期许。为人民服务,助人为乐,是你,是我,是我们灵魂的默许。雷锋,我决定将你请到我的课件里,吹拂学生心湖的涟漪,荡漾出春天的美丽,有我,有你!"

一些想法:

一、走进文本,融入文本,沉醉自己,再醉学生。

于漪老师说:"教师本身对文本的理解有多深,学生对文本的理解才会有多深。"

赏读《驿路梨花》,读文本,读作者,读着读着就读出了诗意醇正,就读出了文本中蕴含的朦胧如水墨点染的美,读出了"梨花院落溶溶月,柳絮池塘淡淡风"的美,读出了心湖恬静的美。读文本,仿佛看到了洁白的梨花,仿佛嗅到了那清香,"诗意""空灵""淡雅""梦境"等词儿渐渐地荡漾出来。当我醉心于文本时,我多么想把这种美妙分享给我的学生,让我们一起去寻觅隐含在文本中的更为绝妙的美丽。教师走进文本,融入文本,学生才能走进,师生共进才能与文本相融相乐。

相信,我们如果把课文当作知音,当作雪中梅、天上月那般地去疼惜,去迷醉,还原本属于它的味道,我们的学生也定会为它而沉醉不知归路的。

二、以读会意,以读促思,以读顿悟。

醉读于文本,我们就会悲伤着作者的悲伤,快乐着作者的快乐。我们不知不觉中,就会用声音传达出作者的情意,"使其言皆若出于吾之口……使其意皆若出于吾之心"。我们就会有感情地朗读出属于文本独有的味道。"爱则气缓声柔,憎则气冷声峻,喜则气满声高,怒则气沉声促。"慢慢地,读与赏就这样有机而又美妙地融合在一起。

三、抓关键词,重锤敲击。

于漪说:"品味作品中富有表现力的语言文字,探究其中的内涵,并非是'以文殉道',而是语文教学中指导阅读应有的责任。"

比如文章第一段,开篇从视觉角度,用一个感叹句振起,描写山峦。"挨""延伸""消失"三个动词,由近及远,写山峦层叠,一望无际。"迷茫的暮色",表明时间已经到了傍晚。这样描写,衬托出"我们"的焦急心情,为小屋的出现带给我们的惊喜做好铺垫。

门上写的"请进"二字,醒目赤诚之心、主人的热情真诚,都一一呈现。

小茅屋的主人为过路人准备了"床、水、干柴、米、盐巴"等必需品,表现了主人热情周到、乐于助人的品质,这就是侧面描写。

第14自然段,"同时抓住""抢着说"表现出我和老余急切要向主人道谢的感激心情。对老人的神态描写,突出了他的诧异之情,暗示了他的"非主人"身份。

第29自然段,"闪"等动作和肖像描写,寥寥数语写出了哈尼小姑娘的天真活泼、美丽、纯洁热情。

第32自然段,语言描写,表明小姑娘不是主人,自然引出解放军叔叔。

王荣生说:"语文老师,要教学生看不到的地方。"

著名特级教师王崧舟说:"要守住语文本体的一亩三分地。"何谓"本体",即:以语言文字为中心,"怎么写"的话语形式,"为什么这样写"的话语意图。"本立而道生",语言文字就是语文的根本。相信我们这样坚守,我们会创造出"教师——学生——作者——文本"四位一体的最高境界。

四、放手让学生寻觅,让学生去创造。

苏霍姆林斯基认为"在儿童的内心深处,都有一个根深蒂固的需要,那就是希望自己是一个发现者、表达者。"我们为何不改变我们传统的满堂灌呢?我们的翻转课堂能够实现这一想法。

放手让学生去触摸文本,他们会给我们以惊喜。梦,或许,难以企及,但,只要走,总能接近。

德国教育家第斯多惠说:"教学的艺术不在于传授本领,而在于激励、唤醒、鼓舞。"不知老师们在语文教学中激励唤醒鼓舞我们天真聪明的学生了吗?

一盘好菜是挑、择、洗、配、炒的结合,关键是得用心。用心,会让我们在语文教学上独辟蹊径,那样会更能入大境。浅尝辄止不如深耕细作。正如《逍遥游》所言"且夫水之积也不厚,则其负大舟也无力。……风之积也不厚,则其负大翼也无力。"

人要仰望,踮起脚,仰望星空。改写冰心老人的话:"把爱放在左,把责任放在右,走在生命之路的两旁,随时播种,随时开花,将教育的一径长途点缀得花香弥漫。"

《狼》课堂实录

王 宁

生：同学们，这节课首先由我带领大家自学蒲松龄的《狼》，请看本节课的学习目标。

（1）借助微课，正确、流利、有感情地朗读课文。（这里提醒大家，每看完一个微课都要再放声去读课文）

（2）小组合作采用说评书、演课本剧、讲故事、朗读、写小说的形式，深入理解狼和屠户的形象。（各小组都有自己的任务，完成任务后采用小组展示和点评的方式，总结概括狼和屠户的形象）

（3）联系《聊斋志异》的拓展资源，理解本文的深刻寓意。（拓展资源学案后面有补充，借助这些资料加深对文章主题的理解）

生：下面，请同学们按照预习提示去认真地完成各项任务吧。

任务一：朗读故事——借助微课，正确、流利、有感情地朗读课文。

（一）怎样读得正确呢？请观看《狼》的微课范读，注意生字的读音。看完后大声朗读两遍，注意读准字音。

（二）怎样读得流利呢？请观看微课难句讲解，边看微课边在课本上用斜线画出停顿，看完后大声读两遍，注意读准停顿、读出节奏。

（三）怎样读得有感情呢？请观看微课内容赏析，边看微课边在课本上做旁批，看完后小组内师友结对朗读，互相纠正、肯定、指点、示范、强调。看谁读得声情并茂。

任务二：演读故事——小组合作采用说评书、演课本剧、讲故事、朗读、写小说的形式，深入理解狼和屠户的形象。

要求：1. 小组内先结合课下注释翻译全文，理解本文大意。

2. 组长对组员合理分工，选择以下五种方式中的其中一种进行展示：

（1）说评书 （2）演课本剧 （3）讲故事 （4）朗读 （5）写小说

3. 全班交流、评价。

1. 评书组：要清清楚楚地叙述故事发生的时间、地点、场面、情节。要把情节安排得很紧张,以增加听众欣赏的兴趣。语言尽量口语化,既生动又形象,这样,说起来才能娓娓动听,引人入胜。小组内选出一人上台说评书。

2. 课本剧组:编课本剧,是一种改写训练,就是将带有情节性、故事性的课文用剧本的形式表现出来。同学们运用生动、细致的动作描写、心理描写把屠户和狼的表情、动作、神态恰当而适当地安排在对话当中。小组内选出四人上台表演,一人读(背)旁白、一人演屠户、一人演甲狼、一人演乙狼。狼的心理活动、语言、话外音可以展示出来。

3. 故事组:同学们分小组"创编故事","添枝加叶"讲故事。故事的情节要生动、精彩,要有高潮,有起伏,一波未平一波又起,吸引观众的注意力。为展开铺叙,可用一些方法对课文"添枝加叶"来展开想象。如:设置环境、添加动静、加上声色、表现心理。比如开头一句话,可以加上对夜色的描写,还可加上对风声的描写。小组内选出一名或几名学生上台演故事。

4. 朗读组:《狼》是一篇小说,有扣人心弦的情节,要运用语音的急缓高低来再现小说中的情景。用语音停顿来表现段中句子所表达的一层层意思,从而清晰地理解课文的内容和脉络。《狼》这一课有一个重要的特点,就是写人必写狼,写狼必写人,二者相互交织,构成段内的层次。如开头"一屠晚归,担中肉尽,止有剩骨。途中两狼,缀行甚远。"这一段,由两层构成,一层写人,一层写狼,朗读时必须在"剩骨"后小停一下。小组长组织本组组员朗读,朗读的形式可以多样。

5. 小说组:小说离不开这三个要素:人物形象、故事情节和环境描写,所以在改编《狼》的时候,要抓住这三个要素。抓住屠户和狼的神态、动作、心理描写;在叙述故事情节的时候,按照开端——发展——高潮——结局的顺序;适当地加一些自然环境的描写,用来烘托气氛。小组内选出一人上台读小说。

任务三:联系《聊斋志异》的拓展资源,理解本文的深刻寓意。

师:刚才五个小组分别采用不同的形式向我们再现了一个波澜起伏、扣人心弦的故事,把屠户的果断、机智、勇敢和两匹狼的贪婪、凶狠、狡诈表现得淋漓尽致。(学生上台写板书)

师:在中国成语当中,也有很多与狼有关的成语,你能列举出几个来吗?

学生举例:狼狈为奸、狼吞虎咽、狼子野心、豺狼虎豹等。

师：从这些成语来看，在中国传统文化当中，狼的形象是怎样的？

生：凶恶贪婪、狡诈阴险。

师：对，你总结得非常到位。比如豺狼虎豹，指的是四种凶猛的野兽，泛指危害人畜的各种猛兽。也比喻凶残的恶人。狼心狗肺，形容心肠像狼和狗一样凶恶、狠毒。狼子野心，比喻凶暴的人居心狠毒，本性难改。

师：从这些成语中，我们可以看出狼并不单指狼这种动物，而是一种恶的形象的象征。那么，蒲松龄他笔下的狼仅仅是一只凶狠的动物吗？

生：不是。

师：对，同样，它不仅仅是一只凶狠的动物，它是恶势力的象征，代表的是一切像狼一样的恶人，是黑暗势力，是阻挡我们前进的一切艰难险阻。那么，在你的生活中，遇到过像狼一样的恶势力吗？

生：有。

师：你们应该怎样做？

生：我们要敢于斗争、善于斗争，要用智慧来战胜恶势力，不向他们妥协。

（板书）

师：蒲松龄一生怀才不遇，穷困潦倒，19岁中功名，但此后屡试不第，直到72岁才再中，4年后便死去。面对人生的不幸，他没有退缩，没有低头，倾尽毕生精力完成《聊斋志异》的创作。虽然他在《聊斋志异》的序言中说："浮白载笔，仅成孤愤之书。寄托如此，亦足悲矣！"但是我们要通过学习本文，学习蒲松龄永不低头、机智、勇敢面对生活的勇气。就像他的自勉联中所说的：有志者、事竟成，破釜沉舟，百二秦关终属楚；苦心人、天不负，卧薪尝胆，三千越甲可吞吴。这也好像我们学校的校训：智勇立身，仁济天下！

师：课下请同学们继续阅读《狼》其他两则，分析狼不同的形象。

拓展资源：

1.《聊斋志异》写作背景。

2. 世人对《聊斋志异》的评价。

3. 彭丽媛演唱的《说聊斋》。

4. 蒲松龄《狼三则》。

《黄河颂》案例分析

李飞飞

一、课前——自主质疑

1. 尝试自学。

（1）明确目标，课代表根据学案宣读本课学习目标，学生明确应达到的双基水平。课代表讲清目标对应的具体任务。课代表宣告 B 学案的进阶重难点。

（2）在朗读课文的基础上进行微课助学，教师巡视，引导学生有选择地看微课，在疑难处要暂停或反复观看，要前思后量，体会老师解决问题的思路，而不是满足于知道答案。通过微课把《黄河颂》难理解的地方，诸如课文结构、写作思路等，让学生在有疑问的情况下及时解惑。

（3）合作互学，针对预习学案中看微课仍不能解决的问题提交小组讨论，如《黄河颂》学案中写作背景的理解、诗词句的默写可以通过小组讨论完成，不能完成的，如朗诵词的作用等可以书面形式提交给老师答疑解惑。

2. 基础测学。教师登录网梯平台，首先了解学生完成练习的情况，找出学生存在的学习难点，然后确定课堂学习的主要内容。

二、课中——练习内化

1. 解疑问学。教师根据后台统计，讲解答错率较高的题目。分析原因，明确本节课学习目标的重难点。《黄河颂》基础测学中出错率较高的题目是对文章内容理解的地方，因此确定本堂课的重点是在朗读的情境中对课文进行品读。

2. 展示论学。学生进行朗读练习，选取典型段落。组内进行初赛，推举选手进行决赛。朗读的基础上加深对课文的理解，进行说话练习。学生或老师进行点评。

3. 进阶深学。听录音，教师指导朗读，强调重音、感情的表达等，学习朗读技巧。

4. 系统理学。全面回顾 A、B 学案，针对学案中的错误，再次纠错，反思自己的学习过程，归纳收获。

三、课后——拓展升华

1. 拓展用学。如《黄河颂》综合性学习中两个题目的设置,需要自主完成,形成知识迁移及能力内化。

2. 微课助学。学生自主完成拓展题目之后观看微课的解题思路,修改总结。

数学学科

数学学科"三环八步"操作要领

	步骤	任务目的	教师操作要领	学生操作要领
课前 自主质疑	一尝试自学	掌握基础知识	设计上传预习学案和微课;明确双基自学目标,让学生尽最大可能地掌握基础知识;将目标转化为任务,原则上不超过三个;提供1—2个微课,每个不超过10分钟。	读目标,明确重难点;根据自学任务,独立思考问题,圈点勾画教材,标记疑难;有选择地观看微课。
	二基础测学	检测自学情况	设计上传检测题;要紧扣双基自学目标,涵盖每个知识点,难度以中下为宜;以选择题为主,原则上不超过10个。	先闭卷限时自测;再看答案讲析或者微课;小组研讨疑难后,将不能解决的疑难问题提交给老师。
课中 练习内化	三解疑问学	提出疑难问题	创设情境导入新课;明确学习目标(3分钟);解决学生自学中有共性的疑难问题。方式为组内讨论解决、组间解决、教师点拨(15分钟)。	明确本节课的学习目标。解决自学中的疑难问题。
	四展示论学	师生思维碰撞	以小组间竞争的形式,采用小组轮换、抢答、抽查、挑战的方式组织学生激情展示。首先,生生点评,再师生点评;教师点评要精当,及时抓住生生点评中的关键处,把学习引向深入。	按照老师的组织,分组展示论学;要先在组内点评补充,再倾听其他组的点评,充分进行思维碰撞;要特别关注老师的精讲点拨。
	五进阶深学	深入探究疑难	预设并提供进阶深学任务,原则上不超过3个;科学设计的文字材料、图片材料、视频材料要加以整合。任务必须指向目标,有助于知识生成、能力形成,发挥合作学习的协同优势,切忌无效活动。	根据深学任务,独立思考问题,按照程序,逐次完成任务;在合作学习中要明确活动中自己的角色任务,组内同学互帮互学,活动中要强调协作。

步骤	任务目的	教师操作要领	学生操作要领
课后 拓展升华	六 系统理学	总结归纳梳理	根据本章节的重难点和课中阶段的学习成果,梳理学习过程,形成知识网络。系统理学的方式可灵活预设,可以是初绘思维导图、自我检测、拓展活动等。	反思论学阶段的成果,回顾整个学习过程,按照老师提供的方式,结合自己对本课知识的掌握理解构建知识网络。
	七 拓展用学	拓展训练运用	设计、上传分层的"拓展应用"检测题;提供思维导图范例,引导学生绘制思维导图,形成知识网络。	自主、限时完成检测题并上传提交;对照范例,自主完成思维导图。
	八 微课助学	纠错总结升华	设计、上传检测题辅导微课或作业讲析电子材料;依据学生拓展测学情况,确立共性问题,重点辅导学生,并进行当面辅导。	观看微课或作业讲析材料,及时纠错并进行规律总结。

数学学科讲评课操作要领

步骤	任务目的	教师操作要领	学生操作要领
课前 整体分析	一 尝试自学	试题分析解惑	根据学生的答题情况制作微视频,只要有学生答错的题目都录制,录制解题过程,包括如何分析题意,要注意地一些细节,运算过程一步一步的写出,就像上课时在黑板上的板书一样,每个视频在 2—5 分钟左右,每个视频是独立的,文件名是题号。	提前看错题视频,对比自己解答,进行试题订正,仍有疑难进行疑难,有选择地观看微课。
	二 基础测学	答题成绩分析	统计平均分、优秀率、及格率,班级最高分最低分,记录各小题的答题正确率。对出错率高的进行标记,把统计数据上传至学生平板,引导学生提前交流。	观看平板相关数据,再看答案讲析或者微课;小组研讨疑难后,将不能解决的疑难问题提交老师。

	步骤	任务目的	教师操作要领	学生操作要领
课中 矫正与练习内化	三 解疑问学	试题成绩分析	对试题结构、考查的知识、题型进行分析;表扬优秀、鼓励先进。	明确自己对讲评内容的理解,找出差距,结合自己的解答,找出自己在考试中的优点与不足。
	四 展示论学	生生思维碰撞	组织学生小组内师友对子点评、讲解,以小组间竞争的形式,采用小组轮换、抢答、抽查、挑战的方式组织学生激情展示,生生点评疑难,引导学生思维。	按照老师的组织,分组展示论学;要先在组内点评补充,再倾听其他组的点评,充分进行思想碰撞。
	五 进阶深学	深入探究疑难	对出错率高的试题、学生点评不到位的问题,认真引导学生分析探究,解决学生做题中的困惑。发挥合作学习的协同优势,切忌无效活动。	要特别注意老师的点评,结合老师的提示,探究试题的思想方法。
	六 系统理学	拓展总结理学	根据本章节重难点和课中阶段的学习成果,梳理学习过程,形成知识网络。系统理学的方式可灵活预设,可以是初绘思维导图、自我检测、拓展活动等。	反思论学阶段的成果,回顾整个学习过程,按照老师提供的方式,结合自己对本课知识的掌握理解构建知识网络。
课后 平行测试	七 拓展用学	平行测试运用	设计、上传平行性检测题;提供思维导图范例,引导学生绘制思维导图,形成知识网络。	自主、限时完成检测题并上传提交;对照范例,自主完成思维导图。
	八 微课助学	纠错总结升华	设计、上传检测题辅导微课或作业讲析电子材料;依据学生拓展测学情况,确立共性问题,并进行当面辅导。	观看微课或作业讲析材料,及时纠错并进行规律总结。

数学学科导学案制作要求

我校推出的"导学案"教学模式,确立了以学生发展为本的理念,明确了学生有效学习有赖于教师的有效设计,把新课程的理念转化为实实在在的行为。在已有材料的前提下,促使教师优化教学设计,提前备课、集体研讨、轮流主备、优化学案、师生共用,实行精细化教学,指导学生使用"导学案",坚持"向四十五分钟要质量"的理念,减少低效,甚至是无效的教学活动。所以一个高质量的"导学案"中主要包含三个环节:"课前自主质疑、课中练习内化、课后拓展升华。"

"导学案"的设计原则应关注学生学习的全过程,关注不同学生的差异性,关注学生学习的有效性。

一、课前自主质疑

"导学案"的第一环节为"课前自主质疑",鼓励学生利用课余时间预习。为了提高学生课前预习的有效性和积极性,在预习阶段要求学生对新知识做初步的了解,学案以教材知识为主线进行环节设计。设置的预习题以基础为主,实现低层次目标的自达。保证所有同学能自行解决"导学案"中的预习导学内容,对难以解决的问题做好标记,以便在课堂上向老师和同学质疑。

对于这一环节的设计应包括以下内容:

(一)旧知识的回顾

在学生接受新知识之前,考察学生是否具备了与新知识有关的知识与技能,缩短新旧知识之间的距离。

(二)自主学习

布置具体的学习任务和要求,学生自主独立完成。为了使学生尽可能在课程预习中把所学的基础知识全部掌握,可以根据教材内容,设计难度较低,并通过预习就能独立解决的一些练习题。上课前教师收齐"导学案",批阅"预习导学"这一部分的内容,然后对"导学案"再次进行补充完善,以学定教。在课上有针对性地点拨,提高课堂效率。

（三）进阶深学

对于这一部分的设计应当对例题进行变式、挖掘和提高,从深度和广度上来挖掘例题的作用。同时几个习题要步步为营,步步深入,题目的设计要有一定的梯度。

（四）自学小节

记录自学感悟或存在的疑惑点。

二、课中练习内化

（一）展示训练

精选练习题,选择题目时,做到与教学内容配套,梯度合适,由易到难,坚持以训练基本功、基本思路和方法为主,基本练习与综合练习相结合。

（二）回顾总结

学生自主回顾总结本节课的主要内容,形成知识网络,做完本节课的总结反思与归纳。

（三）达标测试

测试题的选择应以基础为原则,并设计好时间,限时训练,一般为10分钟。

三、课后拓展升华

对于这一部分题目的设计,要有意识地对一些可以改编的问题进行变式训练、题组训练,让学生进一步掌握这类问题的本质及其通性通法,同时有意识地进行一题多解,培养学生的发散思维能力,丰富教学内容。甚至渗透竞赛的题目,让学有余力的同学完成。

自我反思:

1. 写一下本节课你在知识、方法上的收获。

2. 写一写你觉得需要改进的地方(对自己或老师说)。

数学课件制作的要求

数学课件是在一定的学习理论指导下,根据数学教学目标设计的、反映某种教学策略和教学内容的计算机软件。它具备完整的教学功能,比如操作示范、例题讲解、课堂练习以及反馈等功能。数学教师既是课件的操作者,同时还是课堂教学的组织者。教师一边讲解,一边演示,还可以针对学生的掌握情况,控制、调整教学内容与进度,更好地贯彻教学意图。借助数学课件,可以使学生清晰地看到数学变换、数学原理和数学现象等,而且它不仅能够用生动的色彩、简明的概念定理、灵活快捷的操作演示,刺激学生的感官,提高教学效果,而且对学生的创造性思维、数学计算能力的提高和新知识的形成有很大帮助。对于数学课件的制作应遵循以下要求:

第一,数学课件制作要注意设计真实的背景和数据。运用多媒体提供丰富的、真实的背景和数据资料,以便学生形成自己的认知结构和探索目标。

第二,数学课件制作应该有弹性,能够追根溯源,能够适当将知识伸缩,该拓宽学生知识的地方应该及时补充完整,同时还要注意知识转换的切入点。

第三,数学课件制作要设计师生交互活动的过程。教师要让学生进行讨论,合作解决,以提高多媒体教学的效率。实际上学生在这一时间段内,对整个问题涉及的知识和方法、对自己解决问题的思维过程、对运用知识和方法的过程进行了必要的反思。通过对比自己和老师、同学解决问题的不同点进行反思,学会思考和运用,调整原有认知结构,形成新的认知结构,从而达到升华。

第四,数学课件制作要具有适度性。适度就是利用认知学习和教学设计理论,适当运用数学课件,创设情境,使学生通过多个感觉器官来获取相关数学信息,提高教学信息传播效率,增强教学的积极性、生动性和创造性。把一定的时间和空间留给学生,让他们理解,让他们思考,让他们交流,让他们质疑。

第五,数学课件制作要注意分层教学。对于不同的学生,使用不同的教法和不同的练习、评价方法,这应该在数学课件制作中体现出来。

第六,数学课件制作应融教育性、科学性、艺术性、技术性于一体。

数学微课制作要求

一、微课

微课是指利用 10 分钟左右时间讲解一个非常碎片化的知识点、考点或作业题、考试真题、模拟题的一种微视频。微课的作用为"解惑"而非"授业"，它用于不受时间、空间限制的网络在线课后辅导，不能代替课堂的新知识教学。

二、微课的内容要求

1. 透彻理解微课的功能：传道解惑而非授业；

微课的功能是经验的交流及对一些上课没听懂的同学进行课后的解惑辅导，而不是代替课堂教学。

2. 知识点足够细，10 分钟左右能够讲解透彻；

一个微课只讲解一个特定的知识点，如果该知识点牵扯到另一个知识点，需详细讲解时应另设一个微课。

3. 课件中有介绍微课（如微课名称、作者姓名等信息）和谢幕的版块，若是 PPT，建议正文最多 5~6 页；

4. 受众定位明确，其知识基础如何；

微课作者需清楚本微课受众的知识基础，采用适合该基础的相关定理、定律、词汇讲解。

5. 情景定位明确：一对一的教学而非一对多；

讲解时不得出现"你们""大家""同学们"等词语。

6. 知识准确无误；

在微课里不允许有文字上、语言上、图片上的知识性错误或有误导性的描述。

7. 知识点（考点）、题目（真题、模拟题）等的讲解不照本宣科；

对现有的知识以及课本上对该知识的表述应有自己的理解，而不是罗列书上的知识，否则微课起不到"解惑"的作用。

8. 课件有视觉美感，如常用的 PPT；

多角度地应用 PPT 现有的功能带来的视觉效果，如自定义动作、PPT 切换、颜色搭配、字体搭配等。

9. 微课画质清晰；

影响视频画质的因素有：显卡驱动未更新导致屏幕像素低；导出视频时未设置与屏幕分辨率相一致的视频尺寸导致视频画面变形。

10. 外部环境安静无噪音；

11. 仪表得体；

12. 语言通俗易懂；

口语讲解，尽可能少地使用古板、枯燥的书面语，使讲解通俗易懂。

13. 讲解时声音响亮，节奏感强。

三、微课的时间要求

1. 时间一般在 10 分钟左右，原因：（1）现在是快节奏时代，好比微博，追求快捷精炼；（2）学生课程多，疑问多，若每科看一个微课，而每个微课时间过长，那么学生则没有时间看完他（她）想看的微课；（3）10 分钟左右足够讲透一个小知识点，否则要么是讲得太泛，要么是讲得太啰唆。

2. 微课时间安排有主次之分，正文以外的花絮时长不得超过 15 秒。

《等腰三角形》教学设计

课题	§2.6 等腰三角形(1)	课时安排	授课班级	
			授课时间	
目标导学	1. 经历探索等腰三角形的性质的过程，掌握等腰三角形的轴对称性、三线合一、两底角相等等性质。 2. 通过小组合作探究，发现并理解等腰三角形的性质。 3. 能够利用等腰三角形的性质解决相关题目。			
重点	等腰三角形的性质			
难点	等腰三角形的性质及探索过程			
教师点拨	自学质疑学案			

| 学法指导

根据要求阅读课本内容,回答"教材自学"的有关问题,在课本上标出关键词语,标注知识点。将问题和疑难点记录下来。	一、教材自学:自学课本 P55—57 页,完成下列问题: 1. 已知一个等腰三角形,请你利用尺规做出和已知三角形全等的三角形。 利用尺规做图再做出底边的中垂线,底边的中垂线是不是三角形的对称轴? 2. 等腰三角形是不是"轴对称图形"? 如果是,对称轴是什么? 3. 利用等腰三角形是"轴对称图形"这一性质,我们可以研究等腰三角形的底角、底边上的高、底边上的中线、顶角的平分线等许多性质,请把你的发现写在下面: 性质 1:等腰三角形的轴对称性 性质 2:等腰三角形的"三线合一"性质 性质 3:等边对等角

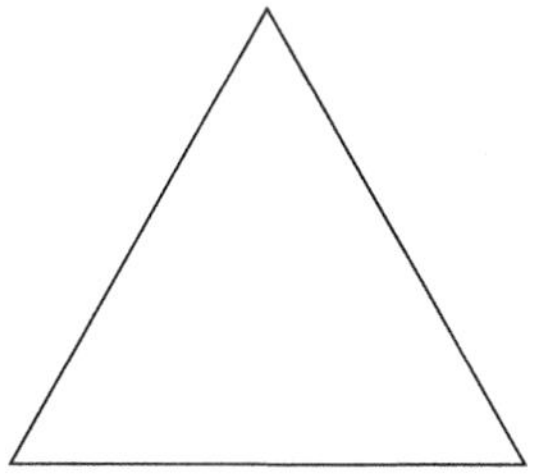

学 案 内 容	学生纠错质疑、方法总结
二、微课助学: 三、合作互助(组内讨论解决自学中存在的问题): 　　要求:1. 组长主持,首先一对一讨论,不会的提交组内讨论。 　　　　　2. 最后组长将不会的内容提交给课代表。 四、在线测学: 1. 如图,在 △ABC 中,AB=AC,点 D 在 AC 上,且 BD=BC=AD,则 ∠A 的度数为_____。 2. 如图,∠ABC=70° ,∠A=50° ,AB 的垂直平分线交 AC 于 D,则 ∠DBC=_____。	

| 存在的问题 | 自学小节 |

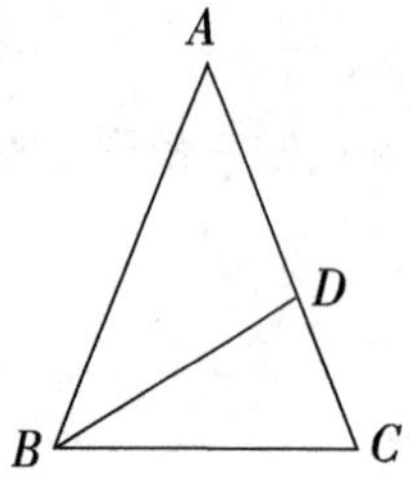

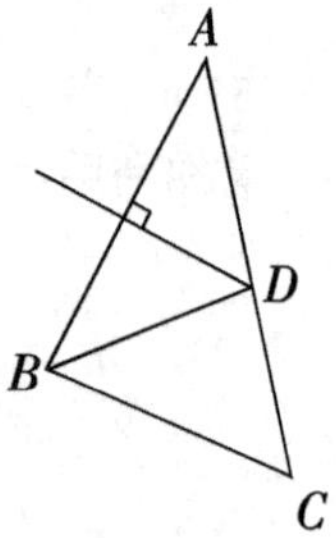

训 练 展 示 学 案

学生做笔记 教师点拨	学 案 内 容
疑难突破 训练展示 合作提升 评价点拨 反思总结	1. 在△ABC中,BC=8cm,AB 的垂直平分线交 AB 于点 D,交 AC 于点 E,△BCE 的周长等于 18cm,则 AC 的长等于_____。 2. 如图,已知△ABC,BC=10,BC 边的垂直平分线交 AB、BC 于点 D、E,BE=6,则△BCE 的周长为_____。 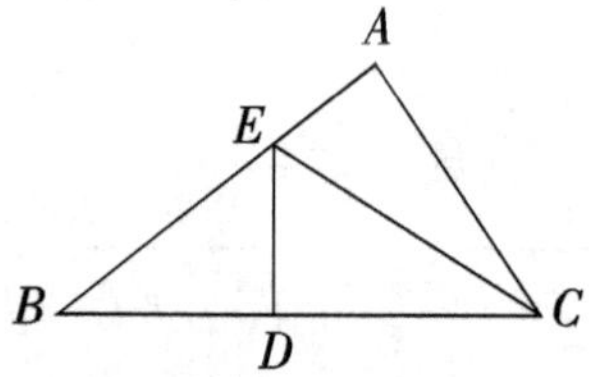

| 自我反思 |

《一元一次方程》复习课教学设计

执教人		学科		编号		使用时间	
课题名称		一元一次方程复习				课时规划	自主质疑课时
							练习内化课时
		自主预习学案					课堂观察记录

教学目标:

1. 理解一元一次方程的概念、方程的解的概念及等式的基本性质。

2. 能熟练地解一元一次方程,弄清一元一次方程的解法步骤及每一个解题步骤应注意的问题。

任务一:阅读理解知识网络,交流知识练习,完成下列填空,熟记知识,师友之间互相提问。

任务二:明确考点聚焦,把握中考方向,完成基础训练,交流讨论疑难。

知识点一:方程:含有_____的等式叫方程。

方程有两个要素,一是含有_____,一是方程是一个_____,二者缺一不可。

1. 下列方程中,是一元一次方程的为(　　)。

A. $2x-y=1$　　B. $x^2-y=2$　　C. $\dfrac{y}{2}-2y=3$　　D. $y^2=4$

2. 下列式子：

①y^2+4y-1；②$2-3=-1$；③$m-2=7$；④$m=0$；⑤$\frac{1}{3}x=0$；

⑥$5y=1$；⑦$\frac{1}{2}a-\frac{1}{3}b$；⑧$\frac{1}{m}-m=5$；⑨$x^2=3x$；

⑩$2a-7b=5$；其中是一元一次方程的有_____。

3. 已知 是关于 x 的一元一次方程，求 $m=$_____

　知识点二：等式的基本性质。

　等式的基本性质一：等式两边同时加上（或减去）_____，所得结果仍然是_____。

　等式的基本性质二：等式两边同时乘以（或除以）_____（除数_____），所得结果仍然是_____。

4. 运用等式性质进行的变形，正确的是（　　）。

　A. 如果 $a=b$，那么 $a+c=b-c$；

　B. 如果 $\frac{a}{c}=\frac{b}{c}$，那么 $a=b$；

　C. 如果 $a=b$，那么 $\frac{a}{c}=\frac{b}{c}$；

　D. 如果 $a^2=3a$，那么 $a=3$。

5. 已知等式 $3a=2b+5$，则下列等式中，不一定成立的是（　　）。

　A. $3a-5=2b$　　　　　　B. $3a-1=2b+4$

　C. $3ac=2bc+5$　　　　　D. $9a=6b+15$

知识点三：解方程。

　　　　解方程的一般步骤有：

移项：将某项_____后从等号的一边移到等号的另一边；

移项要特别注意：移动的项要_____，不移的项_____，

　　　系数化为1的方法是_____或_____，

　　　去分母要注意的问题是不能_____。

6. 下列方程变形中，正确的是（　　）。

　(A)方程 $3x-2=2x+1$，移项，得 $3x-2x=-1+2$；

　(B)方程 $3-x=2-5(x-1)$，去括号，得 $3-x=2-5x-1$；

　(C)方程 $4x=7$，未知数系数化为 1，得 $x=\frac{4}{7}$；

　(D)方程 $\frac{x-1}{0.2}-\frac{x}{0.5}=1$ 化成 $\frac{10x-10}{2}-\frac{10x}{5}=1$。

7. 解方程 $\dfrac{2x+1}{3}-\dfrac{10x-1}{6}=1$，去分母，正确的是（　　）。

（A）$2x+1-10x-1=1$ 　 （B）$4x+2-10x-1=6$

（C）$4x+2-10x+1=1$ 　 （D）$4x+2-10x+1=6$

8. 解方程：

（1）$1-3(8-x)=2(15-2x)$

（2）$\dfrac{2x-1}{2}+\dfrac{x+2}{3}=\dfrac{4x+5}{4}$

知识点四：一元一次方程的应用。

9. 一个两位数，十位数字比个位数字大 4，将十位数字与个位数字交换位置后得到的新数比原数小 36，设个位数字为 x，则可列方程为 _____。

10. 甲、乙两件服装的成本共 500 元，商店老板为获取利润，决定将甲服装按 50% 的利润定价，乙服装按 40% 的利润定价。在实际出售时，应顾客要求，两件服装均按 9 折出售，这样商店共获利 157 元，求甲、乙两件服装的成本各是多少元？

11. 李阿姨购买了 25000 元的某公司 1 年期的债券，一年后，扣除 20% 的利息税之后得到本息和利息为 26000 元，这种债券的年利率是多少？

	展示内容	难易程度	展示方式	展示小组	展示学生	存在的问题及改进的措施
展示环节设计						

说明：　　　难易程度：　　　A 识记　　B 理解　　C 应用

	评价内容	难易程度	点评小组	点评学生	变式训练与问题预设	存在的问题及改进的措施
评价点评环节设计						
	说明： 难易程度： A 识记 B 理解 C 应用					
反思评学环节 设计	知识、方法总结,系统建构					
教学反思						

英语学科

英语学科"三环八步"操作要领（新授课）

步骤		任务目的	教师操作要领	学生操作要领
课前 自主质疑	一 尝试自学	掌握基础知识	1. 设计利用平板跟读本节课的单词、短语、对话、课文（听说预习任务）。 2. 设计自学教材内容，完成课前预习学案中的学习任务。（书面预习任务） 3. 根据本节课的内容，教师提炼本节课的知识点、语法点、句型应用、学法指导，设计微课并上传，初步感知本节课的语法点和知识点。	1. 利用平板跟读单词、短语、对话、课文。 2. 自学教材，完成预习学案。 3. 观看微课，感知知识点和语法点。
	二 基础测学	检测自学情况	预设上传检测题；要紧扣双基自学目标，涵盖语言知识和语法点，难度以中下等为宜。	完成基础测学题，并将疑难问题收集与整理。
课中 练习内化	三 解疑问学	提出疑难问题	1. 小组合作，讨论解决预习学案中的疑难问题。 2. 课前热身、情景导入（建议此环节采取游戏、抢答等形式引导学生检测单词、短语、知识点的掌握情况，和预习反馈相结合）。 3. 出示本节课的话题、学习目标。	1. 小组汇报疑难问题；在同学或老师的帮助下解决疑难问题。 2. 在老师的引领下，完成课前热身学习活动。 3. 明确本节课的学习目标。
	四 展示论学	师生思维碰撞	教师根据本节课的学习目标和内容进行设计：听说活动、情景操练活动、文本阅读活动、语法讨论提炼总结活动、写作活动、语言拓展活动等。注意和教材内容相结合。	根据老师设计的课堂学习活动，逐次完成任务；在合作学习中要明确活动中自己的角色任务，组内同学互帮互学，活动中强调协作。

	步骤	任务目的	教师操作要领	学生操作要领
	五 进阶深学	深入探究疑难	师生对话展示、两人对话展示、小组讨论或活动展示、黑板演示、互帮互学等等。	按照老师的要求,开展有效的课堂展示活动。形式有:pair work,PK games、group work,discussion,口头与书面活动相结合。
	六 系统理学	总结归纳梳理	引导学生梳理总结本节所学的单词、句型、知识点,形式灵活多样。	思考总结本节课所学的内容,形式有:口头总结;画思维导图;小组讨论总结等等。
课后 拓展升华	七 拓展用学	拓展训练运用	1.针对本节内容,设计语言综合应用活动(注意根据所学内容)。2.设计、上传分层的"拓展应用"检测题;10分制(10分钟完成)。	1.在老师或同学的帮助下完成语言综合应用活动。2.自主、限时完成检测题并上传提交。
	八 微课助学	纠错总结升华	1.教师对学生完成的综合语言活动进行小组或个人评价。2.依据学生拓展测学情况,根据平台数据,确立共性问题和重点,并进行反馈与讲解,统计学生达标率。	1.倾听老师的评价,思考下步怎样改进。2.组内纠错,互帮互学,总结做题技巧与规律。

英语学科微课制作要求及说明

一、微课的特点

1. 微教学

微课，即微型学习课程，主要特点是微教学。它是根据教学需要和学生学习需求，确定独立的教学目标，采用多样性的教学活动，指导学生课外学习的视频教学方式。教学内容一般比较单一：如阅读题的解题策略、根据上下文猜测词义、重点语言点的讲解、语法释疑、易混淆内容的区别和练习等等。需要注意的是：微课一般为5~10分钟，通常不超过20分钟。微课不是整堂课教学的浓缩，也不是教学片段，而是一种短小而完整的教学呈现形式。此外，微课的目的不是替代课堂教学，而是为课堂教学服务。微课可以是课前"先学"，或课中"解决重点和难点，以提高学习成效"，或课后"补充资源，强化重难点"。总之，微课是课堂教学的补充、巩固和提升，方便学生查漏补缺，为学生提供自主学习的机会，以提高学生自主学习的能力。

2. 典型性

（1）典型的教学内容。微课既独立于课堂教学又服务于课堂学习，通常选用学生学习过程中的难点、学生必须掌握的重点、学生需要提高的能力作为教学内容。（2）典型的教学方式。为了吸引学生的注意力，提高微课教学的成效，教师往往会选择精美的图片、短小的视频、精当的讲解、多样性的活动来设计微课。

二、微课的制作流程

1. 选取内容

微课制作的第一步是选择教学内容。微课内容的选择要有针对性和典型性。教师可根据学生需要、教学中的重难点以及易错点、英语课程标准的分级要求和教学进度，选择微课制作的内容。

2. 教学设计

微课虽然时间不长，但也需要有独立的教学目标、教学过程设计、教学课件等，有时也需要板书设计。教师要针对教学内容，精心设计教学的每一环节，设计好微课教案和教学课件。

3. 脚本撰写

脚本是微课的教学用语。为了降低微课录制的随意性,教师(尤其是新手)最好将微课中的每一句课堂用语,包括导入语、过渡语和指令语等等,在录制前写成脚本。录制时对照脚本,可以防止错误,减少录制的返工率。

Unit 9《Can you come to my party？》教学设计

朱海燕

课 题	Can you come to my party？ (第 1 课时)
目标导学	在本节课结束时,学生能够: 1. 借助在线学习平台,合理利用学习资源,自主完成本节课基础知识的学习。 2. 听懂提出邀请及回应邀请的听力会话,能了解使用情态动词 can 来表达邀请,并能有礼貌地发出邀请,学会对邀请进行恰当的答复或拒绝。 3. 能在恰当的语言情景中,运用本节课所学句式开展话题"提出邀请、接受邀请和拒绝邀请"的课堂听、说、演训练活动。 　了解有关聚会邀请的社交礼仪。
学习工具与资源	课本,iPad,学习方案,微课,问卷调查,翼课网学习资源
A 课:self-learning(自主学习)	
自主学习任务单	
【Task1】I can read——我会读(建议用时:4mins) 打开翼课网,点击"单词预习"作业,大声跟读,注意语音语调,系统会给你评分哦! 【Task2】I want to know——我要知道(建议用时:6mins) 你想知道我们这节课会学些什么吗? 观看微课"Invitation",快来了解我们会学些什么吧! 然后完成下面的思维导图。	

```
                    make
                    invitations        _____

Invitation  →       accept
                    invitations        _____

                    refuse
                    invitations        _____
```

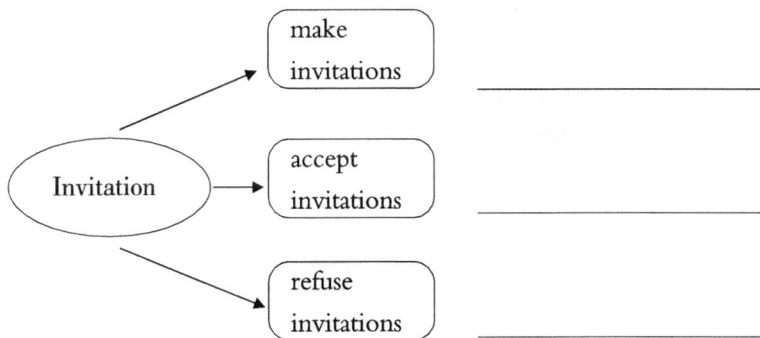

【Task3】I can do and listen——我会做、会听（建议用时：6mins）

1. 自学教材 P65 1a 部分,将短语和图片相搭配。

2. Sun Ning 打算周六举行派对,邀请他的朋友们来玩,快去听一听 Sun Ning 和朋友们的对话吧！ 点击"1b"听力,听两遍,然后将 Tim,Kay,Anna,Wilson 的名字填入 P65 图中相应的位置。

3. 再听听力一遍,回答下列问题:

Who can come to Sun Ning's party？ _____

Who can't come to Sun Ning's party？ _____

【Task4】I can act.——我会演（建议用时：4mins）

小组合作,组长引领,分角色扮演 1b 听力对话,充分练习,准备在课上展示哦！

self-evaluation——自我评价（建议用时：1 min）

本节课你的自主学习任务完成得怎么样？ 扫描二维码,完成 Unit9 第 1 课时 学习问卷调查,将你真实的学习情况反馈给老师！

B 课：Class Show（课堂展示）
内 容

【展示活动一】Dubbing Show.(配音秀)

小组分角色配音扮演,一人扮演 Sun Ning,邀请他的朋友们来参加派对！

【展示活动二】Let's listen and do. (听听,做做)

1. Listen and circle can or can't.

(1) Jeff (can / can't) go to the party.

(2) Mary (can / can't) go to the party.

(3) May (can / can't) go to the party.

(4) Mei Ling (can / can't) go to the party.

(5) Paul (can / can't) go to the party.

2. Listen and match the reson why they can't go to the party.

Name   Reason

Jeff   has the flu

May   might have to meet his friend

Mei Ling   must study for a math test

3. Listen and fill the chart.

How to accept invitation?	How to refuse invitation?
Sure, I'd _____ to.	I'm sorry, I'm not _____.
	I might _____.
	I'm _____ not. I have to _____.
Sure, it _____ great.	Sorry, but I'm not _____.
	I must _____.

4. Have a report: Anna's invitation

Anna invites her friends to her party this Saturday, but only _____ and _____ can come the party. Jeff might have to _____ on Saturday. May _____ the flu. Mei Ling is not _____. She must _____. What a small party she has!

【展示活动三】Let's make an invitation.

请根据老师提供的情景图,两人一组创编邀请的对话吧! 然后再大胆展示哦!

A: Hey, _____ . Can you _____ ?

B: I'm sorry. I'm not _____ . I have _____ .

A: That's too bad. Maybe another time/next time.

B: Sure, Joe. Thanks for _____ .

【展示活动四】Let's read and role play 2d.

1. Listen and find out the target language(在翼课网上完成)

2. Read and judge(在翼课网上完成)

3. Role play the conversation(在翼课网上完成)

【展示活动五】Let's do.

话题:宁阳第二实验中学下周末将举行英语才艺展示大赛(English talent show)

时间:周日下午 2:00—5:00

地点:学校体育馆

快去邀请你的朋友们来观看英语才艺展示大赛吧! 先将邀请结果填入表格,然后再整理,做出汇报。

Name	Yes/No	Reasons

Report :

There will be an English talent show in our school next weekend, I invite some of my friends to watch the talent show, _____ can come, but _____ can't , because _____ .

_____ can't come either, because _____ .

拓展用学：1.完成翼课网上的课外拓展作业

2.观看微课,学习关于聚会邀请的社交礼仪

Unit 3《Can you come to my party？》教学设计

王 彤

课 题	Unit 3 Can you come to my party？
目标导学	在本节课结束时,学生能够： 【知识与技能】 1. 学习并运用短语 do chores, sweep the floor, develop children's independence 等。 2. 学习并运用句型 I agree /disagree that… I think children should / should not …. 【情感态度与价值观】 主动地去帮助家人做杂务 【教学重点】 掌握以下句型： 1)I agree /disagree that…我同意 / 不同意……; 2)I think children should / should not……我认为孩子应该 / 不应该……

学习工具与资源	课本,iPad,学习方案,微课,翼课网学习资源	
自主学习任务单		笔记

【Task1】I can read.——我会读(建议用时:4mins)

打开翼课网,点击"单词预习"作业,大声跟读,注意语音语调,系统会给你评分哦!

【Task2】I want to know.——我要知道(建议用时:6mins)

你想知道我们这节课会学些什么吗?(观看微课)

【Task3】I can do and listen.——我会做,会听(建议用时:6mins)

一、自主学习,然后翻译下列短语。

   1. 倒垃圾_____

   2. 整理床铺_____

   3. 扫地_____

   4. 洗餐具_____

   5. 叠衣服_____

   6. 打扫起居室_____

二、自主完成 1a。

三、听听力,完成 1b.听听力时注意使用听力技巧(一听二做三检查)。

四、合作探究。

1)Could you please + 动词原形?

以 Could 引导的疑问句,表示有礼貌地提出请求。

肯定式: Yes , sure.

否定式: Sorry, I can't.

2)Could I + 动词原形? 表示有礼貌地请求许可。

肯定式: Yes, sure.

否定式: Sorry, you can't.

3)take out the rubbish 倒垃圾, take out "把…拿出去",接代词需放两者中间,如: take it out

【Task4】I can do. ——我会做（建议用时：4mins）

用所给动词的适当形式填空。

1. The boy needs _____ (sweep) the floor after school.

2. Could you please _____ (fold) your clothes after dinner,
   Mary?

3. My brother's work is to wash the _____ (dish) in a restaurant.

4. When he finished _____ (read) the book, his eyes were already full of tears.

5. Could you please _____ ?
   你能整理一下你的房间吗？

6. I _____ do some work. 我必须干些活。

7. Could I _____ your computer? 我可以用一下你的电脑吗？

self-evaluation——自我评价（建议用时：1 min）

物理学科

物理学科"三环八步"操作要领

	步骤	任务目的	教师操作要领	学生操作要领
课前 自主质疑	一尝试自学	掌握基础知识	预设并上传预习学案和微课;明确双基自学目标,让90%的学生掌握80%;将目标转化为任务,原则上不超过三个;依据预设的重点、难点、疑点设计自学程序;提供1—2个微课,每个不超过10分钟。	读目标,明确重难点;根据自学任务,独立思考问题,圈点勾画教材,标记疑难问题;有选择地观看微课。
	二基础测学	检测自学情况	设计上传检测题;要紧扣双基自学目标,涵盖每个知识点,难度以中下为宜;根据学科特点可以设计选做题。	先闭卷限时自测;再看答案解析或者微课;小组研讨后,将不能解决的疑难问题上传给老师。
	三解疑问学	提出疑难问题	收集并分析学生汇报的共性疑难问题,调整教学目标和重难点;指明本节课的学习目标。	汇报疑难问题;明确本节课的学习目标。
课中 练习内化	四展示论学	师生思维碰撞	预设并组织展示的方式、人员、组别、次序;首先,生生点评,再师生点评;教师点评要精当,及时抓住生生点评中的关键处,把学习引向深入。	按照老师的组织,分组展示论学;要先在组内点评补充,再倾听其他组的点评,充分进行思维碰撞;要特别关注老师的精讲点拨。
	五进阶深学	深入探究疑难	预设并提供进阶深学任务,原则上不超过3个;科学设计自学任务程序;如果是传统的练习设计,则强调独立思考,自主解疑;如果是活动设计,必须指向目标,有助于知识生成、能力形成,发挥合作学习的协同优势,切忌无效活动。	根据深学任务,独立思考问题,按照程序,逐次完成任务;在合作学习中要明确活动中自己的角色任务,组内同学互帮互学,活动中要强调协作。

步骤	任务目的	教师操作要领	学生操作要领
六系统理学	总结归纳梳理	根据本章节的重难点和课中阶段的学习成果，梳理学习过程，形成知识网络。系统理学的方式可灵活预设，可以是初绘思维导图、自我检测、拓展活动等。	反思论学阶段的成果，回顾整个学习过程，按照老师提供的方式构建知识网络。
七拓展用学	拓展训练运用	设计、上传分层的"拓展应用"检测题。	自主限时完成检测题并上传提交。
八微课助学	纠错总结升华	设计、上传检测题辅导微课或作业讲析电子材料；依据学生拓展测学情况，确立共性问题，并进行当面辅导。	观看微课或作业讲析材料，及时纠错并进行规律总结。

课后 拓展升华（适用于步骤七、八行）

物理翻转课堂学案复习课模式

步骤	任务目的	教师操作要领	学生操作要领
一尝试自学	掌握基础通读教材	提前设计复习学案【知识梳理】部分，要求紧扣双基，涵盖所有知识点，注意知识点之间的联系。课上教师巡视，监督学生完成学案。	读目标，明确重难点；先通读一遍教材，独立完成学案【知识梳理】，自主复习，查漏补缺，识记要点。
二合作互学	小组合作学习	监督学生讨论学习，收集学生的疑难问题。	学生完成后，一对一互学，组内研讨，完善学案，疑难问题上传给教师。

步骤	任务目的	教师操作要领	学生操作要领
三 考点解析	明确考点	教师强调易错易混知识,精讲点拨重难点。	学生明确考点,识记考点,掌握疑点、重点,突破难点。
四 进阶深学	深入探究疑难	提前设计"练习内化"习题,练习要设置成基础练习和提升练习两个层次。	自主独立完成"练习内化"部分的练习题。完成后小组内互相批阅(用红笔标注)。
五 展示论学	师生思维碰撞	预设并组织展示的方式、人员、组别、次序;首先,生生点评,再师生点评;教师点评要精当,及时抓住生生点评中的关键处,总结做题方法和规律,归纳易错、易混点。	按照老师的组织,分组展示论学;要先在组内点评补充,再倾听其他组的点评,充分进行思维碰撞;要特别关注老师的精讲点拨。
六 系统理学	总结归纳梳理	根据本章节的重难点和课中阶段的学习成果,梳理学习过程,形成知识网络。系统理学的方式可灵活预设,可以是初绘思维导图、自我检测、拓展活动等。	反思论学阶段的成果,回顾整个学习过程,按照老师提供的方式构建知识网络。

学案设计模式

物理学案分为自学质疑学案和训练案,自学质疑学案分为目标导学、教材自学、微课助学、合作互学、在线测学 5 个环节,训练案练习题分成三个梯度:基础训练、拓展训练、挑战训练。

一、目标导学

制作建议:

1. 目标数量以 2—3 个为宜,不能太多。

2. 可在目标中将学生自学中会涉及的重、难点以及易错、易混、易漏等内容做出标注,以便引起学生的高度重视。

3. 目标内容应明确具体,而且可操作、能达成。教师按照所教学生的实际水平,按照预设的教学目标,准确地为学生的学习目标定位。学习目标既不能过低,使学生达不到基本的学习要求,又不能过高,造成大多数学生经过努力也很难达到。如果目标确定得不适度,学生很难实现高效学习。

4. 学习目标中不要用"了解、理解、掌握"等模糊语言,要用"通过……活动,掌握……知识""通过……活动,培养……能力""能记住""能说出""会运用""解决"等可检测的明确用语,并指出重难点。

使用建议:教师适当解读目标,强调重难点,学生明确目标。完成学习任务后要回馈目标达成情况。

二、教材自学

制作建议:按照"问题引领、任务驱动、活动建构"的思路。

1. 预习任务要与目标逐一对应,有几个目标就要设计几个预习任务。

2. 预习只能完成浅层次认知,预习以基础知识为主。认真分析对比哪些是课标要求的内容,哪些是教材拓展的内容,围绕课标要求的内容进行设计,拓展延伸知识要放在预习后的课堂上进行。

3. 把目标转化成学习任务,把学习任务转化为学习活动,让学生在学习活动中思考问题,感受知识的形成过程。

4. 预习设计要符合知识之间的递进关系,按照由浅入深、由易到难的程序设计,使上一个知识成为下一个知识学习的基础。

5. 预习诊断要采取"小循环、勤反馈"的原则,按"一个目标一个活动,一个活动一个检测"的思路,针对不同的预习目标,分别设计对应的诊断试题,提高诊断的即时性。

6. 思考:怎样设计问题?

①问题要能启发学生思维。②问题不易太多、太碎。③问题应引导学生阅读并思考。④问题或者说知识点的呈现要尽量少用一个一个填空的方式,避免学生照课本填空,对号入座,抑制了学生的积极思维。⑤问题的叙述语应引发学生积极思考,积极参与。如:你认为是怎样的?你判断的依据是什么?你的理由是什么?说说你的发现等等。

使用建议:建议学生先通读一遍教材,感受完整的知识结构;再根据课本内容回答"教材自学"中的相关问题,在课本上标画关键词语,标注知识点,将问题和疑难点记录在学案左侧。

《杠杆》教学设计

课 题	第1节 杠杆	课时安排		授课班级	
				授课时间	

目标导学	1.通过实例认识杠杆,并能准确找出杠杆的五要素。
	2.通过实验研究,能得出杠杆的平衡条件,并能利用平衡条件进行相关计算。
	3.能对杠杆进行分类,并能根据实际需要选择合适的杠杆。

教师点拨	自 主 质 疑 学 案
学法指导:根据要求阅读课本内容,回答"教材自学"中的有关问题,在课本上标画关键词语,标注知识点。将问题和疑难点记录下来。	一、教材自学: 【问题一】什么是杠杆?怎样找出杠杆的五要素? 【学习任务一】阅读教材76—77页,完成下列问题。 1.一根_____,在力的作用下能绕着_____转动,这根_____就是杠杆。 　思考:杠杆_____(填"一定"或"不一定",下同)是直的,_____是硬棒。 　你还能举出一个例子吗?_____。 2.杠杆有五个要素:支点(用_____表示)就是杠杆绕着_____的点;动力(用_____表示)就是_____的力;阻力(用_____表示)就是_____的力;动力臂(用_____表示)就是从_____到_____作用线的距离;阻力臂(用_____表示)就是从_____到_____作用线的距离。 3.参考课本76页图12.1-1和78页图12.1-3,尝试画出下列杠杆的五要素。

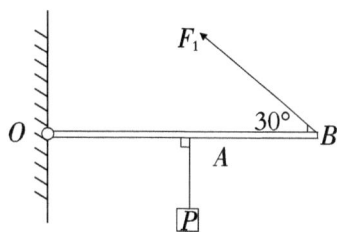

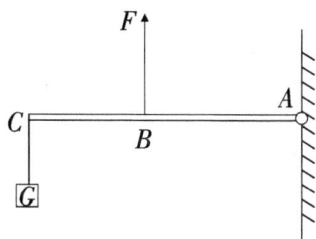

总结:一找点、二画线、三作垂线段。

注意:不论动力、阻力,都是杠杆受的力(力的作用点应在杠杆上)。

【自我检测】

1.下列说法中正确的是(　　)。

　　A.杠杆是一根直的硬棒。

　　B.支点到动力作用点的连线就是动力臂。

　　C.力臂是支点到力的作用线的距离。

　　D.力臂是力的作用点到支点的距离。

2.力臂是 ＿＿＿＿ 到力的 ＿＿＿＿ 的垂直距离。(点到直线的 ＿＿＿＿)

3.画出下面图中杠杆的力臂

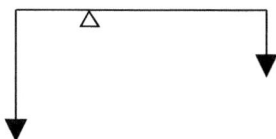

【问题二】如何探究杠杆的平衡条件?会利用杠杆的平衡条件进行相关计算。

【学习任务二】阅读教材 77—78 页探究实验,完成下列问题。

1.当杠杆处于 ＿＿＿＿ 或 ＿＿＿＿ 时,我们就说杠杆处于平衡状态。

练习内化学案

一、基础训练

1. 下列关于杠杆的说法中,正确的是(　　)。

    A. 杠杆只可以是直的。

    B. 杠杆一定有支点。

    C. 杠杆的支点可以不在杠杆上。

    D. 杠杆的长度等于动力臂与阻力臂之和。

2. 图 1 为钓鱼竿钓鱼时的示意图,O 为支点,F_1 表示手对钓鱼竿的作用力,请在图中画出鱼线对钓鱼竿的拉力 F_2 的力臂 L_2。

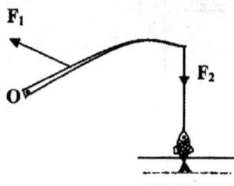 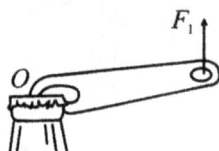

图 1   图 2

3. 图 2 是用"瓶起子"起瓶盖的示意图,请画出动力 F_1 对支点 O 的力臂,并画出阻力的示意图。

4. 在探究杠杆的平衡条件的实验中:

   (1)小明将杠杆放在水平桌面上,发现杠杆右端下倾,那么他应该将杠杆左端的螺母向_____(选填"左"或"右")调节,使杠杆在水平位置平衡。

   (2)实验时只有 8 个相同的钩码,现已在左端 A 点挂有 4 个钩码,如图所示,为使杠杆平衡,其他钩码应挂在何处?(请设计两种方案,在图中画出)

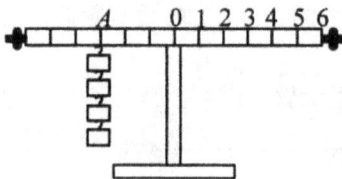 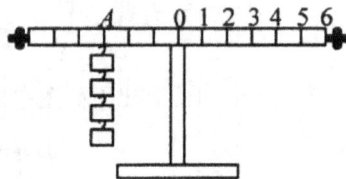

图 3   图 4

5. 图 5 所示的杠杆处于平衡状态,F 的力臂是(　　)。

    A. OA B. OC C. OD D. BD

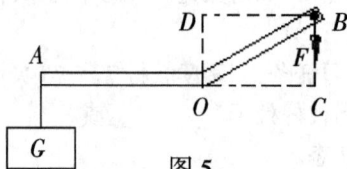

图 5

6.下列杠杆中均是省力杠杆的是( )。
   A.理发剪刀,酒瓶的起子   B.钢丝钳,筷子
   C.狗头铡刀,钢筋剪刀   D.铁锹,羊角锤

7.用剪刀剪较厚的物体时,用剪刀的刀尖不容易剪断,用刀口的中部却容易剪断,这是因为( )。
   A.减小了阻力   B.减小了阻力臂
   C.增大了动力   D.增加了动力臂

8.根据杠杆平衡条件可知,在阻力和阻力臂保持不变时,_____动力臂,可以_____动力,从而更省力(填"增大"或"减小")。在图中,_____图的握法更有利于拧紧或松开螺帽。

9.如图所示,拉力 F 作用在杠杆中点 B 处,已知 AC=1.8m,G=100N,求拉力 F。

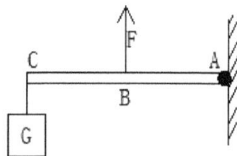

二、拓展训练

1.用一杆秤称物体质量时,误用了一个较重的秤砣,称出的物体质量比实际值( )。
   A.偏大   B.偏小
   C.一样重   D.无法确定

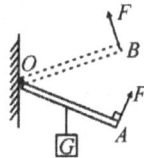

2.如图所示,作用在杠杆一端且始终与杠杆垂直的力 F 将杠杆缓慢地由位置 A 拉至位置 B,拉力在这个过程中( )。
   A.变大   B.变小   C.不变   D.先变大后变小

3.一根扁担长 1.4 m,前后两筐分别装有 300 N 和 400 N 的货物,问人肩挑处离前筐多远才能平衡?(不计扁担及筐的质量)

三、挑战训练

1.汶川大地震中,巨大的石头挡住了救援车辆的通路,救援人员用撬棍将石头撬开,如果在撬棍 a 端分别沿如图所示三个方向用力,其中最省力的是( )
   A.沿 F_1 方向   B.沿 F_2 方向
   C.沿 F_3 方向
   D.三个方向所用力一样大

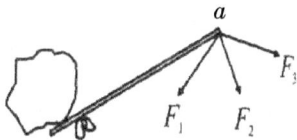

	自 我 反 思

1. 完善巩固本节学案。
2. 本节课的评价组长根据课堂参与情况及学案整理落实情况进行评价（优秀 A、良好 B、合格 C）。

	自我评价	组长评价	综合评价
自主质疑			
练习内化			

思维导图

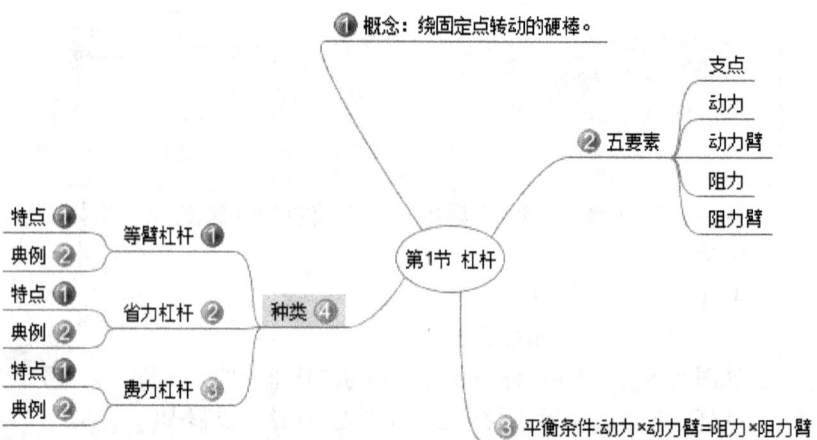

《浮力》复习课教学设计

执教人	崔承森	学科	物理	编号		使用时间	4月
课题名称		第十章 浮力				课时规划	自主质疑 1课时
							练习内化 1课时

自主质疑阶段	1.大部分学生能完成布置的学案内容,大部分学生能通读一遍教材。 2.能对复习中的重点和难点进行记录和标画,并能认真观看微课。 3.学生在线测试参与度高,正确率在百分之八十以上。					
疑难突破环节设计	1.利用复习提纲完成对第十章内容的总体回顾,充分用好小组合作实现互相检查。 2.引领学生做总结,梳理出第十章的重难点。 　重点:浮力的应用和物体的浮沉条件。 　难点:有关浮力的综合计算。 　利用中考常考题型对重点知识进行变式训练。 　考点一:浮力的大小 　考点二:浮力的影响因素 　考点三:浮力的作图 　考点四:浮力的计算 　进行变式训练,以小组合作讨论和抢答的方式进行,教师对学生做题的技巧和规律进行必要的指导和训练。					
训练展示环节设计	展示内容	难易程度	展示方式	展示小组	展示学生	存在的问题及改进措施
	知识梳理	A	口答	1—4	4号	个别学生记不住知识点,需加强记忆。
	诊断评价	BC	板演	5—8	2、3号	不会应用物理实验方法解决实验问题。
	归类解析	BC	板演讲解	1、2、9、10	2号	计算题步骤不规范。优秀学生加以指导。
	达标检测	BC	平板展示	3—6	1号	加强练习。
	难易程度:　　　A 识记　　　B 理解　　　C 应用					

评价点评环节设计	评价内容	难易程度	点评小组	点评学生	变式训练与问题预设	存在的问题及改进措施
	知识梳理	A	5—8	3号	强化记忆	强化记忆。
	诊断评价	BC	随机抽取	1号	课件对应题目	强化理解。
	归类解析	BC	9—12	2号	课件对应题目	注重总结,加强应用。
	达标检测	BC	1—4	1号	综训上的对应题目	学会知识迁移和运用。
	难易程度: A 识记 B 理解 C 应用					

反思评学环节设计	鼓励引导学生独立总结本章所学知识,并依据自己的理解设计本节的思维导图。为鼓励学生在设计思维导图时展示各自的特色,对完成得出色的思维导图在下节课时做展示交流,这样既鼓励学生主动完成思维导图,同时交流中对学生如何做好思维导图也进行了必要的培训。
教学反思	通过本节课,学生能够充分复习本章知识,将本章的知识进行系统的梳理,通过习题的练习可以加深对本章知识的理解,并及时地总结一些做题的技巧和规律。

《浮力》测评课教学设计

执教人	崔承森	学科	物理	编号		使用时间	4月20日
矫正内容	第十章 浮力 单元测试讲评						
矫正目标	1.通过讲评找出自己的错题错因,并及时补救。2.明确本次单元测试考查的内容,培养学生良好的答题习惯。						

<table>
<tr><th colspan="4">试卷讲评</th></tr>
<tr><td>试卷与成绩分析</td><td colspan="3">试卷分析：
试卷整体设计和中考试卷题型、时间、分值保持一致，题目难易度比控制在 7:2:1 的比例。试卷基本能达到以考促学的目的。
考试情况分析：
（1）基本情况分析
<table><tr><th>平均分</th><th>及格率</th><th>优秀率</th><th>最高分</th></tr><tr><td>60.3</td><td>52.5%</td><td>18.3%</td><td>99</td></tr></table>（2）表扬此次考试成绩较好的同学和进步较大的同学，尤其是进步较大的同学要重点表扬、鼓励，帮助其树立信心，争取更大程度上的进步。</td></tr>
<tr><td>学生自我矫正</td><td colspan="3">将本次考试的试卷发给学生，让学生查找自己出错的地方及出错原因，标出仍弄不懂的问题。时间 3—5 分钟。</td></tr>
<tr><td>小组合作矫正</td><td colspan="3">学生相互讨论，“兵教兵”，把讨论后不能解决的问题写在黑板上。教师巡回指导，采集学生自查互评的情况。这个环节为 5—8 分钟。</td></tr>
<tr><td rowspan="2">试卷讲评</td><th>典型错题</th><th>知识点分析</th><th>错因分析</th></tr>
<tr><td>1. 2012 年 11 月，我国自行研制的舰载多用途歼—15 战斗机，首次成功起降在中国第一艘航空母舰“辽宁舰”上，如图所示。
（1）“辽宁舰”的排水量为 6.7×10^4 t，其满载并静止在海面上时，受到的浮力是________N，排开海水的体积为________m^3。（$\rho_{海水}=1.03\times10^3 kg/m^3$）
（2）歼—15 在航母上起飞时相对于________，它是运动的，当它飞离舰时，航母受到的浮力将________（选填“变大”“不变”或“变小”）。</td><td>解综合题的一般步骤：
1. 认真审题，确定研究对象，明确对象所处的状态。
2. 分析受力情况，画出受力分析图。
3. 根据状态列出方程式、方程组。
4. 进行数学运算。</td><td>正确率低的题目可分为以下几类：
1. 基础知识掌握不牢固，如第 2、3、8、10、11、12、15 题。
2. 对求浮力的方法不能灵活应用，联立应用公式的能力较差，如第 13、16、17 题。</td></tr>
</table>

	典型错题	知识点分析	错因分析
试卷讲评	2. 一物体用细线挂在弹簧秤上，弹簧秤的示数是 4.5 牛，当把物体浸没在水中时，弹簧秤的示数是 1.5 牛，那么这个物体受到的重力是_____牛，浸入水中受到的浮力是_____牛。 3. 密度为 $0.9 \times 10^3 kg/m^3$，质量为 8.1 千克的石蜡，放入足量水中，石蜡受到的浮力有多大？	解浮力问题经常用到的一些规律和概念。 1. 二力平衡条件(推广到三力平衡)；2. 密度的概念；3. 液体内部压强的规律；4. 浮力的概念；5. 阿基米德原理；6. 物体的浮沉条件。	3. 对做综合题的步骤不了解，如第 22、23 题。 4. 设计实验思虑不全，容易遗漏步骤，表述不完善，最后的表达式写法混乱，如第 20、21 题。 5. 做题不细心，计算有时出错，回答不全面，如第 19、22 题。

平行性测试	1. 物体的浮沉条件及应用
	将体积为 50cm³，质量是 45g 的物体，缓缓放入装满水的烧杯中，物体静止后，溢出的水的质量是_____g，将其缓慢放入装满酒精的烧杯中，溢出的酒精的质量是_____g。($g = 10N/kg$)
	
	2. 浮力的计算方法
	(1)压力差法：$F_浮 = $_____。
	    一物体浸没在水中，上表面受到水的压力为 10N，下表面受到水的压力为 15N，则物体受到的浮力为_____N。
	(2)称重法：$F_浮 = $_____。
	    在空气中用弹簧测力计测得某石块重 5N，浸没在水中后弹簧测力计的示数为 2N，求石块受到的浮力和石块的密度。($g = 10N/kg$)
	(3)原理法：$F_浮 = $_____ = _____。
	    在一个装满水的容器中，放入一个质量为 20g 的物体，从容器中溢出 15g 水，则该物体受到的浮力为_____N，物体的体积是_____。($g = 10N/kg$)
	(4)平衡法：当物体悬浮或漂浮时，$F_浮 = $_____。
	    ①把质量为 250g，体积为 300cm³ 的金属球放入水中，静止时它受到的浮力为_____。 ($g = 10N/kg$)
	    ②将密度为 $0.6 \times 10^3 kg/m^3$、体积为 200cm³ 的木块放入某液体中，木块有 $\frac{1}{3}$ 的体积露出液面($g = 10N/kg$)，求木块受到的浮力和液体的密度。

教学反思	讲评不可面面俱到,没有重点。试题讲评课应该分类进行:第一类,没有或很少有差错的试题,通常不讲评或点到为止;第二类,部分学生有差错的试题,视具体情况适当讲评;第三类,大多数学生有差错的试题,这类试题往往属于迷惑性、综合性较强的试题,应重点讲评。

化学学科

化学学科翻转课堂教学模式

步骤	任务目的	教师操作要领	学生操作要领
一 尝试自学	掌握基础知识	上传预习学案和微课；明确双基自学目标，让90%学生掌握80%；将目标转化为任务，原则上不超过三个；依据预设的重点、难点、疑点设计自学程序。	读目标，明确重难点；根据自学任务，独立思考问题，圈点勾画教材,标记疑难点。
二 微课助学	微课帮助学习	设计并上传微课；每个微课不超过10分钟；一节课可以设计多个微课。	学生可以根据自己的自学情况,有选择性地观看微课,解决疑难问题。
三 合作互学	学生小组互学	收集学生的疑难问题，设计疑难讲解。	一对一互学，组内研讨,不会的问题上传给教师。
四 基础测学	检测自学情况	预设并上传检测题；紧扣双基自学目标，涵盖每个知识点，难度以中下为宜；根据学科特点可以设计选做题。	先闭卷限时自测;再看答案讲析或者微课;小组研讨疑难点后，将不能解决的疑难问题上传给老师。
五 解疑问学	提出疑难问题	收集并分析学生汇报的共性疑难问题,调整教学目标和重难点;指明本节课的学习目标。	汇报疑难问题;明确本节课的学习目标。

列行标注：课前 自主质疑（一~四）；课中 练习内化（五）

步骤	任务目的	教师操作要领	学生操作要领
课中 练习内化	六进阶深学 深入探究疑难	预设并提供进阶深学任务，原则上不超过3个；科学设计自学任务程序；如果是传统的练习设计，则强调独立思考、自主解疑。	根据深学任务，独立思考问题，按照程序，逐次完成任务。
	七展示论学 师生思维碰撞	预设并组织展示的方式、人员、组别、次序；首先生生点评，再师生点评；教师点评要精当，及时抓住生生点评中的关键处，把学习引向深入。	按照老师的组织，分组展示论学；要先在组内点评补充，再倾听其他组的点评，充分进行思维的碰撞；要特别关注老师的精讲点拨。
	八系统理学 总结归纳梳理	根据本章节的重难点和课中阶段的学习成果，梳理学习过程，形成知识网络。	反思论学阶段的成果，回顾整个学习过程，按照老师提供的方式构建知识网络。
课后 拓展升华	九拓展用学 拓展训练运用	设计、上传分层性的"拓展应用"检测题；提供思维导图范例，引导学生绘制思维导图，形成知识网络。	自主、限时完成检测题并上传提交；对照范例，自主完成思维导图。

化学学科复习课学案模板

课题	第　　单元复习课
目标导学	根据单元内容设计复习目标

A段:教材自学	
内　容	笔记
一、考点梳理 　考点一： 　考点二 　考点三 　(此为第一部分:将知识点以填空的形式展示出来,学生进行查漏补缺。本部分要求常见的考点要全面涉及。) 二、知识网络 　将知识点形成知识网络,便于内容的梳理和记忆。 三、真题演练 　根据考点筛选真题,注重题型的多样性,避免题目的重复性,注意对题目的解题方法的指导和总结归纳。	
微课助学　根据本单元内容设计微课内容。	
合作互学　先与同桌之间进行自学交流,共同的疑难问题可在小组内研讨解决,将不能解决的问题上传给老师。	
在线测学　自主完成检测题并上传提交。	
B段:进阶深学	
【展示论学】 【巩固训练】 　设置"基础篇"题目、"提升篇"题目、"挑战篇"题目。 　训练案练习题分成三个梯度:基础训练、提升训练、挑战训练。优化基础训练设计,按照"一个目标、一个诊断"的思路,针对每个学习目标,分别设计对应性训练。本部分所涉及的题型应全面,以便促进学生及时巩固。 　要强化拓展训练设计,认真分析每一个知识点的考查类型,按类型筛选典型试题,形成每个知识点的考查题组,提升学生多维分析问题的能力。拓展训练可依据试题难度,设计为必做题和选做题。	
【系统理学】通过本节课的学习谈一谈自己的收获和仍然存在的困惑。	

化学学科讲评课操作要领

一、课前环节

教师根据学生的答题情况进行成绩分析、试题分析、学生做题情况分析,并制作微课,微课内容可以是对集中出错的知识点的讲解或者是对错题的精讲。学生自我订正错题,有疑难问题时有选择地观看微课。

二、课上环节

1. 教师对试题结构、考查的知识内容、题型、成绩进行分析;表扬优秀、鼓励先进。

2. 学生组内交流:自己纠正后仍然存在疑惑的问题可在小组内进行交流探讨,小组内解决不了的疑难问题亦可小组之间交流,共同的疑难点可以提交教师。教师收集学生仍存在的难点,根据学生的共性问题进行精讲点拨。

3. 进阶深学:教师对出错率高的试题、学生点评不到位的问题,认真引导学生分析探究,解决学生试题中的困惑。发挥合作学习的协同优势。学生根据教师的讲解总结做题的方法,从而查漏补缺。

4. 系统理学:根据本章节的重难点和课中阶段的学习成果,梳理学习过程,形成知识网络。系统理学的方式可灵活预设,可以是初绘思维导图、自我检测、拓展活动等。

三、课后环节

教师根据考试情况设计相应的平行性测试,学生独立完成后可上传答案,自我矫正。对于考试中的错题反复重现,总结做题的方法,形成特定题目的做题思路。

《物质组成的表示》教学设计

年级	九年级	班级		学科	化学
课题	第四单元 我们周围的空气 第二节 物质组成的表示第二课时				

三 年 重塑一所学校

学习目标	1. 能根据化学式进行相对分子质量、各元素的质量比、某元素的质量分数的简单计算。 2. 通过化学式的计算,从量的角度深化对化学式的理解。 3. 通过对化学式的简单计算,培养定量处理问题的能力,提高我们辨别真伪的能力。	使用人	
		编制人	王 芬
		课 型	新授课
		课 时	A 段 1 课时 B 段 1 课时
重点难点	重点:根据化学式计算相对分子质量、各元素的质量比及某元素的质量分数。难点:根据化学式计算某元素的质量分数。	学习资源	教科书、学案、课件

<table>
<tr><td colspan="3" align="center">A 段:微课助学</td></tr>
<tr><td></td><td align="center">设计</td><td align="center">修订</td></tr>
<tr>
<td>定向</td>
<td>1. 能根据化学式进行相对分子质量、各元素的质量比、某元素的质量分数的简单计算。
2. 通过化学式的计算,从量的角度深化对化学式的理解。
3. 通过对化学式的简单计算,培养定量处理问题的能力。</td>
<td></td>
</tr>
<tr>
<td>自学</td>
<td>

【问题一】如何根据化学式计算物质的化学式量?

【学习任务一】阅读教材 P86 内容,学习下面例题中计算水的相对分子质量的方法,尝试计算【练习一】中物质的相对分子质量,并总结计算物质的化学式量的做题方法 (相对原子质量 H—1;O—16;C—12;N—14)。

例:计算水(H_2O)的相对分子质量。

水的相对分子质量 $= 1 \times 2 + 16 \times 1 = 18$

【练习一】计算下列物质的化学式量。

CO_2: _____

$CO(NH_2)_2$: _____

【方法总结】你能总结出计算物质化学式量的方法吗?

你认为在计算物质的相对分子质量时应注意什么。

【学习巩固】①计算 $Ca(OH)_2$ 的化学式量 _____。

</td>
<td></td>
</tr>
</table>

②你能比较出一个 H_2O 分子和一个 CO_2 分子的质量大小吗?

【问题二】如何根据化学式计算物质中各元素的质量比?

【学习任务二】学习教材P85内容,尝试计算【练习二】中各元素的质量比,总结计算物质中各元素质量比的方法。

【练习二】(1)计算 CO_2 中各元素的质量比。(C—12;O—16)
　　　　(2)计算在 NH_4NO_3 中各元素的质量比。
　　　　 (N—14;H—1 ;O—16)

【方法总结】1. 你能总结出计算物质中各元素质量比的方法吗?
　　　　　 2. 你认为在计算物质中各元素质量比时应注意什么。

【学习巩固】1. 计算 $CO(NH_2)_2$ 中各元素的质量比。
　　　　　 2. 计算 Na_2CO_3 中各元素的质量比。

【问题三】如何根据化学式计算物质中某元素的质量分数?

【学习任务三】阅读教材P86内容,学习计算物质中某元素的质量分数的方法,完成【练习三】,总结计算某元素的质量分数的方法。

【练习三】计算硝酸铵中氮元素的质量分数。(O—16;N—14)

【方法总结】你能总结出计算物质中某元素的质量分数的方法吗?

【学习巩固】①计算 NH_4HCO_3 中 N 元素的质量分数。
　　　　　 ② NH_4HCO_3 中 N 元素的质量分数为 17.7% ,17.7% 的含义是什么?

课堂小结:
1. 物质的化学式量=化学式中各原子的相对原子质量的总和。
2. 元素质量比=(相对原子质量×原子个数)之比
3. 元素的质量分数=该元素的相对原子质量×该元素的原子个数/物质的化学式量

【课堂检测】
某企业生产的氮肥主要成分是硝酸铵(NH_4NO_3),根据化学式列式进行计算。
硝酸铵的化学式量为:
硝酸铵中氮、氢、氧的质量比为:
硝酸铵中氮元素的质量分数为:
8kg 硝酸铵中氮元素的质量为:

	B段:进阶深学	
检测	提问A段中的基础知识。	
训练	见本节练习题	
精讲	一、根据化学式计算物质的化学式量。 二、根据化学式计算物质中各元素的质量比。 三、根据化学式计算物质中某元素的质量分数。	

	C段:反思改进
反思	在进行化学式的计算中,通过学生思考,教师引导,然后学生总结方法的学习过程,使学生的学习层层递进,既得到了知识性结论,更提高了分析问题的能力,使更多的学生学会了反思和自我评价。 　　在教学中,还有一部分学生没有完全理解运用数学计算来解决化学中各物质质量变化关系的原理,只会单纯地模仿,那么,采用什么方法能更好地使基础薄弱的学生理解化学与数学知识间的联系呢? 这些问题还需进一步思考。
作业	整理回顾本节错题。
评价	自习课讲评,学生自我评价。

政治学科

政治学科翻转课堂教学模式

一、解疑问学（10分钟）

1. 情境导入

用视频、游戏、社会热点等方式导入新课，如果与上节课有联系，可以采用复习导入的方法。时间控制在3分钟以内。

情境导入的目的是引入新课的主题，一定要注意"三贴近原则"：贴近学生、贴近生活、贴近实际，调动学生学习的积极性，激发学生的兴趣。

2. 明确目标

展示学习目标，目标要明确化具体化，可以以问题的形式呈现出来。以PPT形式呈现，让学生读或齐读。

目的是让学生带着问题学习新课，学习具有指向性。控制在半分钟以内。

3. 解疑问学

处理学案：让学生先以小组合作的形式进行讨论，解决学案中的疑难问题，不会的问题班级共同解决。注意：教师要深入小组，收集存在的问题。教师根据情况进行点拨。

二、进阶深学（10—15分钟）

1. 活动主导。以深学任务为目标，设计探究性的教学活动，活动要注意文字材料、图片材料和视频材料的运用，让学生产生兴趣，调动学生的积极性，让其感受知识的生成过程，产生情感共鸣。

2. 活动原则：

（1）活动要指向重点，不是对教材知识的重新讲述。

（2）活动要指向难点，让学生在活动中体会知识的生成和运用。

（3）活动要指向知识联系。

3. 活动方式：灵活多样。可以通过做游戏、画一画、算一算、表演等方式。

重点是调动学生探究的兴趣，感受知识的生成过程。

根据活动任务，注意给学生独立思考的时间，注意任务中组内学生的互帮互助,体现合作探究。

4. 活动原则上不超过 3 个,总体活动的时间控制在 10—15 分钟。

5. 灵活性:活动可以与预习任务结合,边处理预习任务,边完成探究活动。

三、系统理学(5 分钟)

根据需要设计教学提纲、思维导图,或进行知识总结,并留时间进行记忆。

四、拓展用学(10—15 分钟)

1. 精讲一个综合性案例,体现知识的联系,既可以是本课内知识的联系,也可以是课与课之间知识的联系。

2. 方式:自己尝试解决——小组讨论——集中展示(讲给大家听)。

3. 综合训练:达标练习。以 5 个选择题和 1 个材料题的形式,针对本节课的重点、难点、易错点、易混淆点进行综合训练。要求闭卷完成,根据题目难易程度进行限时训练。如时间充足可进行讲述,以学生讲述为主。

政治复习课课堂教学模式

根据政治学科模块式的学科特点,复习课以主题复习为主要形式,以构建知识提纲为线索,以训练运用为主要内容,以提高学生的课堂效率为目的。

一、解疑问学(10 分钟)

1. 情境导入

用有关社会热点、生活问题等的视频或文字材料导入复习的主题,如果与原来知识有联系,可以采用复习导入的方法。时间控制在 3 分钟以内。

情境导入的目的是引入主题,情境要有典型性,最好是社会热点或生活关注点,启发的问题要体现综合性。

2. 明确目标

展示学习目标,目标要明确化、具体化,应主要以问题的形式呈现出来。目的是让学生根据问题复习知识,便于学生进行自查。

3. 解疑问学

处理学案:根据学案上的知识问题相互提问,明确背诵知识的进度。以小组合作的形式解决学案上的疑难问题。

二、系统理学(5—8分钟)

1. 方式:构建知识体系。以 PPT 的形式呈现知识体系,一个主题一个体系,体现大主题下的小主题、小主题下的具体问题。知识体系必须简洁,层次清晰,具体问题的答案只把握要点。原则上体现两个特点:层次性和简洁性。

2. 讲解重点:

(1)明确主题下的具体问题;

(2)明确问题之间的联系,特别是因果联系;

(3)明确重难点,讲解考试重点;

(4)明确选择题考查的细节处和问答题考查的综合点;

(5)梳理考点要围绕"是什么、为什么、怎么办"的思路展开,形成学科思维方式。

3. 绘制思维导图。根据教师的知识结构和自身对单元主题的理解绘制思维导图。

三、进阶深学(10—15分钟)

根据主题中的重难点设计一个或两个典型题目,进行训练提升。

题目要求:

1. 新颖性:材料必须贴近生活,贴近社会热点,材料应尽量选取当年发生的案例。

2. 典型性:材料选取必须具有代表性,既要是社会热点,又必须与教材知识相结合,适当对所选材料进行有针对性的编辑。

3. 综合性:材料的选取和问题的设计要注意综合性,涉及的知识面要相对广,最好体现知识之间的相互联系,尽量避免直白的简单提问。

操作流程:

1. 方法指导:指导材料题的做题技巧。审题方法:审材料确定考查的主题,用审问法确定答题方向。做题规范:分层次,用理论,联系材料。

2. 独立尝试:学生根据做题方法,审读材料和问题(标记材料中的关键词、问题中的答题方向),独立思考,书写答案。此时可以参考学案中呈现的知识问题及自己的思维导图,目的是让学生通过训练明确知识点的运用情况,加深对知识体系的认识。

3. 小组合作：小组内部共享分析过程，完善答案。通过合作，小组成员交流对材料和问题的认识，进行思维碰撞。

4. 展示交流：小组推选组员进行题目展示，进行班级内部交流。

5. 教师点拨，呈现答案。点拨要注意知识的回归、层次的明确，最后呈现出完整的答案。

四、拓展用学（10—15分钟）

达标练习。以6—9个选择题和1个材料题的形式，针对本节课的重点、难点、易错点、易混淆点进行综合训练。题目上最好选取期末考试题或中考试题。要求闭卷完成，根据题目难易进行限时训练。如时间充足可进行讲述，以学生讲述为主。

政治讲评课教学模式

试卷讲评课以巩固知识，帮助学生完善知识体系，提高学生分析问题、解决问题的能力为目的，要注意调动学生主动发现问题、纠正错误认识的积极性，突出学生相互帮助、生生互教的学习主体地位。

一、反馈评学

从题目难度、平均成绩、优秀率和网上阅卷的每题的得分率等多角度进行试卷分析。通过分析，一方面能使学生明确自己知识方面存在的问题，另一方面能激发学生的竞争意识，激发学生的上进心。

二、合作互学

小组内部就自己错的题进行讨论，学生相互指导、纠正、讲解，材料题从"分析材料找关键词、分析问题找答题方向、联系教材选取重点理论"三个角度进行讨论。小组解决不了的问题可以整理出来，提请班级共同解决。

三、指导助学

教师就小组解决不了的问题分组研讨，共同解决。教师就选择题和材料题分别指导做题方法，就典型题目进行分析演示。演示时注意联系材料、联系教材、联系主题结构。

四、拓展用学

教师根据每题的得分率，提前进行同类型题目的选取、练习。学生根据小组讨论、教师指导的经验进行纠正训练。选择题和材料题的题量控制在15分钟之内解决。

五、系统理学

教师重新出示主题提纲，让学生根据错题内容进行知识回归，明确自己平时背诵、理解方面的不足，做好标记，举一反三，深化对薄弱环节的认识。教师针对主题提纲强调选择题、材料题的出题方向，指导注意事项，明确重难点。

政治组预习学案规范

一、学习目标

包含三个维度：情感态度价值观、能力目标、知识目标。情感态度价值观指通过阅读教材或开展某些活动，形成的正确的思想情感、感受和价值观念。能力目标是指通过开展某类活动达到的能力。知识目标是根据本节课的教学内容和教学大纲确定的具体的知识性问题。

二、学习重难点

根据学生理解及接受的程度确定教学难点。根据教学大纲、课标及考试方向决定教学重点。

三、学习过程

1. 尝试自学

（1）教师寄语：（最好针对本节课设计）

（2）预习指导：①通读教材。通读教材所有内容，包括案例、相关链接、图片等内容，总体把握教材体系。②精读教材。结合学习的知识目标和预习任务精读教材，找出问题的答案并在教材上标注，理解基本观点。③微课助学。借助微课解决有疑惑的问题；还存在疑惑的，用红笔在学案上做好记录，待小组或班级交流时寻求帮助。

（3）认知前提：知识前提：此项视教学情况而定，如果本节课与原来知识或上节课知识有联系，可加入此环节。如果是本册知识可以以问题的形式呈现，如果不是本册知识可以直接以知识点的形式呈现。生活前提:联系自己生活中的实际,写或画出自己的故事或感受。

(4)学习任务:根据教材内容和教学目标确定本节课的教学任务数,原则上不超过 3 个。

要求:①描述预习的任务:途径、达到的程度和实现的目标,即通过阅读教材或结合自己的经历和感受,认识、理解某一学习目标。

②感性素材:结合学生的经历或经典案例,设计一篇短小精悍的案例,作为感性素材。一方面通过感性素材加深对教材知识的理解,一方面运用教材知识理解分析感性素材。感性素材可以选择教材中的案例,也可以从网络中搜索得到,或来自身边的生活,但必须典型,具有代表性。

③设计具体问题或活动:问题或活动的设计要遵循学生的认识规律,根据需要掌握的知识分层次设计问题,即展示知识的生成过程。问题设计禁止出现填空题。

④知识小结:根据预习任务进行简单的知识总结。

⑤预习自测:以选择题或判断改错题的形式检测预习目标的完成情况。题目一定要体现基础性。

(5)我的疑惑:以空格形式留白。

预习环节结束。(根据政治学科的特点,预习环节结束后可以把上课过程中的主观题和其他需要动手做的题放在预习学案上。)

2. 进阶深学

根据上课内容,可以把进阶深学的题目放在这里,让学生先动手做,精讲或交流完再改正,可以进一步提高做题能力和规范性。

3. 系统理学

在主题框架下,根据本节知识整理知识提纲,也可以画知识树或思维导图。

4. 拓展用学

可以放在这里,也可以放在平板上。

《现代科技在身边》教学设计

杨 奎

【学习目标】

1. 情感态度价值观:感受科技的神奇与力量,激发对科技的兴趣,培养热爱科学的情感和精神,爱科学,学科学。

2. 能力:培养观察生活、收集整理信息的能力,以及发现问题、分析问题和解决问题的能力。

3. 知识:了解现代科技给我们生活带来的新变化;初步理解科技与社会发展之间的关系,懂得“科学技术是第一生产力”。

【学习重难点】

重点:现代科技给生活带来的新变化 难点:科技——社会发展的强大推力

【学习过程】

尝试自学

【教师寄语】科技改变世界,知识改变命运

【预习指导】

1.通读教材。通读教材所有内容,包括案例、相关链接、图片等内容,总体把握教材体系。

2. 精读教材。结合学习的知识目标和预习任务精读教材,找出问题的答案并在教材上标注,理解基本观点。

3. 明确问题。对有疑惑或难以解决的问题,用红笔在学案上做好记录,待小组或班级交流时寻求帮助。

【认知前提】本节课无

【预习任务】

预习任务一:阅读教材 P58—59,结合自己的生活经历,了解现代科技给我们的生活带来的新变化。

素材:我国古代公文传递靠驿站,一般每隔二十里设一个驿站。一旦公文注明“马上飞递”字样,按规定要求每天三百里,遇紧急情况可达四百里、六百里,

最快达八百里。传递紧急公文时,每个驿站都用快马,马累了即在沿途驿站换马,确保连续飞跑,在最短时间内送达。所谓的"八百里加急",表示情况最紧急,速度最快。

1. 假如你想和工作在广东的父亲联系,你可以通过哪种方式?要花费多长时间?

2. 设想:根据历史课所学或了解的知识,古代的皇帝如果想跟边疆的大臣联系,会通过哪种方式,需要花费多长时间?(假如北京到新疆的距离是 3500 公里,按八百里加急计算)

3. 通过对比,结合教材 59 页知识,说说你的感受。

4. 请你总结科技对生活的作用。

检测题

丰足的衣食、舒适的住行,千百年来一直是人类最基本的追求。现代科技的发展,使人们的愿望逐渐变成了现实。下列能体现这一点的是:

①小明家一顿三餐以蔬菜为主,适当配以米、面、肉、蛋、奶,营养全面 ②小丽家住的楼房宽敞明亮 ③小亮穿的衣服既舒适又漂亮 ④小华家有手机、彩电、空调、数码相机、纳米洗衣机、汽车等。

A. ①②③   B. ②③④   C. ①②④   D. ①②③④

预习任务二:阅读教材 P61—62,初步感受科学技术对社会发展的巨大推动作用。

1958 年全国年平均亩产最高的高产田也就在 400 公斤左右! 从 1976 年开始,杂交水稻在全国大面积推广,比常规稻平均亩增产 20%左右。袁隆平和他的杂交水稻震惊了全世界。2000 年,他主持的超级杂交稻第一期亩产 700 公斤的目标实现;2004 年,第二期亩产 800 公斤的目标提前实现。据统计,袁隆平成功培育杂交水稻,为中国粮食累计增产 5000 多亿公斤,因此被人称赞为"一粒种子改变了世界"。

1. 算一算,假如一斤大米 4 元钱,杂交水稻为我国创造了多少财富?

2. 阅读教材 P61 的案例,联系教材知识,结合第 1 题的数据,谈谈你的感受。

3. 请你总结科技对社会的作用。

检测题

1.10 多年来,我国农业的新品种每 5 年更新一次,每次增产粮食 10% 以上。目前,科技进步对我国农业增产的贡献率已超过 40%。以上数字材料说明了( )。

A. 科学技术是第一生产力 B. 现代科技在身边

C. 科技的进步更新人们的思想观念 D. 农业是国民经济的基础

2. 时代在发展,信息在爆炸,知识以前所未有的速度更新,传统的定点、定时授课模式已经不能适应社会发展的要求,在此情况下,网络大学正逐步升温。这说明( )。

①科技进步推动物质文明的发展②科技进步推动精神文明的发展③科技进步为人类提供了传播思想文化的新手段④科技进步丰富了人们的精神生活,更新人们的思想观念

A. ①②③ B. ②③④ C. ①③④ D. ①②③④

一、进阶深学——互联网时代

现代科技的标志之一——互联网,就像点石成金的魔杖,不管"加"上什么,都会发生神奇的变化:

互联网 + 传统集市 = 淘宝

互联网 + 传统银行 = 支付宝、余额宝

互联网 + 传统交通 = 滴滴出行、快的打车

互联网 + 手机 = 购物、银行转账、免费电话、QQ、微信、小猿搜题、手机课堂

……

淘宝网在方便人们购物的同时,2015 年全年交易额是 3 万亿。2016 年天猫双十一的"战绩":24 小时交易额为 1207 亿元。2016 年手机淘宝客户端的新增激活用户数突破 1 亿,总用户数突破 4 亿。

结合材料说一说:互联网 + 带来的神奇变化说明了什么?

二、系统理学

绘制知识提纲或思维导图。

三、拓展用学

一、单项选择题(每题 1 分,共计 5 分)

1. 现在人们吃得营养健康,穿得舒适漂亮,住得宽敞明亮……离开现代科技,这些生活上的新变化难以想象。这说明(　　)。

A. 科学技术推动了经济和社会的发展

B. 新科技产品改变着人们的生活观念

C. 现代科技给我们的生活带来了新的变化

D. 衣食住行是人类生存的基本要求

2. 被人们称赞为"一粒种子改变了世界"的农业科学家袁隆平,以他的胆识、专注、智慧和淡泊名利的精神,成为"2004 年感动中国人物"。"一粒种子改变了世界"说明(　　)。

A. 科学技术是第一生产力

B. 种子是改变世界的决定性因素

C. 科技进步使我国成为了发达国家

D. 科技进步推动了精神文明的发展

3. 当前科技发展使网络走进了老百姓的生活中,人们利用网络了解时事、查找资料、学习文化知识,网络使人们拓宽了视野,更新了观念。由此可见,科学技术(　　)。

A. 还会为人类做出更大的贡献

B. 破除了迷信,我国已经没有迷信思想

C. 促进了精神文明建设

D. 为人类创造了极大的物质财富

4. 科学技术是社会发展的强大推动力,主要表现在(　　)。

①科学技术是第一生产力　②科技是人类文明的标志　③科学技术为人类发展创造了巨大的物质和精神财富　④科学技术具有无穷的发展力

A. ①②③　　　　　B. ②③④　　　　　C. ①③④　　　　　D. ①②④

5. 在现代生活中,我们要战胜迷信就要(　　)。

①相信科学,学习科学,培养科学精神和科学态度,消除愚昧,改变无知

②宣传科学,远离迷信,不参加迷信活动

③要捍卫科学,学会用科学去戳穿现代迷信的骗人伎俩

④保证自己不参加迷信活动即可

A. ①②④   B. ①②③   C. ②③④   D. ①③④

二、非选择题(5分)

宁宁一家三代一起观看《科技改变生活》电视专题片。他们一边看一边聊天。爷爷:我年轻的时候,与远方朋友只能依靠书信来联系。爸爸:我小时候家里没电话,有急事要联系,就去邮局拍电报。宁宁:我现在可好了,可以通过打电话和发电子邮件及时与他人联系。

谈谈你对材料的认识。

历史学科

历史学科"三环八步"操作要领

	步骤	任务目的	教师操作要领	学生操作要领
课前 自主质疑	一尝试自学	掌握基础知识	设计、上传预习学案和微课;明确双基自学目标,让学生尽最大可能地掌握基础知识;将目标转化为任务,原则上不超过3个;提供1—2个微课,每个不超过10分钟。	读目标,明确重难点;根据自学任务,独立思考问题,圈点勾画教材,标记疑难点;有选择地观看微课。
	二基础测学	检测自学情况	设计上传检测题;要紧扣双基自学目标,涵盖每个知识点,难度以中下为宜;以选择题为主,原则上不超过10个。	先闭卷限时自测;再看答案讲析或者微课;小组研讨疑难点后,将不能解决的疑难问题提交老师。
课中 练习内化	三解疑问学	提出疑难问题	创设情境导入新课;明确学习目标;解决学生自学中有共性的疑难问题。方式为组内讨论解决、组间解决、教师点拨。	明确本节课的学习目标。解决自学中的疑难问题。
	四展示论学	师生思维碰撞	预设并提供进阶深学任务,原则上不超过3个;科学设计文字材料、图片材料、视频材料的整合。任务必须指向目标,有助于知识生成、能力形成,发挥合作学习的协同优势,切忌无效活动。	根据深学任务,独立思考问题,按照程序,逐次完成任务;在合作学习中要明确自己的角色任务,组内同学互帮互学,活动中要强调协作。

步骤	任务目的	教师操作要领	学生操作要领
五 进阶深学	深入探究疑难	以小组间竞争的形式,采用小组轮换、抢答、抽查、挑战的方式组织学生激情展示。首先,生生点评,再师生点评;教师点评要精当,及时抓住生生点评中的关键处,把学习引向深入。	按照老师的组织,分组展示论学;要先在组内点评补充,再倾听其他组的点评,充分进行思维的碰撞;要特别关注老师的精讲点拨。
六 系统理学	总结归纳梳理	根据本章节的重难点和课中阶段的学习成果,梳理学习过程,形成知识网络。系统理学的方式可灵活预设,可以是初绘思维导图、自我检测、拓展活动等。	反思论学阶段的成果,回顾整个学习过程,按照老师提供的方式,结合自己对本课知识的掌握、理解、构建知识网络。
课后 拓展升华 — 七 拓展用学	拓展训练运用	设计、上传分层性的"拓展应用"检测题;提供思维导图范例,引导学生绘制思维导图,形成知识网络。	自主、限时完成检测题并上传提交;对照范例,自主完成思维导图。
八 微课助学	纠错总结升华	设计、上传检测题辅导微课或作业讲析电子材料;依据学生拓展测学情况,确立共性问题,并进行当面辅导。	观看微课或作业讲析材料,及时纠错并进行规律总结。

历史翻转课堂新授课备课范例

执教人	陈炳坤	学科	历史	编号	12	使用时间	3月28日至29日
课题名称	民族政权并立的时代					课时规划	自主质疑 0.5课时 / 练习内化 1课时

自主质疑阶段观察记录	1. 学生整体对课本的预习充分,大部分学生能做到及时标注圈画。 2. 学生对微课的利用比较全面,对预习中的疑难问题能在微课中有针对性地观看,部分学生甚至能把重要的总结性知识整理到课本上。 3. 学生在线测试参与度高,整体预习检测情况良好,第一题关于政权并立的顺序排列和第八题关于岳飞被杀的原因分析出错率较高。 4. 学生整体自学状态良好,参与预习、微课和测试的积极性较高。 5. 学生在各个政权存在的先后顺序和对历史事件的评价上存在一定的难度。
疑难突破环节设计	1. 导入新课:以《精忠报国》音乐视频渲染课堂气氛,从学生比较熟悉的岳飞导入新课。 2. 从自主质疑阶段收集的疑难问题来看,学生对政权建立的先后顺序和同时并存的政权不是很明确,对历史人物和事件的分析评价较模糊。故本节课的重难点确定为以上两个问题。 3. 对于政权建立的先后和并存问题通过表格及问题引导解决。表格如下:

政权	建立民族	建立时间	建立者	定都
辽	契丹族	10 世纪初	阿保机	上京
北宋	汉族	960 年	赵匡胤	东京
西夏	党项族	11 世纪前期	元昊	兴庆
金	女真族	12 世纪初期	阿骨打	会宁
南宋	汉族	1127 年	赵构	临安

首先让学生以小组合作的方式填上此表,并限定 2 分钟背记此表完成挑战任务。

然后以抢答的方式让学生思考:和北宋并立的政权是哪些?和南宋并立的是哪些?和两宋同时并存过的政权有哪些?学生在对以上内容进行深度思考的基础上再回看预习检测中的第一个问题,从而突破第一个疑难点。

4. 整合历史史料,配合以问题引导,突破第二个疑难点:

材料一:辽兵虽号称 20 万人,但孤军深入,粮饷不继,所过城市仅攻下两城,其余诸城皆在宋军手中。

材料二:宋真宗御驾亲征,宋军士气大振,首次遇敌即射杀辽军大将,迫使辽军大败。

引导学生思考:"假设你是当时的皇帝你接下来会怎么做?"(以抢答方式进行)

深入引导思考:"历史上的结果是什么呢?"(以轮换方式进行)

材料三:规定宋要给辽岁币,每年银10万两,绢20万匹,这些都要由宋朝的百姓负担。当时宋年收入1亿以上,而宋当时一场中等规模的战事所耗费的军费就高达3000万以上。

材料四:澶渊之盟以后,双方在边境地区开展贸易,宋用丝织品、稻米、茶叶等,换取辽的羊、马、骆驼等。

材料五:(战后几十年内)生育繁息,牛羊被野,戴白(白头发)之人,不识干戈。

依据材料三、四、五,以小组合作方式讨论对澶渊之盟的评价。在此基础上引导学生对宋夏和宋金议和内容进行比较,并完成评价。

5. 教师讲故事《油条的由来》,引导学生对岳飞个人做出正确评价,并对岳飞被杀的原因及主凶做出正确分析。

训练展示环节设计	展示内容	难易程度	展示方式	展示小组	展示学生	存在的问题及改进措施
	政权表格	A	口答	1—4	4号	学生对大量零碎知识点的记忆有一定困难。教师及时鼓励激发记忆潜力。
	政权问题	B	口答	机动抢答	机动选择	提醒学生以汉族建立的北宋和南宋作为思考线索。教师提醒学生看图。
	事件评价	C	口答	5—8	2号	学生依据材料分析、形成结论的能力有所欠缺,教师及时进行方法指导。
	人物评价	C	口答	9—12	1号	学生对人物的评价及岳飞被杀原因的分析把握有所欠缺,教师跟进指导。

难易程度: A识记   B理解   C应用

	评价内容	难易程度	点评小组	点评学生	变式训练与问题预设	存在的问题及改进措施
评价点评环节设计	政权表格	A	5—8	3号	按少数民族和汉族做变式训练	强化记忆
	政权问题	B	随机抽取	随机	与北宋并存的;与南宋并存的;与两宋同时并存的	强化理解
	事件评价	C	9—12	2号	评价宋夏、宋金议和	注重方法
	人物评价	C	1—4	1号	评价宋朝皇帝输"岁币"的做法	学会知识迁移和运用
	难易程度: A 识记 B 理解 C 应用					
反思评学环节设计	鼓励引导学生独立总结本课所学知识,并依据自己的理解设计建立本课的思维导图。为鼓励学生在设计思维导图时展示各自的特色,对完成出色的思维导图在下节课时做展示交流。这样既鼓励学生主动完成思维导图,同时交流中对学生如何做好思维导图也进行了必要的培训。					
教学反思	本课知识点比较零散,学生记忆起来比较困难,因此多给学生一些记忆背诵的时间。在对历史事件和人物的评价上学生把握起来有一定的难度,教师应在学生理解上做必要的预设,通过由易到难的问题引导学生掌握正确评价事件及人物的方法。					

历史翻转课堂复习课备课范例

执教人	陈炳坤	学科	历史	编号	10	使用时间	3月21日至22日

课题名称	第一单元 繁荣与开放的社会 复习	课时规划	自主质疑 0.5课时
			练习内化 1课时

自主质疑阶段观察记录	1.学生整体对课本的预习充分,大部分学生能做到积极回顾背记。 2.学生对第一单元复习提纲的利用比较充分,对重点问题做到了及时标画记忆。 3.学生在线测试参与度高,50个预习检测题完成情况良好,在一些干扰项不易区分的题目上学生出错率较高。 4.学生整体自学状态良好,自主复习回顾和自我测试的参与积极性较高。
疑难突破环节设计	1.利用复习提纲完成对1—8课的总体回顾,充分用好小组合作实现互相检查。 2.引领学生做总结,梳理出第一单元的重难点。 (1)隋朝大运河的相关知识点。 (2)贞观之治和开元盛世出现的原因。 (3)科举制的创立、完善和影响。 (4)唐朝的民族政策和对外政策及其基本的历史史实。 (5)隋唐时期领先世界的科技成就。 3.利用整合的历史史料实现对重点知识的变式训练。 材料一:见综训第三页第11题的材料。 材料二:课本第八页的材料。 材料三:课本第十二页杜甫的《忆昔》。 材料四:课本第十八页关于科举制的史料和第二十一页的材料。 材料五:课本第二十二页的材料和第二十四页的材料。 材料六:赵州桥、大明宫、金刚经图片资料。 以小组合作讨论和抢答方式进行变式训练,教师对学生阅读材料和读图的能力进行必要的指导和训练,并对不同问法的材料题做有针对性的方法和规律的总结指导。

	展示内容	难易程度	展示方式	展示小组	展示学生	存在的问题及改进措施
训练展示环节设计	大运河	A	口答	1—4	4号	学生对大量零碎知识点的记忆有一定困难。教师及时鼓励激发记忆潜力。
	太平盛世	B	口答	机动抢答	机动选择	提醒学生以汉族建立的北宋和南宋作为思考线索。教师提醒学生看图。
	政策问题	C	口答	5—8	2号	学生依据材料分析、形成结论的能力有所欠缺,教师及时进行方法指导。
	科技成就	C	口答	9—12	1号	学生对人物的评价及岳飞被杀原因的分析把握有所欠缺,教师跟进指导。
	难易程度: A 识记　　B 理解　　C 应用					

	评价内容	难易程度	点评小组	点评学生	变式训练与问题预设	变式训练与问题预设
评价点评环节设计	大运河	A	5—8	3号	画简图做变式训练	强化记忆
	太平盛世	B	随机抽取	随机	总结六次局面及共同原因	强化理解
	政策问题	C	9—12	2号	人才、民族、对外做总结变式。	注重方法
	科技成就	C	1—4	1号	扩展到唐诗,做回顾变式	学会知识迁移和运用
	难易程度: A 识记　　B 理解　　C 应用					

反思评学环节设计	鼓励引导学生独立总结本课所学知识,并依据自己的理解设计建立本课的思维导图。为鼓励学生在设计思维导图时展示各自的特色,对完成出色的思维导图在下节课时做展示交流。这样既鼓励学生主动完成思维导图,同时交流中对学生如何做好思维导图也进行了必要的培训。
教学反思	本课作为一节复习课,知识点比较集中,学生记忆起来比较困难,因此需要多给学生一些记忆背诵的时间。在对一些纵向和横向的知识点的对比中学生理解分析上有一定的困难。多给学生一些读史料得结论的训练,并及时地总结一些做题的技巧和规律。

地理学科

地理学科翻转课堂教学模式

1. 情境导入

教师设置情境,用视频、游戏、社会热点等导入新课,如果与上节课有联系,可以采用复习导入的方法。时间控制在 3 分钟以内。

情境导入的目的是引入新课的主题,一定要注意"三贴近原则":贴近学生、贴近生活、贴近实际,调动学生学习的积极性,激发学生学习的兴趣。

2. 感知、明确目标

展示学习目标,目标要明确化、具体化。以 PPT 形式呈现,让学生读或齐读。教师针对目标可以略作点评,让学生的学习更具方向性。

目的是让学生带着问题学习新课,学习具有指向性。控制在半分钟以内。

3. 尝试自学

教师结合课程重难点提供自学微课,学生以学案为平台尝试自学。

4. 解疑问学

处理学案:让学生先以小组合作的 形式进行讨论,解决疑难问题,不会的问题班级共同解决。教师在学生讨论时深入小组,收集存在的问题。

5. 基础测学

利用平板,上传 5 道一般难度的选择题,对学生的自学情况进行测试。对于一般性问题,当即讲解,共性难点可于后面的进阶深学阶段加以着重学习。

6. 进阶深学(10—15 分钟)

(1)活动主导。以深学任务为目标,设计探究性的教学活动,活动要注意文字材料、图片材料和视频材料的运用,让学生产生兴趣,调动学生的积极性,让其感受知识的生产过程。

(2)活动原则:

活动要指向重点,不是对教材知识的重新讲述。

活动要指向难点,让学生在活动中体会知识的生成和运用。

活动要指向知识间的联系。

根据活动任务,要注意给学生独立思考的时间,注意任务中组内学生的互帮互助,体现合作探究。活动原则上不超过 3 个,总体活动时间控制在 10—15 分钟。

7. 拓展用学(10—15 分钟)

(1)如若可能,教师课前提前预设本部分知识与社会热点、时事新闻的关联,激发学生关注社会、留意生活中的地理知识的意识。

(2)深层次挖掘教材,发现本部分内部各地理要素间的相互影响,并与其他章节进行对比或联系。

(3)选取本节知识中一道典型的中考题对学生进行应用训练,让学生感知本节课的考查方向。采用的方式:自己尝试解决——小组讨论——集中展示(讲给大家听)。最后,教师点评、强调。

8. 系统理学

根据需要设计教学提纲、思维导图,或进行知识总结,并留时间进行记忆。

9. 达标练习。以 5 个选择题和 1 个材料题的形式,针对本节课的重点、难点、易错点、易混淆点进行综合训练。要求闭卷完成,根据题目难易程度进行限时训练。如时间充足可以让每组中序号靠后的学生上台展示,序号靠前的学生进行点评讲解,教师补充、强调。

地理学科预习学案规范

一、学习目标

包含三个维度:1. 情感态度价值观;2. 能力目标;3. 知识目标。情感态度价值观指通过阅读教材或开展某些活动,形成的正确的思想情感、感受和价值观念。能力目标是指通过开展某类活动达到的能力。知识目标是根据本节课的教学内容和教学大纲确定的具体的知识性问题。

二、学习重难点

根据学生理解及接受的程度确定教学难点。根据教学大纲、课标及考试方向决定教学重点。

三、学习过程

1. 尝试自学：

(1)教师寄语。

(2)预习指导：通读教材所有内容，包括文字、图表等内容，结合学习的知识目标和预习任务读教材，找出问题的答案并在教材上标注。对有疑惑或难以解决的问题，用红笔在学案上做好记录，待小组或班级交流时寻求帮助。

(3)学习任务：根据教材内容和教学目标确定本节课的教学任务数，原则上不超过3个。

要求：

①描述预习的任务：途径、达到的程度和实现的目标，即通过阅读教材或结合自己的认识，理解某一教学目标。

②设计具体问题或活动：问题或活动的设计要遵循学生的认识规律，即展示知识的生成过程，杜绝单纯的填空式问题，可以对知识进行整合或变通，提高预习效率。

③知识小结：根据预习任务进行简单的知识总结。

基础测学：以选择题的形式检测预习目标的完成情况。题目要体现基础性，不要太过高深。

预习质疑：以空格形式留白。

预习环节结束。（根据地理学科的特点，预习环节结束后可以把课中其他过程中的题目和其他需要动手做的题放在预习学案上。）

2. 进阶深学：根据上课内容，可以把进阶深学的题目放在这里，让学生先动手做，精讲或交流完再改正，进一步提高做题能力和规范性。

3. 拓展用学：涉及的中考题或高频考点可以印在学案上。

4. 系统理学：在主题框架下，根据本节知识整理知识提纲，也可以画知识树或思维导图。

5. 做题固学：相关习题可以放在平板上，也可以放在此处。

《东北地区的地理位置与自然环境》教学设计

1.知识与技能：

(1)了解和掌握东北地区的位置、范围；

(2)知道并理解东北地区的地形特征、气候特征以及河流分布概况。

2.过程与方法：

(1)通过读图，描述东北地区的地理位置；读图归纳东北的地形特征；

(2)在地图上找出东北地区主要的河流；读东北地区气候图，归纳东北地区的气候特征。

3.情感态度与价值观：

了解东北地区的自然环境特征，增强学生热爱祖国的情感，为建设美丽中国努力学习。

教学重难点：

重点：东北地区的地理位置特点；地形特点和地形区分布；气候特征。

难点：东北地区的地形地表结构特点；位置、地形、气候、河流等地理要素间的联系。

【尝试自学】

预习任务一：东北地区的地理位置

阅读P 25的"运用地图认识区域地理位置"，了解学习方法并学习东北地区的地理位置。

(1)东北地区在中国的大致方位：东北地区位于中国_____，地处东北亚核心位置。

(2)东北地区南北大约跨越多少纬度？_____。主要位于_____(温度带)；东北地区包括_____省、

_____省、_____省；主要邻国：_____、_____；

邻省：南连_____省，西接_____，与_____隔海相望，战略地位十分重要。在右图中填注相关地理名称。

(3)结合上述分析和图6-2，说一说东北地区地理位置的重要性。

东北地区位于中国_____,地处东北亚的_____位置,_____地位十分重要。东北地区陆上与_____、_____接壤,有利于开展对外 贸易;通过南面_____海、_____海海域可与韩国、日本等众多海外国家进行经济交流,促进当地经济的发展。

归纳总结:如何运用地图认识一个区域的地理位置特征?

预习任务二:东北地区的自然环境

阅读课文 P26—30 页内容,通过相关图表资料学习掌握东北地区的地形和气候特点。能够利用相关知识处理解决问题,并理解各地理因素间的联系。

东北地区的地形特征

1. 地形特征:东北地区的地形以_____、丘陵和_____为主,地表结构大致呈_____状的三带:外围是_____江、_____江、图们江和_____江等流域低地,中间是_____和_____,内部则是广阔的_____。(山环水 绕,平原居中)东北平原由_____平原、_____平原、_____平原组成。

在右图中填注相关地形区和河流名称。

2. 地势特点:通过图 6-5、6-7,判断东北地区的地势特点:_____高,_____低。

3. 白山黑水:人们常 用"白山黑水"来形容东北地区。"白山"是指_____,"黑水"是指_____。

东北地区的气候特征

气候类型及特点:东北地区属于_____气候,特点:_____。

(1)气温:东北自南向北跨暖温带、_____与_____,冬季南北_____差异明显。

(2)降水:东北降水多集中 在 季,冬季降 较多,地表积雪时间长,是中国降雪较多的地区。

【基础测学】

1. 中国的东北三省指的是(　　)。

A. 青海省、黑龙江省、辽宁省　　　B. 四川省、黑龙江省、吉林省

C. 湖北省、辽宁省、吉林省　　　D. 黑龙江省、吉林省、辽宁省

2.下列国家不与东北地区相邻的是(   )。

　　A.俄罗斯　　　　B.朝鲜　　　　　C.蒙古　　　　　D.印度

3.东北大部分地处(   )。

　　A.亚热带　　　　B.暖温带　　　　C.中温带　　　　D.寒温带

预习质疑:(教师寄语:疑而能问,已得知识之半。)

通过预习,获得了知识,也许你还有未解决的问题,大胆提出来吧!

【进阶深学】

1.比较日本、中国、蒙古海陆位置的差异,举例说明海陆位置对国家经济发展的重要影响。

日本:_____国,_____(交通运输方式)便利,有利于"_____"型经济的发展 。

中国:位于亚洲_____,太平洋_____,_____兼备,有利于从_____、_____两方面与其他国家开展对外贸易。

蒙古:是_____国,没有海运,不利于与其他国家开展对外贸易,不利于经济的发展。

(2)比较东北平原、长江中下游平原、海南岛的纬度位置差异,简要说明纬度位置对这三个区域农业生产的重要影响。

东北平原纬度较_____,热量_____,雨季_____,降水较_____,适合耐寒农作物生长,农作物生长期长,一年_____熟。

海南岛纬度较_____,位于_____带,热量_____,受夏季风影响时间_____,降水_____,农作物生长期短,一年_____熟。

长江中下游地处中低纬地区,水热条件介于东北平原与海南岛之间,农作物可一年_____熟。

2.通过读图,明确东北地区的山河分布大势,并绘制东北地区半环状的地表结构简图。

3.读图探究东北地区的气候差异(P29活动1、2、3)。

【拓展用学】

1. 你能从哪些历史事件中看出东北地理位置的重要性?

2. 东北地区的降水量和华北平原差不多,为什么东北地区比较湿润?

3. 你认为冷湿的地理环境对东北人的生活、生产有什么影响? 试举例。

中考链接:看图回答问题。

下列两幅景观图中,A 图位于_____,

B 图位于_____。（填写省会城市

名称）

【系统理学】教师指导学生从以下三个

方面进行回答。

① 通过本节课的学习,你学会了哪些知识?

② 通过本节课的学习,你最大的体验是什么?

③ 通过本节课的学习,你掌握了哪些学习地理的方法?

教师对学生的回答进行简要点评,并从整体上引导学生构建本节课的知识网络。（时间如果足够,可以要求学生画本节课内容的思维导图。）

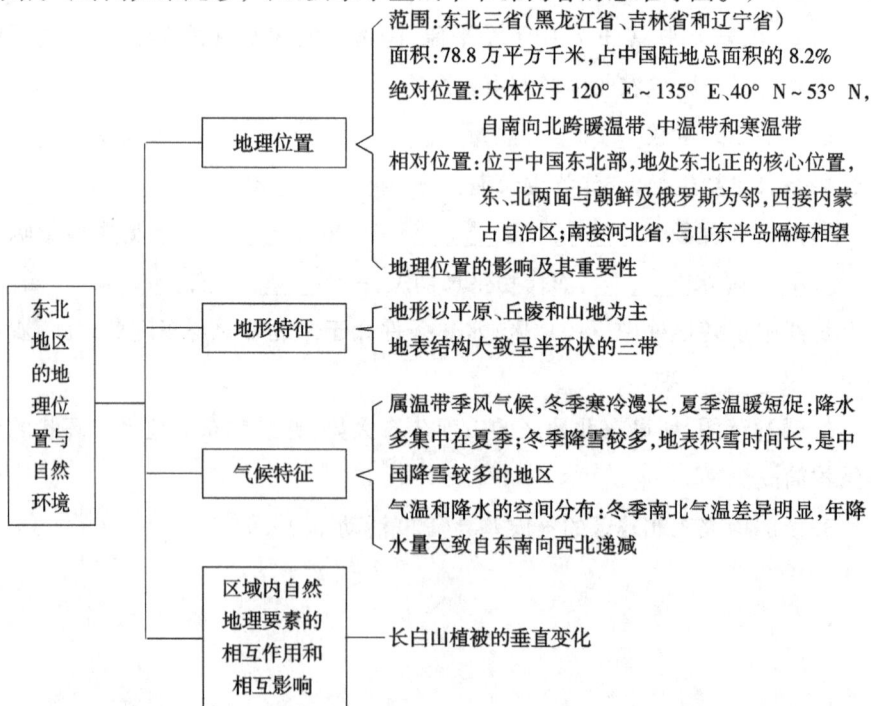

东北地区的地理位置与自然环境

- 地理位置
  - 范围:东北三省(黑龙江省、吉林省和辽宁省)
  - 面积:78.8 万平方千米,占中国陆地总面积的 8.2%
  - 绝对位置:大体位于 120° E～135° E、40° N～53° N,自南向北跨暖温带、中温带和寒温带
  - 相对位置:位于中国东北部,地处东北亚的核心位置,东、北两面与朝鲜及俄罗斯为邻,西接内蒙古自治区;南接河北省,与山东半岛隔海相望
  - 地理位置的影响及其重要性
- 地形特征
  - 地形以平原、丘陵和山地为主
  - 地表结构大致呈半环状的三带
- 气候特征
  - 属温带季风气候,冬季寒冷漫长,夏季温暖短促;降水多集中在夏季;冬季降雪较多,地表积雪时间长,是中国降雪较多的地区
  - 气温和降水的空间分布:冬季南北气温差异明显,年降水量大致自东南向西北递减
- 区域内自然地理要素的相互作用和相互影响
  - 长白山植被的垂直变化

【练习固学】

1. 关于东北地区的地理位置的描述,不正确的是(   )。

    A. 位于中国的东北部   B. 与山东半岛隔海相望

    C. 西面与蒙古接壤   D. 地处东北亚的核心位置,战略地位重要

2. 根据沿 45°N 东北地区地形剖面图,下列说法正确的是(   )。

    A. 东部是丘陵   B. 地势特点是东高西低

    C. 东北地区地处暖温带

    D. 自东向西地形类型依次是山地——平原——山地

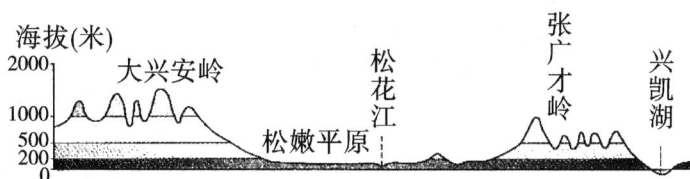

3. 位于东北地区半环状三带内部的地形是(   )。

    A. 平原   B. 高原   C. 丘陵   D. 山地

4. 南国大地已是春花吐艳、莺啼燕语时,东北还是千里冰封、万里雪飘时,造成差异的主导因素是(   )。

    A. 纬度位置   B. 海陆位置   C. 地形因素   D. 人类活动

5. 东北地区的中学生寒假时间较长,主要原因是(   )。

    A. 学生喜欢放长假   B. 寒假时间长可以充分休息,利于健康

    C. 这里冬季寒冷漫长   D. 这里夏季降水较多

6. 三江平原属于干湿地区中的(   )。

    A. 湿润地区   B. 半湿润地区   C. 半干旱地区   D. 干旱地区

7. 2013 年春节期间,家住广州的小明一家回到哈尔滨的老家与爷爷、奶奶团聚,小明与表弟参加了一场紧张刺激、在广州从来没有体验过的户外运动,这项运动可能是(   )。

    A. 划船   B. 滑雪   C. 赛龙舟   D. 钓鱼

生物学科

生物学科"三环八步"操作要领

	步骤	任务目的	教师操作要领	学生操作要领
课前　自主质疑	一　尝试自学	掌握基础知识	设计、上传预习学案和微课;明确双基自学目标,让学生尽最大可能地掌握基础知识;将目标转化为任务,原则上不超过3个;提供1—2个微课,每个不超过10分钟。	带着目标进行自学,根据自学任务,独立思考问题;通过学案引导,圈点勾画教材,标记疑难点;有选择地观看微课。能够获取本节课80%的知识。初步掌握本节课的基础知识。
	二　解疑问学	提出疑难问题	创设情境引入新课,激发学生学习的兴趣。组织学生对预习学案进行矫正,对疑难问题进行小组讨论,及时收集共性问题,有目的、有针对性地进行讲解,引导学生对疑难问题进行突破。	及时汇总预习中的问题,积极参与小组内共性问题的讨论,未解决的问题提交老师。
课中　练习内化	三　自主查学	落实背记基础知识	教师将重难点知识设计成问题的形式,限定时间让学生找到答案并集中背记,组织学生以小组间竞争的形式,师徒互背;以小组轮换、抢答、抽查、挑战的方式组织学生脱离课本回答。	专心背记,对于自己不明确的地方,可及时寻求本组同学或微课的帮助,力争在规定的时间内完成对基础知识的背记,并能积极主动地回答问题。
	四　拓展用学	检测自学情况	精选对应章节的习题,紧扣双基自学目标,涵盖每个知识点,有针对性地对课堂重难点进行训练,题目有层次,有代表性。教师巡回查看学生进度和答题规范,及时指正。	先闭卷限时自测;再看答案讲析或者微课;小组研讨疑难问题后,将不能解决的疑难问题提交老师。

步骤	任务目的	教师操作要领	学生操作要领
五进阶深学	深入探究疑难	通过巡回检查及时发现学生的疑难问题,核对答案后,让学生在小组内先自我矫正。教师再进行点拨,及时抓住关键处,引导学生,步步深入,突破疑难问题。	仔细核对答案,先自我矫正,再小组讨论,向老师汇总、提交共性问题。
六系统理学	总结归纳梳理	根据本章节的重难点和课中阶段的学习成果,梳理学习过程,形成知识网络。系统理学的方式可灵活预设,可以是初绘思维导图、自我检测、拓展活动等。	反思回顾整个学习过程,按照老师提供的方式,结合自己对本课知识的掌握,理解、构建知识网络。
七达标测学	限时当堂达标	设计、上传有针对性的检测题;检测题要对应重难点由易到难设计,题量要适中,选择题不超过 10 个,非选择题 1 到 2 个。	自主、限时完成检测题并上传提交,互批后小组内研讨不会的问题,再不会的问题注意倾听老师的点评讲解。
课后 拓展升华	八训练固学	训练巩固强化	布置有针对性的训练题,以学生手中的综训、《提优名卷》、单元诊断题为主,限时完成,及时批阅反馈。	自主、限时完成老师布置的作业,对不会或做错的题及时订正。

《生命的起源》教学设计

班级:	小组:	姓名:

课题	第一章　第一节　生命的起源
目　标	

学习目标	1. 描述生命起源化学进化过程的四个阶段,认同生命起源于非生命物质。 2. 通过分析米勒的模拟实验与结果,说明有机小分子物质的生成条件。 3. 列举我国在探索生命起源上的重大成就,增强民族自豪感。
重难点	重点:生命起源化学进化过程的四个阶段 难点:分析米勒的模拟实验与结果
学习规划	学 案 内 容
自主学习	学习任务一:阅读生命起源的不同观点,谈一谈自己对于各种生命起源假说的认识。 您认为哪一种理论最为科学? 学习任务二:自学教材第 3 页,分析原始地球状态,并回答: 1. 地球上原始大气的成分是什么? 原始大气的成分是从哪里来的? 2. 原始大气成分与现在大气成分有什么明显不同? 学习任务三:自学教材第 4 页,填写奥巴林等人推测生命起源的化学进化过程的示意图: 总结归纳化学进化学说的步骤: 场所: □ ——紫外线、闪电、高温→ □ (氨基酸、核苷酸等) 原始生命 ←不断完善 □ ←原始界膜—外包 □ 场所: □ (蛋白质、核酸等)
【米勒实验助学】	第一: 第二: 第三: 第四: 【分析活动一】阅读第 4—5 页的内容

自主填写以下内容。

填写各仪器代表的内容。

【1】代表：

【2】代表：

【3】模拟：

【4】内气有：

【5】的作用：

想一想：

1. 原始地球合成有机物的能量来自哪里？

2. 米勒在实验中得到什么物质？

3. 米勒模拟实验得出的结论是什么？

试分析：米勒模拟实验证明了化学进化学说的哪一个过程？

【分析活动二】

1965年我国科学家在世界上首次用氨基酸合成了具有生物活性的结晶牛胰岛素；1981年，我国科学家利用简单的有机物合成核酸。

想一想：这些科学成果证明了化学进化学说的哪一个过程？

【分析活动三】

有科学家将蛋白质、核酸、糖类和脂类等物质放在一定的溶液中，这些物质能够自动地浓缩聚集为一个个球状小滴，小滴周围有类似于膜那样的边界，并能从外界吸收某些分子，发生特定的化学反应，反应产物也能从小滴中释放出来。（资料来源：人教版八年级生物下册54页）

想一想：这一科学成果证明了化学进化学说的哪一个过程？

【分析活动四】

具有多分子体系特点的小滴漂浮在原始海洋中，经历了更加漫长的时间，不断演变，特别是由于蛋白质和核酸这两大主要成分的相互作用，其中一些多分子体系的结构和功能不断地发展，终于形成了具有原始的新陈代谢作用并能进行繁殖的原始生命。

这是生命起源过程中最复杂、最有决定意义的阶段,它直接涉及原始生命的发生。所以,这一阶段的演变过程是生命起源的关键。

想一想:以上资料和化学进化学说的哪一个过程相对应?

系统总结(思考本节课你学到了什么,写在这里吧。)

拓展升华

学完本节课后,扫一扫,观看科教片《地球上的生命起源》,谈谈你对地球上的生命起源的认识。

第四辑

数字课程与社团活动
SHUZIKECHENG YU SHETUANHUODONG

肆

数字课程与社团建设概述

我校共开展信息化社团53个,内容涉及天文、地理、人文、科学、体育、艺术、信息、学科竞技等,并且凸显学校特色,每门课程的辅导教师都能熟练利用平板进行信息化教学,确实能做到走班式教学,学生能根据自己的兴趣利用平板自主选择自己喜欢的课程,并且利用平板随时随地学习自己喜欢的课程,极大地满足了学生的个性需要。

我校特色品牌信息化社团:国学社、演讲与朗读社、3D 打印社、航模社、尚舞社、孔子在线学堂、书法社、诗社、国画社、手工制作社、二十五门平板自选在线课堂等等。

3D 打印社

航模社

国画社

孔子在线学堂

国学社

手工制作社

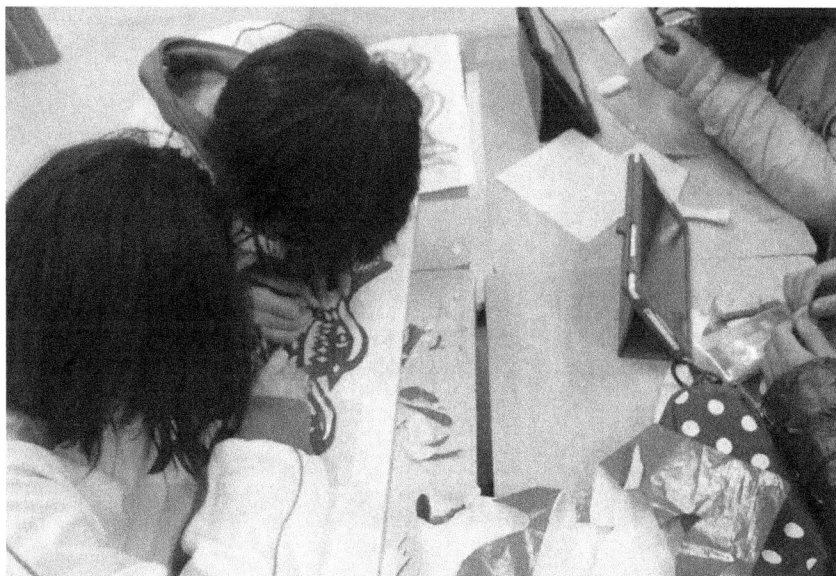

尚舞社

在线课堂

公园漫步:初识三维设计和 3DOne

李海峰

一、课程简介:

本课属于"公园漫步"系列,以宁阳县复圣公园为蓝本,利用 3DOne 的三维设计功能,自己去设计公园的导游图、桥、椅子、亭台楼阁等等。利用本课程了解三维设计之后,就可以利用 3DOne 的强大功能和我们的 3D 打印机将自己心中所想的打印出来。

二、教学目标:

1. 知道什么是三维实体设计。

2. 三维实体设计的主要功能以及与日常生活的联系。

3. 了解 3DOne 的操作界面和各部分的主要功能。

三、教学重难点:

1. 知道什么是三维实体设计。

2. 了解 3DOne 的操作界面和各部分的主要功能。

四、教学过程:

三维实体设计是新一代数字化、虚拟化、智能化设计平台的基础。它是建立在平面和二维设计的基础上,让设计目标更立体化、更形象化的一种新兴设计方法。

进入 21 世纪之后,经济与科技文化的飞速发展,拓宽了人们生活的各个领域。随着人们物质与精神文化需求的提高与拓展,以及传统媒介与新兴网络平台对生活的日益渗透,单纯的二维形态已无法完美地诠释人们的生活。当今世界是一个由三维空间主导的立体世界。对一个设计者而言,传统的平面设计手法,也就是单纯依靠二维空间中图形、文字、色彩等元素的设计编排,已不能满足人们的需要。一个现代设计者单靠二维空间设计的表现手段已不能满足当下实用设计的需求,同样也无法完美地传达出其独具个性的设计理念。这一切都凸显出三维空间所特有的立体造型优势。平面设计由二维空间向三维空间拓展,既符合设计创新的要求,又顺应了新时代背景下社会发展的趋势。

二维设计作品展示　　　　　三维设计作品展示

随着技术的发展和社会需求的不断拓展,三维实体设计技术已经广泛地应用到航空航天、机械设计、建筑工程、家具设计、室内装修等各个领域。

3DOne 的界面介绍:

3DOne 的设计界面非常简洁,这种简洁舒适的友好交互界面,让设计的过程变得更加轻松愉悦。3DOne 界面包括:菜单栏、标题栏、命令工具栏、工作区、视图导航器、辅助工具栏和本地、网络资源库几大类。

以下是每个部分的简单介绍:

1. 菜单栏的主要功能有文件新建、打开、导入、保存、导出等功能;标题栏显示当前的编辑模型的名称;

2. 命令工具栏内包含制作模型的各种命令;

3. 工作区是我们绘制模型的地方;

4. 视图导航器可以调节观看工作区的角度;

5. 辅助工具栏包含显示模式和显示、隐藏模型等功能;

6. 资源库提供本地和网络上的模型预览和下载。

具体功能我们在后面的学习中会逐步了解和掌握。

3DOne 的主要功能:

3DOne 基于"搭建积木"的方式,让使用者快速建立自己的模型。软件除了提供常规的建模方式,还为使用者提供打破常规的基础建模方式,并提供丰富的特殊变形功能。特殊功能的使用方式由现实生活的各种手板方式演变而来,比如点变形,类似泥捏的方式快速改变实体造型;扭曲,对实体进行扭转变形等等。各种功能结合使用,即使是中小学的学生,也能轻松快捷的实现自己地创意设想。

操作入门:

1. 一些说明

3DOne 中的坐标轴方向如图所示:

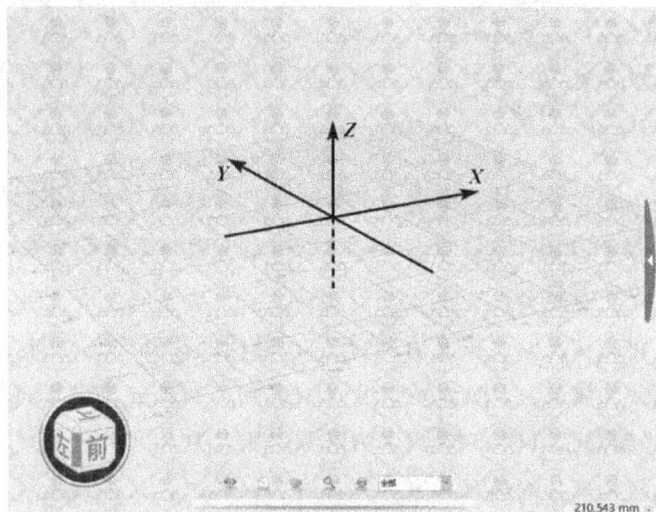

利用左下方的"骰子" 可以调整视角,或是利用键盘的上下左右键,或是按住鼠标右键移动。

通过鼠标的滚轮可以放大或缩小工作区。

按住鼠标滚轮可以移动工作区。

2. 绘制实体

绘制一个实体,需要确定两个数据,一个是位置,另一个是尺寸。

在"基本实体"命令组 内选择"六面体"命令 ,鼠标移动到工作区,此时可以看到有一个立方体随着鼠标而移动,左上角信息框中的"点"的数值也在随之变化,这个"点"的数值就是随着鼠标在不停移动的立方体的底面中心点(深绿色点)的三维坐标。这个"点"定下来了,这个六面体的位置也就定下来了。这个"点"姑且称为实体的基点。注意:在移动位置时,箭头的颜色是黑色的,如图。

双师模式,传承国艺

赵 龙

写意花鸟画是我国国画的重要组成部分,在美术教育中有着不可忽视的作用,通过对其学习,学生能够培养高屋建瓴的气概、取舍有道的智慧等。从长期的教学实践中看,写意花鸟画教学普遍存在一定的问题,如教学形式单一、创作思维层式化、效果不显著等。而我校双师教学模式的应用则有助于解决这些问题,推动写意花鸟画教学效果的提高,使国画艺术在学校生根传承。

一、应用双师教学模式的必要性

国画是我国重要的传统文化,是我国宝贵的文化遗产。从题材上看,国画包括山水画、花鸟画、人物画;从表现形式上看,国画包括工笔画、写意画。工笔,就是运用工整、细致、缜密的技法来描绘对象,写意画则是与工笔画相对而言的一种画法——它要求用粗放、简练的笔墨画出对象的形神,并借以表达作者的意境。而写意花鸟画作为中国美术领域内最绮丽的瑰宝之一,在立意、造型、笔墨、色彩、构图及时空概念、观察方法和表现手段上都有很强的规律性,充分体现了中国人与自然生物的审美关系,更利于激发学生对生活的热爱,唤醒其创造力,因而成为中小学美术教学中一个非常重要的教学内容。但随着如今科学技术的飞速发展,以往传统的讲授式、示范式的教学模式已经无法满足学生发展的需要,也不能使学生的自主性和创新意识得到更好的培养。因此,为了更好地实现写意花鸟画的教学目标,学校充分利用现代科技发展的成果,发挥现代教学手段的积极影响,并根据学生的实际水平实践了双师教学模式。

二、双师教学模式的具体应用

首先,让学生通过平板电脑观看大师名家的微课,自学总结,提出疑惑。笔者在长期的教学实践中发现,受由教师讲授画理和技巧为主的传统教学模式的影响,很多学生对写意花鸟画缺乏兴趣,而运用双师教学模式,让学生通过观看大师名家的微课进行自主学习、发现问题,一方面提高了学生的专注力,激发了学生的学习兴趣和热情,另一方面,也有助于学生创造性的发挥,并逐渐养成独立思考问题的良好学习习惯。当然,让学生跟着大师名家学习并不意味着美术教师可以不用备课、不用讲课。学生通过大师名家的微课,可能能够较好地把握花鸟画的画理和技巧,但由于是自学,同样可能碰到各种各样的问题或疑惑,这时就需要美术教师根据学生的疑问进行有针对性的讲解。

其次,让学生通过平板电脑观看教师个人的微课,加上教师亲笔示范,点播解惑,一堂课的时间很有限,加之已经让学生通过名家大师的视频进行了学习,因此教师个人微课的设置一定要抓住重点,使学生能从教师个人的微课中清楚地了解到写意花鸟画的特征——注重意境美,主要表现作者的内在精神。此外,教师可以亲自示范笔墨的运用,笔墨是写意花鸟画的关键,为此教师可以给学生示范笔墨技巧,笔法中锋、侧锋、顺锋、逆锋,墨法焦、浓、重、淡、清,以及勾、皴、点、染等写意画的表现方法。例如,"梅兰竹菊"以其清秀典雅、不畏严寒、情操高尚的自然品格,深受人们的喜爱,被赋予"四君子"的美称,所以在讲授梅兰竹菊的画法时,教师关键是要让学生把握住梅兰竹菊的风格、内涵,进而把画梅兰竹菊的用笔、造型、着色等技巧展示给学生,这样才能使学生更快速地掌握写意花鸟画的精髓。

需要注意的是,由于学生对写意花鸟画的掌握程度参差不齐,教师在制作个人微课时一定要把握好课程的难易程度,明确目标,突出重点,循序渐进,个人微课由浅入深才能使学生更好地把握学习的技巧。至于对学生疑问的解答,学生有疑惑的共性问题教师要统一细致讲解;对于个别学生的个别问题,教师可以进行个别指导;有利于帮助学生理解写意花鸟画的问题可以适当组织学生进行小组讨论,教师最后针对学生讨论的结果进行点评总结,帮助学生解决疑惑。

最后,由学生根据所学所悟进行临摹。临摹优秀的写意花鸟画是学生学好写意花鸟画的关键步骤。学生在观看过大师名家的微课以及教师个人的微课与亲笔示范之后,再进行临摹可以更加顺心顺手,并在临摹中切实掌握绘画的要领。

三、双师教学模式的应用效果

通过一学年的双师教学模式的学习和应用,我校写意花鸟画的教学效果十分显著:一方面,学生明白了写意花鸟画的性质、地位、特点、与工笔画的区别,清楚地知道了画写意花鸟画应该选用的工具:狼毫、羊毫毛笔和生宣纸;另一方面,学生基本掌握了花鸟画的造型问题,把握住了画好写意花鸟画的关键点,即要从整体着眼对所描绘的形象进行观察,了解整体形象后再观察细节,最后还要回到整体,从整体把握。在微课和教师的影响下,学生们在生活中养成了注重观察花鸟、山石、树木等自然生物的良好习惯,并在脑海中对这些形象留下了深刻的印象,如今学生基本都能够用默写方式描画了。此外,学生们还通过双师教学模式了解了书法之美,懂得了"以书入画",在学习写意花鸟画的同时领悟书法线条的伸、缩、俯、仰、断连、枯润、起伏等所形成的韵律节奏,而这又给学习写意花鸟画的他们提供了有效借鉴。

写意花鸟画的学习不是一朝一夕的事,而是一个长期的过程,双师教学模式的应用不但在一定程度上促进了学校的写意花鸟画教学,而且增强了学生对写意花鸟画的兴趣,加深了学生对写意花鸟画内涵的理解和把握,这对于国画艺术的传承是十分重要的。今后,我们还将继续坚持双师教学模式的应用,并不断对其进行完善,使其在写意花鸟画教学中发挥更大的作用。

特色"太极拳"

王海峰

我校自建校以来积极响应十八大提出的要求,把立德树人作为教育的根本任务,树立了培养仁、智、勇的现代人的育人目标。但立德树人靠什么来落小落细落实呢?这是个问题。曾几何时,知识本位、应试教育填满了学校生活的缝隙,师生争分夺秒,为的是获取更多的知识。然而当知识以几何级态势增长,这种方式还能奏效吗?人们意识到,知识教学要"够用",但不能"过度",因为知识教学过度会导致学生想象力和创造力发展受阻。教育不能填满学生生活的空间,要留有闲暇。因为学校教育绝不是给人生画上句号,而是给人生准备好必要的"桨"。更新知识观念是一种世界趋势,国际上多数国家、地区与国际组织都认为,以个人发展和终身学习为主体的核心素养模型,应该取代以学科知识结构为核心的传统课程标准体系。国际上长达20多年的研究表明,只有找到人发展的"核心素养体系",才能解决好有限与无限的矛盾;只有找到对学生终身发展有益的DNA,才能在给学生打下坚实知识技能基础的同时,又为未来发展预留足够的空间。那么"核心素养"到底是什么?不同于一般意义的"素养"概念,"核心素养"指学生应具备的适应终身发展和社会发展需要的必备品格和关键能力,突出强调个人修养、社会关爱、家国情怀,更加注重自主发展、合作参与、创新实践。从价值取向上看,它"反映了学生终身学习所必需的素养与国家、社会公认的价值观"。从指标选取上看,它既注重学科基础,也关注个体适应未来社会生活和个人终身发展所必备的素养;不仅反映社会发展的最新动态,同时注重本国历史文化的特点和教育现状。在我国,社会主义核心价值观包含了国家、社会、公民三个层面的价值准则。因此从结构上看,基于中国国情的"核心素养"模型,应该以社会主义核心价值观为圆心来构建。此外,它是可培养、可塑造、可维持的,可以通过学校教育而获得。2016—2017学年下学期我校为提高学生的核心素养,增强他们的人文素质,在全校推广学习陈式精编二十六式太极拳。

太极拳溯源

太极拳是极富中国传统民族特色的文化形态。17世纪中叶,温县陈家沟陈王廷在家传拳法的基础上,吸收众家武术之长,融合易学、中医等思想,创编出一套阴阳开合、刚柔相济、内外兼修的新拳法,命名为太极拳。太极拳在陈家沟世代传承,自第14世陈长兴起开始向外传播,后逐渐衍生出杨式、武式、吴式、孙式、和式等多家流派。太极是中国古代最具特色和代表性的哲学思想之一,太极拳基于太极阴阳之理念,用意念统领全身,通过入静放松、以意导气、以气催形的反复习练,以进入"妙手一运一太极,太极一运化乌有"的境界,达到修身养性、陶冶情操、强身健体、益寿延年的目的。

太极拳的特点

太极拳含蓄内敛、连绵不断、以柔克刚、急缓相间、行云流水的拳术风格使习练者的意、气、形、神逐渐趋于圆融一体的至高境界,而其对于武德修养的要求也使得习练者在增强体质的同时提高自身素养,提升人与自然、人与社会的融洽与和谐,让浮躁的师生静下心来。同时,太极拳也不排斥对身体素质的训练,讲究刚柔并济,而非只柔无刚的表演、健身操。

运用改革新成果快速完成太极拳的学习

陈式精编二十六式太极拳不像简式二十四式,在网上一搜,立马分解的、连贯的教学视频都出来了。它是正宗陈式太极拳,有深厚的文化价值和商业价值。为此,我校专门聘请了有陈家沟亲身学拳经历的孟老师为总教头,为我们全校师生教授正宗陈式精编二十六式太极拳。我校艺体办在闫校长的指导下,积极运用改革成果,果断为孟老师录制教学微视频,开展创我校人数规模之最的翻转课堂教学。

"科学技术是第一生产力。"由于我们运用了翻转课堂技术,一个月的时间我们全校师生就完成了陈式精编二十六式太极拳的学习。这人数、这规模、这么短的时间都创造了二实验建校以来的奇迹。同时,也证实了我校课堂改革的科学性。很难想象,没有翻转课堂技术,我们该如何完成如此大规模、如此高效的传授和学习。

翻转课堂大会受好评

2016 年 11 月,我校成功举办第三届全国翻转课堂大会。太极拳作为我校首个全校师生共同参与的展示项目,收到与会人员的一致好评。全校师生配合默契,做到集合快、打得稳、带出迅速。在我们打太极拳的过程中,不少参会人员为了不错过这宏大而柔和的瞬间,有的用手机拍照、有的用相机拍照、有的直接登上主席台架起摄像机。两遍太极拳过后师生开始带回,有的老师还沉浸在刚才观看的表演中,目送师生离开的背影,迟迟不肯走下主席台。

长期坚持打出平静心态

虽然第三届全国翻转课堂大会已离我们远去,但是太极拳永远充实着我们的生活。每天课间操我们师生如果不打上两遍太极拳,就如同今天没有课间操一样。长期的坚持,太极拳已经植根于我们每个师生的心里,换来的是教师祥和的面容和学生沉稳的行动。相信随着时间的推移,太极拳会给我们带来长期而深远的价值。

"从泥巴到国粹",感悟中华传统文化

查仲于

　　我国是一个有着五千年光辉灿烂历史的国家,民族文化深沉含蓄,对天地物理、人情的内在相契之处,有着特殊的敏感与联想。而陶瓷文化在中华民族历史的长河里,亦是意识形态中的一朵灿烂奇葩。从最原始的粗糙陶罐,发展到宋代的影青雕刻,从单纯的线描涂抹,到丰满的色彩融合,从简易的情节描叙,到文人寄托心灵,最后发展成抒写情怀的艺术。在那造型各异、浩如烟海的陶瓷文化里,亦深深烙印着各个时代、各个历阶段史的人文精神。中国画与陶瓷绘画艺术都源于生活的真实写照、升华,它们遵循着相同的美学原则,在表现技法等方面二者相互传承借鉴,在精神意境、气韵表现、笔墨意趣上也有一定的共性。陶瓷绘画在吸取国粹艺术精华的同时,也较为注重把握韵律、意境等中国画的内涵特征,创造出独具韵味的陶瓷艺术语言。我校为了弘扬中华传统文化,让学生感悟中华文化的魅力精髓,开设了校本课程"从泥巴到国粹"。现就本课程略作介绍。

　　课程开发内容:陶瓷,有假玉之称,为中国几千年文明之精粹。然而,无论是清雅精致的青花,还是繁复多彩的重釉,均脱离不了最基本的材质——泥巴。中国画与陶瓷彩绘有一脉相承的历史渊源,中国画对陶瓷彩绘产生了深刻影响,并运用在陶瓷装饰上,从而产生了青花粉彩、新彩等蜚声中外的名瓷国宝。数千年来,历史上的画家们在辛勤的劳动实践中,不断创造发展,中国画逐渐以独立的艺术形式出现,在世界美术领域中自成独特体系。在本系列课程中清华大学刘怀勇教授将带领大家亲临千年陶都景德镇去体验陶瓷是如何从毫不起眼的泥巴变成一件件堪称国粹的艺术品,同时刘教授将亲身示范陶瓷绘画的魅力,让我们共同关注从泥巴到国粹的神奇旅程。

　　课程开设意义和背景:陶瓷彩绘是中国陶瓷文化的重要组成部分,是中国传统文化的重要分支,它折射出了人类丰富的历史及发展进程。陶瓷彩绘犹如一颗明珠,照亮陶瓷文化历史,推动传统文化发展,并让越来越多的人愿意深入学习和了解陶瓷艺术,并进而对艺术行业做出自己应有的贡献。陶瓷彩绘随着时代的发展不断地变化和创新，并结合时下流行的文化元素、艺术要点，将艺术推向一个新的高潮。陶瓷彩绘作为中国传统文分的分支，显示了其独有而旺盛的生命力。

清华大学刘怀勇教授通过彩绘将绘画性、工艺性、装饰性和谐统一，并创新展示，充分发挥了绘画时所运用的手法，将陶瓷彩绘的艺术性和文化性表现得淋漓尽致。刘怀勇教授以中国当时的文化背景为创作的灵感和源泉，通过对当时文化的理解，结合自身的个性与作风进行创作。通过学习陶瓷彩绘，学生们不仅了解了陶瓷绘画的基本工艺，也了解了传统绘画的技法。同时，还可以从中寻找当时的文化印记，跟着刘教授的思路回归朴实，在历史中反思文化艺术的发展，并从中吸取经验和教训，感受中华文化的博大精深。

课程内容具体介绍：由清华大学刘怀勇教授主讲的"从泥巴到国粹"主要包括十五章：1.禅茶一味图的绘画；2.石头与牡丹的绘画；3.难得糊涂图的绘画；4.秋日荷塘的绘画；5.大福禄图的绘画；6.室雅人和图的绘画；7.珠光图的绘画；8.秋山无尽图的绘画；9.满庭芳图的绘画；10.镶器的绘画创作；11.临摹吴昌硕的作品；12.临摹齐白石的作品；13.潘天寿及其作品赏析；14.陶瓷绘画；15.瓷板的釉上绘画。

演讲与朗读社团活动

一、课程开设内容：

演讲与朗读

二、课程开设意义和背景：

叶圣陶先生曾论述道："什么叫语文?语文就是语言,就是平常说的话。嘴里说的话叫口头语言,写在纸面上的叫书面语言。语就是口头语言,文就是书面语言。把口头语言和书面语言连在一起说,就叫语文。" 多年的教学发现,现在的中学生,应试能力比较强,即"语文"中的"文"较强,而"语文"中的"语"即口头语言却很弱。现在中学生普遍存在口语表达能力欠缺,在众人面前讲话紧张、怯场、语无伦次等问题,这就使得很多学生越来越不敢表现自己,越来越沉闷,自信心也渐渐没有了,成为了考试的"奴隶";另外传统的语文教学方法限制了教师"教"的思维和学生"学"的思维。应试教育下学生在题海中挣扎的现状让他们找不到学习语文的乐趣,诵读诗歌或文章时普遍存在唱读现象,没有感情地朗读又如何能把握住文稿的深层情感呢? 这都是可怕的现象。正是意识到了这些现实存在的问题,基于学生核心素养的发展,本着培养全面发展的综合型人才的宗旨,我校结合信息化教学,特开设了"演讲与朗读"社团。

三、课程介绍：

"演讲与朗读"校本课程,旨在通过多途径地训练语言表达技巧及诵读技巧,培养学生既能够在大庭广众面前流畅自如、仪态大方地表述自己见解的能力,也能够在日常交际中提高口语表达能力,具备良好的口才,培养自信心,为日后的成功奠定基础。同时通过有感情地诵读经典,培养学生对国家经典传统文化的热爱,帮助学生树立正确的人生观、价值观,培养学生良好的审美情趣。

四、社团活动安排：

周次	计划授课内容
2	活动安排
3	演讲活动一
4	演讲活动二
5	演讲活动三

6	演讲活动四
7	演讲活动五
8	演讲活动六
9	演讲活动七
10	交流演讲稿
11	演讲比赛
12	演讲比赛
13	演讲稿配乐
14	朗诵的技巧
15	《海燕》朗诵指导
16	《春》的朗诵指导
17	朗诵比赛

第2周活动记录

活动目的：
1. 通过练习"绕口令"，培养学生训练语言的兴趣。
2. 训练学生吐字清晰、发音准确的技能，提高学生的语言表达能力。

活动内容：
一口气数枣训练

活动过程：
一、激趣导入
1. 说话是表达思想情感，是让人听的。说话最基本的要求是吐字清晰、发音准确，这
样别人才能听得明白，否则就会闹笑话。（讲一个因语言问题而产生笑话的故事）
2. 为了提高我们的口头表达能力，这节课我们来进行一口气数枣训练，并进行比赛。
二、训练与活动
1. 自由练习。
2. 每班派代表进行比赛。

三、总结

说好"绕口令"是件不容易的事,要说好"绕口令"关键在于口、牙齿和舌头密切而正确地协调配合,做到吐字清晰,发音连贯、准确。常常练读"绕口令",对于提高我们的语言表达能力是有很大帮助的。

活动小结:
学生对于这个数枣的绕口令练习兴趣比较浓厚,活动取得了较好的效果。

American way of life 课程

石秀荣

一、课程开设意义与背景：

尔雅课程 American way of life 介绍了美国人丰富多彩的生活方式，从美国人的各种爱好，到美国人生活中的方方面面，包括运动、教育、婚姻、枪支、犯罪、饮食习惯、礼仪态度等，阐释了美国人的社会生活，成为学生了解西方文化的一个窗口。中西文化的差异表现在生活中的方方面面，美国为西方国家的代表，生活方式亦可作为西方的典型。课程以全英文教学，旨在通过指导学生学习相关的文化背景知识，进一步提高学生的英语水平和跨文化交际的能力。

二、设计理念：

尔雅课程 American way of life 不仅是让学生通过视频了解西方，更重要的是老师的"导"。老师根据视频内容怎样引导才能让学生更深入地了解西方，老师拓展什么样的内容才能让学生知晓西方生活方式的优与劣，老师设计什么样的问题才能引起学生的讨论热情并解决实际问题？通过内容的适当拓展，通过合理问题的设计，鼓励学生提出自己的观点，结合存在的问题提出批判性意见，并以此引发辩论和思考，让学生在增加知识的同时，拓展思考能力。

三、视频中介绍教授 Alex Olah：

Alex Olah（亚历克斯·欧拉）是一位退休官员，曾在澳大利亚贸易委员会任职 30 余年，历任澳大利亚驻印度尼西亚、泰国、加拿大、巴西、中国和新加坡等国大使馆外交官员。亚历克斯·欧拉于 1969 年获得澳大利亚国立大学经济学学士学位。2009 年获得对外英语教学资格证，并于当年携夫人薇拉·欧拉（Vera Olah）来中国石油大学(China University of Petroleum)从事英语教学工作。亚历克斯·欧拉将他与夫人在中国石油大学工作期间的教学、生活经历整理成书《洋眼看石大》，该书已由中国石油大学出版社出版。

四、课程纲要：

1. Americans' Love

1.1 Chapter introduction

1.2 Americans love sports 1

1.3 Americans love sports 2

1.4 Keeping Pets

1.5 Fans of Cars

1.6 Americans Love Guns

1.7 Crime in America

2. Aspects of Social Life

2.1 Chapter introduction

2.2 American Celebrities

2.3 Nobel Prize

2.4 Rights and Economy

2.5 Education in America

2.6 Handedness and Festivals

2.7 Forbes

3. Daily Life

3.1 Chapter introduction

3.2 Local Speech

3.3 Manners & Attitudes

3.4 Way of Life

3.5 Eating Habits

3.6 Marriage & Houses

3.7 Gap Year

五、课程规划:

每周一次,每周一到两节,每两周三节

六、教学案例:Americans Love Guns

教学内容:美国人的枪文化

教学工具:多媒体、幻灯片

教学方法:看视频、集体讨论与分组讨论

教学重点:美国人枪支情结的由来、现状、存在的问题

教学过程:

Step1.看视频

看视频,听 Alex Olah 教授讲解美国的"枪文化"、持枪比例与种类。

1. 手枪类型介绍

2. 美国人持枪种类

3. 美国人爱枪

Step2.学生集体讨论

1. 枪分为几类?

手枪类型介绍:大致两类,一类是长枪,也就是 Shotguns 或者 rifles,一类是短枪,也就是 hand-guns,或 pistols。

2. 这几类在美国人的枪支中的比例是多少?

美国人持枪种类:美国 65% 的枪是长枪(rifles),35% 是短枪(hand-guns)。

3. 美国人持枪的比例是多少? 男女各多少?

美国 40% 家庭有枪,至少一把,54% 说没有,事实并非如此。美国 42% 成年男性有枪,9% 的女性有枪。

4. 美国人持枪原因有哪几类?

买枪原因:一是自卫防身(personal protection),用的是手枪;二是消遣(recreation),如狩猎或定点射击,用的是长枪。

Step3.视频继续:

美国人特殊的"枪支情结",也就是美国人持枪传统的由来:

持枪是北美历史传统,美国人特殊的"枪支情结",是由美国早期特殊的历史积淀造就的。

其一,最初,16 世纪,第一批欧洲人来到北美大陆,面对的是广袤荒野,野兽时常出没。其二,也就是最主要的原因,欧洲殖民者的入侵势必引起当地土著居民印第安人的强烈不满与顽强抵抗,欧洲殖民者时常与印第安人发生冲突,当时殖民地法律规定每个成年男子必须自备一把长枪和一柄战斧,否则就要罚款。其三,欧洲列强的战火也屡屡烧到北美地区。而当时的社会非常松散,政府力量薄弱,难以提供有效的防卫设施,为了保护自身生命安全,美国早期移民只有依靠自身的力量,而枪支在保障人身安全方面的作用自然不容小觑。

后来,美国在独立战争中打败英国人,靠的也是全民有枪。

美国宪法规定,Adults can own guns(成人允许拥有枪支),18 岁以上可有长枪,21 岁可有手枪,前提是无犯罪记录,要在官方交易场所买卖枪支,还要进行必要的培训。

在几百年的这种"枪文化"浸润下,持枪已经是北美人民尤其是美国不可割舍的传统,美国人的"枪支情结"由来已久,根深蒂固。

Step4.学生集体讨论:

美国人的"枪支情结"源于什么?

Step5.视频继续:

持枪合法使得恶性枪击案件屡屡发生。

康涅狄格州桑迪胡克小学发生恶性枪击案,有人持枪杀害 20 个孩子 6 名老师。持枪恶性犯罪案例屡禁不止,由此总统奥巴马 Obama 提倡禁枪。

有人认为枪支无罪,有罪的是人。但我仍然认为,普通人不能拥有枪支,否则恶性案件还会发生。

Step6.题目检测:

1.【单选题】To buy a handgun, you must be(　　　) years old.

　　A. 18　　　　　B. 19　　　　　C. 20　　　　　D. 21

2.【单选题】Which is not the reason why American people like guns.(　　　)

　　A. Personal protection(自我保护)

　　B. Hunting(狩猎)

　　C. Collecting(搜集)guns to sell for a high price(价格)

　　D. Target shooting(定点射击)

3.【判断题】People in western countries all love guns.(　　　)

4.【判断题】Over the last few years, guns are becoming more and more popular in America.(　　　)

Step7.学生小组思考讨论:

1.奥巴马为何禁枪?你觉得成功的可能性有多大?

2. Alex Olah 教授是哪国人?他的国家与美国相比,哪个国家更爱枪支?

3.你认为普通人应不应该拥有枪支?说说你的理由。

4.中国与美国相比,哪个国家犯罪率高?原因有那些?

5.如果两个人发生矛盾,如果都有枪,结果会怎样?

6.如果两个同学间产生矛盾,应该互相用拳脚决定输赢,还是找别的同学或哥哥帮忙打架?你认为最好的解决办法是什么?

七、课程评价:

校本课程 American way of life 介绍了美国乃至西方诸国生活的各个方面,让学生比较全面地了解了中西方文化的诸多差异,提高了学生的英语口语与听力水平,让学生在了解差异的同时学会思考与交际表达。

比如,通过 Americans Love Guns 的视频,学生了解了美国人枪支情结的原因、现状,以及关于奥巴马总统禁枪的讨论。通过老师的拓展和问题设计,学生了解了中西方枪支的不同文化差异,也由美国枪击案件的屡禁不止引申到方中西犯罪率的异同,以及学生日常纠纷究竟该怎样解决所引起的思考,既能增加学生的知识,又能拓展学生解决实际纠纷的能力。

本课程通过指导学生学习相关的文化背景知识,帮助学生对不同的文化差异与价值观进行正确解读,进一步提高学生的英语水平和跨文化交际的能力,以及思考问题、解决问题的能力,使其受益终生。

"《水浒传》鉴赏"课程规划

徐兆生

第一次：

    1.《水浒传》的主题思想

    （1）小说的主题分析

    （2）如何看待"忠义"主题

    （3）《水浒传》是一部"愤书"与"快书"

    （4）《水浒传》的思想局限

第二次：

    2.《水浒传》的作者

第三次：

    3.《水浒传》的版本

第四次：

    4.《水浒传》人物之一——宋江

    （1）形象分析

    （2）矛盾性格的成因

第五次：

    5.《水浒传》人物之二——林冲的隐忍与爆发

第六次：

    6.《水浒传》人物之三——末路英雄杨志

第七次：

    7.《水浒传》人物之四——豁达大度与粗中有细的鲁智深

第八次：

    8.《水浒传》人物之五——仿若天神的武松

第九次：

    9.《水浒传》的艺术成就

    （1）人物塑造

（2）叙事艺术

（3）语言特色

（4）写作技巧

第十次：

10.《水浒传》与小说群书的关系

（1）《水浒传》与三国故事

（2）《水浒传》与五代故事

（3）《水浒传》与说岳故事

（4）《水浒传》与其他话本故事

第十一次：

11.《水浒传》中的晚起情节

（1）晚起情节的论证

（2）关于公孙胜的谜团

第十二次：

12.《水浒传》的宗教色彩与文体类型

（1）《水浒传》的宗教色彩

（2）《水浒传》的文体类型

社交礼仪与口才艺术(上)

孔祥栋

I. 开设内容：

一、礼仪与做人

二、口才艺术释义

三、口语表达者应具备的素质

四、认真研究你的听众

五、内容与形式的统一

六、学生的日常礼仪

II. 课程开设的意义和背景：人们在创造优美物质环境的同时还应创造和谐的人际环境。生活的意义在于不断创造和进取。同时，还应在复杂的人际关系中表现、欣赏和发展自己，从中享受无尽的乐趣。一个人能否对现实社会或周围环境有良好的、积极的适应是衡量他心理健康状况良否的重要标准。通过这一课程的学习，学生们可以认识到应该积极适应社会，自觉参与社会活动，改造、变革社会环境，促使社会发展进步，同时改造、发展和实现自我。

III.课程介绍:礼仪是人类文明宝库中的一朵奇葩，也理应成为我们生活中做人做事的准则。社交礼仪与口才艺术这门课程对礼仪的规范性和口才的重要性做了深层次的诠释，本课程所阐述、介绍的知识立足于让读者在实践中能够使用，而绝不拘泥于学理的阐述，更不会陷在纯理论的概念堆里而不能自拔。

IV.课程规划：

一、礼仪与做人

1.1 礼仪的概念

1.2 礼仪的内涵

1.3 做人的层次

1.4 礼仪无处不在，无时不有

1.5 礼仪的坚持

二、口才艺术释义

2.1 口才艺术的释义、特点与要求

2.2 口语表达的标准

2.3 口语表达的误区

2.4 口才的理念

三、口语表达者应具备的素质

四、认真研究你的听众

五、内容与形式的统一

5.1 内容的六个方面

5.2 讲说的形式

六、学生的日常礼仪

6.1 明礼诚信

6.2 团结友爱

6.3 体贴父母

6.4 学子之礼

6.5 友爱同学

6.6 校园礼仪

6.7 坦诚相交

6.8 涉外十四条通则

"航空模型"校本课程开发方案

孟德印

一、课程理念

(一)知识的再概念化。"航空模型"是一种实践性很强的实用技术,学生在运用已有学习经验的同时,通过亲自操作与理论联系实际,认识事物间的联系和物体的结构关系,了解一些简单的机械结构原理,掌握一些工具的使用方法等。

(二)以学生为中心。"航空模型"是一项非常吸引人的娱乐玩具,引起学生浓厚的兴趣。学生在科技制作中的地位不仅体现在主动参与和探索、主动在实践中学习和运用知识,而且还表现为学生可以是制作活动的组织者,参与从制作到评价的全过程。在自行设计、自行评价、相互讨论启发中发展创造能力。学生在实践中自主地学习,在实践中提高,学生的能力得到充分发挥,真正成为学习的主人。

二、开发背景

(一)时代科技创新的需要。世界各国的综合实力越来越体现在科技和教育水平的不断发展上,这取决于国民科技文化素质的迅速提高。青少年是祖国建设事业的接班人,因此,加强科技普及教育,提高全民族,尤其是青少年的科技素质,已成为持续增强国家创造能力和竞争能力的基础性工程。本课程的开发,旨在培养学生的创新精神和创新能力,提高学生的科技素养,增进学生热爱科学技术的感情。

(二)学生成长的需要。"航空模型"校本课程,可以培养学生的观察力、思考力、动手操作能力,从而不断促进学生形成技术素养、科学素养,乃至科技创新的素养。同时培养他们尊重科学、实事求是的科学精神和最基本的科学探究方法,为其终身学习与不断创造打下基础。

(三)学校科技特色发展的需要。在基础教育改革的背景下,学校领导一直非常重视学生科技素养的培养,并有意通过校本课程开发实现普及教育,使学生学到许多科学知识,养成善于动脑的好习惯,实现学生个性、创新意识和实践能力的发展。

三、课程目标

（一）总体目标

1. 培养学生对科学技术的兴趣和爱好。

2. 引导学生掌握必要的知识和技能。

3. 增强学生的创新精神和实践能力。

4. 引导学生树立科学思想和科学态度。

（二）具体目标

1. 知识技能目标

培养学生掌握模型制作的基础知识、实际操作能力，提高学生识图、制作的能力；开发学生智力，激发学生深入探究科学技术的兴趣；培养学生成为具有速度、效率、团结、协作等科学技术意识的技能性人才；培养学生在原有技术原理、结构原理的基础上进行重新组合、大胆创新的能力。

2. 方法情感目标

采取自主操作与合作探究相结合的活动方式，培养学生的合作创新意识；培养学生的观察力、思考力、动手操作能力，不断促进学生形成技术素养、科学素养，乃至科技创新的素养。同时培养他们尊重科学、实事求是的科学精神和最基本的科学探究方法，为其终身学习与不断创造打下基础。

四、课程内容

课程分配：

本校本课程上一个学期，每周一个学时，共占20个学时，具体学时安排如下：

目　录	
一、模型飞机的定义（1课时）	
1	什么叫飞机模型
2	什么叫模型飞机
3	了解"飞机模型""模型飞机""航空模型"的关系
4	"飞机模型""航空模型"介绍

二、模型飞机的组成(1课时)		
1	机翼	
2	机身	
3	起落架	
4	发动机	
5	尾翼	
三、模型飞机的运动(1课时)		
1	运动的定义	
2	运动的分类	
3	竞赛科目的分类	
四、模型飞机的历史(1课时)		
1	探索飞行奥秘的工具的航空模型	
2	航空模型的实用价值	
3	航空模型对于航空知识普及的作用	
五、升力(3课时)		
1	吹纸张实验1	
2	航空模型技术常用术语1	
3	活动:橡筋动力模型飞机1	
六、机翼的升力(2课时)		
1	机翼的空气力学原理1	
2	翼型种类1	
3	各类型机翼的优劣	

七、橡筋动力模型飞机的制作（5课时）		
1	制作材料和工具的选取 1	
2	机翼的制作 1	
3	尾翼的制作	
4	机身的制作	
5	穿尾钩、粘尾翼和粘机翼 1	
6	组装机头 1	
7	安装动力橡筋	
8	制作过程中的问题探讨 1	
八、橡筋动力模型飞机的调试（2课时）		
1	目测法检查 1	
2	重心支点检查	
3	调试中的问题处理（机身抖动、不能爬升、空中不平衡、不能右盘旋）1	
九、橡筋动力模型飞机的手掷试飞（2课时）		
1	试飞姿势、方法介绍 1	
2	波状飞行、俯冲、急转下冲的调整	
3	改变这些空气动力面形态的方法 1	
十、模型飞机的展示（2课时）		

教学方案设计之橡筋动力模型飞机制作课程

(一)概述

橡筋动力模型飞机制作课程共有 5 个学时,其中这节课我们要完成的是橡筋动力模型飞机机翼、尾翼以及机身的制作。

(二)学习者分析

学习者为高一学生,具有一定的识图和操作能力,具有较强的求知欲和创造性,但是学生的知识有限,思路不够宽阔,通过设置橡筋动力模型飞机制作课程,有助于激发学生学习兴趣,培养学生的创新意识和实践能力。

(三)设计理念

1. 将航空模型与物理学科知识紧密地结合在一起,充分体现了学科之间的整合。

2. 学生实际动手制作橡筋动力模型飞机,满足了学生个体自我发展的需要,培养学生的识图和动手能力,培养学生的创新意识。

3. 激发学生的学习兴趣,让学生充分动起来,自我设计,在动中学、动中悟、动中感受,将学生的兴趣与学科知识充分结合起来。

4. 在展示中提高,展示评比后,知人所长,知己不足,从而找出差距,提高自己。

(四)教学目的和要求

1. 知识上:了解航空模型制作的一般过程;懂得航空模型的结构原理;认识航空模型构件的用途;掌握各种工具的使用方法。

2. 技能上:学会识图;培养学生的实际操作能力,提高他们的实验技巧和灵敏的动手动脑能力,激励学生在制作过程中提高自己发现问题、解决问题的能力。

3. 情感上:注重引导学生动手动脑,创造一种轻松活泼、主动探索的学习氛围;激发学生的创造性和求知欲,培养学生的创新精神和严谨的科学态度。

(五)教学重点

学会使用美工刀、尖嘴钳、老虎钳等工具,掌握基本的识图能力。

（六）教学难点

懂得航空模型的结构原理，认识各类模型构件的用途，学会制作简单的航空模型。

（七）教学准备

美工刀、尖嘴钳、老虎钳、铅笔、尺子、透明胶带、双面胶带、模型快干胶（白乳胶、502胶水）、线等工具，校本教材《航空模型》。

（八）教学过程

具体授课流程：

一、温故

1. 复习前面教授的关于航空模型的理论性内容

2. 打开工具箱，再次认识工具

二、导入

展现一个飞机模型的图片，询问同学们是不是做得很精致，他们想不想动手也制作一个。告诉他们利用前面所学的理论知识，现在的他们是有能力制作的。

三、教师教授具体的制作过程

1. 制作机翼

（1）制作翼型：在距前缘25mm处弯折一下，使它向上凸起6mm。具体做法：先在折痕处的机翼下面用铅笔轧一条印，然后沿此线弯折。

（2）制作上反角

在每边距翼尖80mm处，从折痕到前缘切开一个口，再把翼尖翘起25°、切口最大处相距25mm，用透明胶带把切口粘上。为了增加机翼强度，用透明胶带把翼型折痕和上反角折痕粘住。

2. 制作尾翼

将吹塑纸按尺寸裁出水平尾翼和垂直尾翼。

3. 制作机身

将机翼翼台与机身杆粘在一起（要求：翼台前端面距机身杆前端面60mm）。

修机头右拉：用0.75mm木片裁成5mm×10mm的木片，粘于机头右侧，然后用美工刀将机头修整出带有向右偏转的形状。

4. 比一比

谁制做的橡筋动力模型飞机的机翼、尾翼和机身更标准,互相打分。

此部分内容重视对学生的动手实践能力的培养,积极让学生将所学的知识运用于实践,将中学物理理论和实际相结合,提高学生的实践能力和创造能力。而最后成果的展示引起学生的重视,培养学生的竞争意识。

四、课程组织

在做中学,在赛中练。

在做中学:每个学生都要亲手操作拼装航空模型;每个学生都要亲历简单模型的制作,会看模型制作的图纸。充分调动一切因素让学生在玩中乐、玩中学、玩中思的过程中学会技术,善于运用技术解决问题。

在赛中练:对于静态模型,要求每个学生根据图纸,合理完成模型制作,最后根据竞赛规则进行外观评比。对于动态模型,除了要求学生在规定时间内完成模型制作以外,还要在规定时间内调试好模型,根据竞赛规则进行竞时、竞速。课堂教学中适时适度采取竞赛活动,为学生创设一个竞争和成功的机会,既有利于消除学生学习理论的枯燥感,同时又能激发学生的学习兴趣。

五、课程评价

过程评价和结果评价相结合的方式。

1. 过程评价:记录每节课学生学习任务完成的情况;记录每节课学生准备、课堂纪律的情况;记录每节课与同学合作的情况。

2. 结果评价:请学生按模型图纸的要求,合理精准地完成模型制作;请学生按照模型的工作原理,将模型调试到最佳状态;请学生按老师提供的任务,合理设计制作模型。

趣味田径

课程开设意义和背景：

田径运动是初中学生在日常生活中接触得最广泛的运动方式之一，也是锻炼身体最简便易行的方式之一。传统的田径运动形式比较单一、趣味性不强、教学成效不大，这就要求教师改变以往的传统教学方式，在田径教学过程中增加趣味性。以信息技术为标志的高科技时代正向我们走来，必将给学校带来新的发展机遇和挑战，作为学校体育教育的重要组成部分——田径教学也同样面临新的考验。"运动兴趣和习惯是促进学生自己学习和终身锻炼的前提"，趣味田径和教育信息化相结合培养学生的兴趣，促进教学效果的提高。

课程介绍：

趣味田径的英语为"fun in athletics"，是国际田联推广的教程，项目包括田赛和径赛两部分，每部分包括若干个运动项目。趣味田径运动一般按跑、跳、投和综合项目划分。

趣味田径运动就是根据青少年的心理和生理特点，利用运动游戏的趣味性特点吸引更多的少年儿童从事田径锻炼。通过游戏提高学生学习运动技能的积极性和主动性。在课程中合理地运用平板电脑，可以让学生更积极主动地学习，而且还能使学生更生动、更直接地了解田径的技术及知识。

课程规划：

一：通过平板电脑和趣味田径的使用让学生从单一枯燥的运动技能中解放出来，使学生提高学习兴趣。

二：借助互联网，把"大家""名家"请进来，让学生走上教育信息化的捷径，提高趣味田径项目的乐趣，使学生能自主地去探寻田径运动的快乐，寻找如何更好学习的方法。

三：以学生为主。通过平板电脑的熟练使用，学生真正成为课堂的主人。

课程开设内容：

基本身体素质：柔韧、耐力、速度、力量。

跑：短跑（起跑、加速跑、途中跑、冲刺跑）、中长跑（起跑、途中跑、冲刺跑）

跳:跳高(助跑、起跳、过杆、落地)、跳远(助跑、起跳、腾空、落地)

投:铅球(预备动作、滑步、出手)、垒球(助跑、引球、出手)

课程纲要:(信息化、自主、解放课堂、快乐学习)

1. 课前让学生运用平板自主在网上收集有关本节课的内容,让学生对所学内容在大脑中形成一个大体的框架。

2. 教师收集编排本节课内容,并上传到二实验云平台让学生进行下载。

3. 上课后以学习小组的形式进行本节课内容的自主学习。

4. 小组展示和合作学习。观看平板学习后,让小组进行展示,其他小组对其进行观察,并运用平板电脑进行录制。

5. 交换平板让学生自己观看自己的技术动作,并且和教师上传的标准动作进行对比,发现自己的优点及不足。小组组员之间互动,对自己和他人的动作进行优化。

6. 各小组之间进行比赛,看看哪个小组掌握得更好,达标的比例更高。好的小组奖励,不足的小组进行适当惩罚。

7. 自主大量练习,拓展更多知识,发现更多问题。对本节课学习的内容进行讨论,如对身体的哪些部分能进行锻炼,能否把本节课的内容合理地运用到日常生活中去,如果有人向你请教本节课的内容,你将怎样讲解等。

8. 归纳错误的动作和知识,对错误的动作进行收集整理,让学生牢记什么是错误动作、什么是正确动作。

9. 学会如何在网上及平板上准确收集本节课内容。

10. 将本节课的上课效果及学生的达标情况及时汇总到平板中,并上传到云平台,进行归纳整理。

课堂使用:

下面这个教学案例对趣味田径和信息化教学的有机结合进行了简单阐述。

教学内容:短跑教学中的起跑技术(蹲踞式起跑)。

教学目标:通过趣味田径和信息化教学让学生学会短跑的起跑技术。

一、准备部分(5分钟)

1. 师生问好,清点本班人数。

2. 宣布本节课内容,并检查学生预习情况和平板配带情况。

3. 询问是否有见习生,安排见习生,强调安全。

4. 根据平板游戏内容,各组组长带领本组成员通过"听数抱团"游戏进行准备活动。

二、开始部分(10分钟)

1. 小组长带领学生进行完准备活动后,由教师带领做蹲踞式起跑的专项准备活动,进一步热身。

2. 宣布本节课正式开始,按小组分别在跑道上依次站好。

3. 小组学习开始,通过平板观看蹲踞式起跑技术,并通过"解救人质"游戏练习蹲踞式起跑技术。(教师负责来回观察各组的学习情况,并做好记录,对好的同学提出表扬,对动作不到位的同学进行简单指导,还是以学生自学为主。)

三、基本部分(20分钟)

1. 教师来回转,及时观察了解学生的学习情况,并及时录制。

2. 等大部分学生观看完视频,并且做了5到6次游戏练习后,同学们集合。

3. 首先以小组自愿展示的方法进行学习成果展示。其他小组对展示的同学用平板进行录制。再采用抽查的方法对其余小组进行学习成果展示,别的小组进行录制。

4. 同学们观看录制的视频,总结常见的错误动作及纠正办法,然后由小组长对本节课学习的内容进行讲解,并且总结出重难点。教师进行适当补充,并让动作规范到位的同学进行展示,其余同学进行录制。

5. 让同学们再次利用平板观看自己刚才的动作,通过将规范动作和自己的动作进行对比,找出优点和不足。

6. 要求学生再次分组练习,教师继续巡回指导。自主大量练习,拓展更多知识,发现更多问题。对本节课学习的内容进行讨论,如对身体的哪些部分能进行锻炼,能否把本节课的内容合理地运用到日常生活中去,如果有人向你请教本节课的内容,你将怎样讲解等。

7. 集合学生进行小组对抗赛,比比哪个小组达标率更高,其余不参与的小组和教师当裁判。

四、游戏部分(7分钟)

通过"长江、黄河"游戏让学生继续体会蹲踞式起跑,锻炼学生的反应速度。

五、结束部分(3分钟)

集合学生,通过"顺逆时针慢跑"游戏,让学生放松,并对本节课所学技术进行评价,通过平板下发本节课优秀同学的示例和下节课需要预习的内容。

六、教师下课后及时做好本节课评价,及时收集错误动作用于以后的教学。

课堂评价:

在课堂中合理地运用平板电脑,可以让学生更积极主动地学习,而且还能使学生更生动、更直接地了解田径的技术及知识。通过这种新式的教学方式,学生的学习积极性高了,掌握技能的熟练和标准程度提高了,真正把课堂还给了学生。其优点主要有:

1.学生上课的积极性更高了;

2.学生的出勤率原来不是很理想,将趣味田径和平板电脑有机结合以后,学生的出勤率能达到98%;

3.学生对于技能的掌握由原来的75%上升到94%;

4.学生更能积极主动地参与到体育技能的学习中去;

趣味田径和平板电脑的结合在不远的将来,将以其很高的锻炼价值、趣味价值和激烈的竞争氛围被人们接受。

《西游记》导读与鉴赏教学案例

孔 霞

一、背景介绍

在教育信息化的背景下,我们有幸接触到尔雅课程,这门课程开设的初衷是以一种全新的方式和视角来对学生进行通识教育。在引入学校的过程中,尔雅为校本课程的开发提供了思路和方便。《西游记》是我国最成功的带有神话色彩的文学名著,阅读名著可以启迪智慧,让学生在文学名著中体会古代文人的笔墨和风骚。因此希望通过课程的设立,引导学生去体会名著,培养阅读习惯。

二、设计理念

导读赏析课关键就在老师的"导",所以我们应该在"导"上下功夫,在"导"上做文章。只有"导"得好,通过问题的设计,鼓励学生提出自己的阅读感受,才能激发学生的阅读兴趣。

本教学设计借助尔雅课程中重要人物的解读和赏析带动学生对整部小说的阅读。对于《西游记》,大部分学生只是大体熟悉故事情节,而对其思想内涵的认识不够深刻、全面,因此必须引导他们学会阅读和欣赏。

三、教学目标

初步了解《西游记》这部名著的思想内容和艺术成就;解读孙悟空这一主要人物;通过人物的解读、片段的学习,掌握小说阅读赏析的方法,逐步培养学生的艺术欣赏力。

教学重点、难点:激发学生阅读文学名著的兴趣;了解《西游记》这部名著的主要内容和现实意义;解读孙悟空这一主要人物,掌握小说阅读赏析的方法。

四、教学设计

一)借助尔雅课程对《西游记》整体感知,全面了解

1. 学生分组讨论对作者吴承恩和《西游记》的了解。

2. 尔雅课程中补充介绍作家,让学生进行补充性学习,并进行跟踪性练习,让学生及时巩固。

3.以小组为单位,对全书的内容结构进行讨论交流,然后教师借助尔雅课程展示下面内容,进一步明确全书的内容结构。

二)通过讨论和学习尔雅课程对孙悟空这一人物,并进行解读,并总结汇报

1.感知人物。在小组中交流自己喜欢的孙悟空的故事,然后小组代表向全班同学汇报,每人限时2分钟。让学生重温《西游记》当中的孙悟空的精彩片段,加深对其了解,为后面深度解读做铺垫。

2.尔雅解读。通过观看尔雅课程中孙悟空的解读让学生将自己的观点和尔雅课程中的观点进行对比。倡导个性化体验,鼓励他们提出批判性意见,深刻解读人物。

3.比较人物,掌握鉴赏方法。让学生分别从身世、行为、语言上比较孙悟空与猪八戒的异同,然后把孙悟空与唐僧对待妖怪的态度也进行比较,看看有什么不同,并深入分析为什么会有这种不同。

比较法是阅读鉴赏的重要方法,它是指将同一作品中的不同人物、不同作品中的同类人物拿来比较,通过比较加深对人物形象的理解,提高自己的比较鉴赏能力。当然,不仅在分析小说的人物形象时可以运用比较法,在分析故事情节、表现手法、主题思想时,也可采用比较法。

4.探究人物,深度解读人物。孙悟空这个形象既有神的色彩,又有猴的特点和人的思想感情,三位一体,怎么理解?

要点提示:孙悟空是神话中的英雄人物,但作者创造这个人物却有着现实生活广泛而深刻的依据。这个神话人物不同一般,他是一只天产石猴。于是孙悟空这一典型形象就有自己显著的特色:他是猴,是人,又是神。猴,表现了他的生物性;人,表现了他的社会性;神,表现了他的传奇性。理解孙悟空这一典型形象,不能离开猴、人、神三者。因为三者在孙悟空身上互相渗透、融合,也就是说孙悟空是生物性、社会性和传奇性互相渗透、融合的结合体。太过强调其中任何一面,都不能很好把握这一典型形象;失去了上述三者中任何一方面,孙悟空也就不存在了。通过对人物的感知、品评、比较、探究,完成对主要人物——孙悟空的解读,并且让学生初步掌握比较这种鉴赏人物的方法。

5.以小组为单位,编排三打白骨精这个片段。找学生评委进行品评,老师最后给出评价。这个环节在实施过程中极大地激发学生兴趣,同学们都积极踊

跃参与进来。在这个故事表演中学生很好地琢磨孙悟空和唐僧对妖怪的态度，还有孙悟空的性格。

五、拓展延伸

通过尔雅课程的课后练习及时复习课上所学。

从爱因斯坦到霍金的宇宙

张延玲

一、课程开设内容

1. 爱因斯坦与物理学的革命

2. 弯曲的时空——广义相对论

3. 从白矮星、中子星到黑洞

4. 霍金与黑洞

5. 膨胀的宇宙

6. 时空隧道与时间机器

7. 激动人心的量子物理

8. 比一千个太阳还亮

9. 点燃科学的朝霞

10. 神坛上下的牛顿

11. 漫步太阳系

12. 时间之谜

二、课程开设意义和背景

学校以培养"仁、智、勇兼备的现代中国人"为育人目标,秉承"进德修业,臻于至善"的育人理念,致力于建成一所具有传统文化特色的学校和具有教育信息化品牌的学校,让全校师生都能够做到"高境界做人、高水平学习、高品质生活"。学校注重学生综合素质的培养,不仅让学生享受到必备的义务教育资源,而且通过扩展教学资源、引入尔雅课程进行教学的方式,开拓学生视野、培育学生的科研精神,激发学生的求知欲以及探索科学知识的兴趣。

了解关于天体物理学的基本知识,激发学生探索科学奥秘的兴趣,培养科学精神,提高逻辑思维能力。除此之外,赵峥教授在教学过程中还引入了人类文明演进史,从人类史学和自然史的高度论述人类的存在,不仅提升了学生的科学素养,而且有利于学生在准确把握历史脉络的基础上了解人类的一些重大科研成果。

三、课程介绍

本课程用通俗的语言定性介绍爱因斯坦的狭义与广义相对论,以及建立在此基础上的黑洞理论和现代宇宙学。有没有黑洞,它有什么特点?什么是弯曲的时空、膨胀的宇宙?可不可能有时空隧道和时间机器?介绍爱因斯坦和霍金的创新经历以及他们对科学的贡献。

本课程采用视频授课的方式,引进尔雅课程。任课教师为北师大物理系教授、博士生导师赵峥,其长期从事广义相对论、量子力学和统计物理的教学,活跃于黑洞物理、弯曲时空量子场论和时空理论等研究领域。

四、课程规划

1. 课程开发

①课程开发小组设计调查问卷,评估学生对该课程的兴趣,开发课程资源。

②根据学校的育人目标,制定校本课程目标及结构。

③依据教学规划,对教师进行校本课程培训。

④学校加大校本课程宣传力度,让学生深入了解课程的具体内容等。

⑤学生结合兴趣自主选择校本课程。

⑥教师撰写教学设计及课程指导方案。

2. 组织实施

①组织课程开展,教师统计学生人数、维持课堂纪律,开展教学。

②针对课程实施中存在的问题,定期召开研讨会,进行交流、总结、探讨。

③每期末教师需要进行自我总结和评价,撰写相关论文。

五、课程纲要

①教学材料:尔雅课程视频资源

②课程类型:新授课

③授课时间:1课时

④授课对象:八年级学生

⑤课程目标:培养学生的科研精神,提高学生的自主合作探究能力,激发学生的求知欲。

⑥活动安排:采用翻转课堂教学模式,学生自主预习、小组合作讨论、教师精讲点拨依次进行。

⑦课程评价方式:学生成绩＝课堂日常表现＋期末结业成绩。

六、课程设计

1.教材分析

本文是北师大赵峥教授的讲演录,他运用科学的理论知识,对宇宙的未来做了科学的预测。文章涉及很多关于宇宙学的知识,表面上看涉及的理论知识较为枯燥,但演讲者通过引入有趣的生活案例,将抽象难懂的科学问题与生活实际相结合,让课程贴近生活、贴近学生。

2.学情分析

八年级的学生经过半年系统物理知识的学习,对于宇宙学已经具备了初步的认识,而且具有了一定的逻辑思维能力。学生对未知的宇宙世界有着浓厚的兴趣,这是本课程实施的宝贵教学资源。

3.教学目标

了解关于天体物理学的相关知识,激发对科学的求知欲,培养科学精神,提高逻辑思维能力。

4.教学方法

学生自主合作、探究式学习与教师精讲点拨相结合,运用尔雅课程在线云平台统计学生学习情况,有针对性地进行在线辅导。

5.教学过程

①导入新课

霍金人物介绍——身残志坚的霍金

要点:让学生感悟霍金辉煌的科学成就与坚强的意志品质,从而引导学生探索这一话题。

②自主学习

学生利用平板观看视频——从爱因斯坦到霍金的宇宙,自主完成平板中部分的选择题。

③精讲点拨

教师利用云平台统计学生视频的观看进度及课后训练的完成情况,根据得分率初步统计学生出错率较高、理解较困难的问题,将这一问题交由小组讨论解决,组长主持。针对小组难以解决的问题,小组长做好统计并提交班级讨论,教师从旁协助。

④课堂小结

已知的事物是有限的,未知的事物是无穷的;我站立在茫茫无边、神秘莫测的汪洋中的一个小岛上,继续开拓是我们每一个人的职责。([英]·赫胥黎)

学生交流学习本课的感受,老师适当补充:科学存在着各种奥秘,我们中学生更要好好学习,为将来探究科学奥秘、投身科技事业打下坚实的基础。

七、课程评价

赵峥教授"从爱因斯坦到霍金的宇宙"这一课程介绍了物理学、天文学的最新成果,并引用了相对论及宇宙的相关知识,以伽利略、哥白尼、牛顿等所做出的杰出贡献为主线,重点描述了自然科学领域的重大科研成果。

赵老师讲课语言风趣幽默,而且使用通俗易懂的语言描述抽象的物理学知识,更为贴近中学生的发展水平。在授课过程中,赵老师会穿插一些小故事以活跃课堂气氛,有利于激发学生的兴趣和探究欲望,让学生在愉快的学习氛围中完成对知识的理解和把握。相信学生通过对尔雅课程——从爱因斯坦到霍金的宇宙的学习,能够准确把握科学发展历程,开拓视野、扩展思维,进一步领悟科研的真谛。

利用尔雅平台,教师充分发挥学生的主体性,培养学生自主学习、合作探究式学习的能力,充分调动学生学习的积极性,利用广阔的教育资源,让学生置身在知识的海洋中遨游,充分汲取科学文化知识,培养科学精神。

第五辑

云校园环境建设
YUNXIAOYUAN HUANJING JIANSHE

伍

以翻转课堂改革为载体，全力推进教育信息化建设

——宁阳第二实验中学"智慧教育·数字化校园"
建设与应用工作行动计划

一、指导思想

教育信息化是教育发展的大势所趋，必然对教育带来革命性的影响。我校把翻转课堂作为教育信息化与学科教学深度融合的常态、有效载体，坚持以宁阳县"三环节"课堂教学改革方案和学校"高水平学习"为指导，引导教师将翻转课堂改革的先进理念转化为课堂教学行为，在课堂教学改革的实践过程中促进教师的专业化发展，从而进一步提升学校的教学质量。

二、改革目标

1. 依据宁阳县"课堂教学基本要求"，制定"宁阳第二实验中学翻转课堂教学基本要求"；依据宁阳县"课堂教学评价指标"，制定"宁阳第二实验中学翻转课堂教学评价指标"。

2. 在课堂教学改革的实践中，形成"自主质疑、练习内化"AB 型课堂教学的策略、模式，不断推进广大教师的专业化发展。

3. 加强师生信息技术培训，提升信息素养。

4. 依据《中小学校园网基础设施建设标准》相关要求，加强云平台等信息技术的开发与应用建设，努力打造数字化校园。

5. 凸显办学特色，促进办学质量快速提升。

三、推进过程与工作要点

（一）启动阶段（2014.11.9—2014.11.30）

1. 安排首批人员（学校领导、教学中层干部）赴苏州、昌乐一中考察学习。

2. 召开全校教职工大会，由韩廷山校长做报告，进行全校总动员。

3. 邀请教育局领导（纪复勇主任、李继臣主任）对全体教师进行理论培训。

4. 由朱敬文老师利用云平台执教翻转课堂观摩课。

5. 申请加入泰安市慕课联盟，并邀请许兴亮主任做"基于慕课下的翻转课堂"的理论讲座。

6. 组建成立学校推进工作小组,制订实施方案,明确分工,落实翻转课堂教学改革的日常工作。

(二)实验阶段(2014.12.1—2015.3.5)

1. 确定实验班级、实验教师,安排第二批实验教师赴昌乐一中考察学习。

2. 对实验教师进行微课制作培训、学案制作培训,实验班级安装无线 AP 等设施。

3. 分别召开初一、初二实验班级家委会、家长会,探讨购买平板电脑辅助教学事宜。

4. 召开学生广播会,进行翻转课堂学习动员及预习方法指导。

5. 进行学习小组长培训,指导如何进行小组合作学习。

6. 编印两期翻转课堂研修资料,指导全校教师进行理论学习,撰写个人应用心得,并在学校"翻转课堂改革论坛"上发言交流。

7. 各学科骨干教师执教观摩课并邀请教研室领导进行指导。

8. 围绕"翻转课堂教学基本要求",以教研组为单位进行各学科翻转课堂教学流程、备课学案等环节的再次修订,初步形成具有学科个性和特色的翻转课堂教学改革的策略和模式。

(三)提升阶段(2015.3.6—2015.8.30)

1. 总结"宁阳第二实验中学翻转课堂教学基本要求";举办学校专题研讨会,对"学科课堂教学评价指标"形成修改意见。

2. 开展"一师一优课""一课一名师"活动,其间组织教师进行翻转课堂教学大比武(课堂教学、微课制作、学案制作)。

3. 编印翻转课堂精品教案集锦。

4. 召开翻转课堂教学成果展示交流会,安排优秀教师、优秀班主任做经验介绍。

5. 出版一期校报,专刊报道"宁阳第二实验中学翻转课堂教学改革纪实"。

6. 组织进行宁阳第二实验中学"首届翻转课堂创新教师及最佳学习小组评选"活动。

7. 在初一、初二全面推行翻转课堂(文本＋平板)教学。

8. 与泰山学院附属中学、山东省泰安东岳中学、泰安市实验学校结成联谊学校,实现资源共享。

9. 拟于 2015 年 4 月承办泰安市翻转课堂现场会。

10. 以翻转课堂的探索研究为课题,申报省市级研究课题。

(四)总结推广阶段(2015.9.1—2016.9)

1. 在全校四个年级所有班级推广翻转课堂教学模式。

2. 组织各学科进行翻转课堂同课异构大赛。

3. 总结学校课堂教学成果,形成研究报告、论文。

4. 承办省级翻转课堂现场会,推广改革经验。

四、保障措施

1. 组建推进工作小组,确保工作稳步实施。

组建由学校校长、分管校长、相关中层干部、骨干教师组成的学校"课堂教学改革"推进领导小组,稳步开展推进工作。

2. 完善技术装备,夯实翻转课堂基础条件。

对移动网专线宽带进行升级,由 300 兆升级为 500 兆,确保实验班所有学生同时使用平板电脑时网路顺畅。拟投资 14 万元,为教师购买宏碁平板电脑,为实验班教室安装 1000 兆无线 AP,进行学习区域全覆盖,为实验班级配备平板电脑充电箱,配备两间高标准微课录课室及录播教室。召开家委会、家长会,宣讲翻转课堂的优势,动员学生自愿购买专用定制平板。

3. 加强培训,强化翻转课堂的理念引领与行为自觉。

拟进一步通过专业引领、同伴互助、典型带动、重点推动、课题引领等方式,转变教师的教学观念和实施翻转课堂的能力,提高实施翻转课堂的积极性。

4. 重视学生训练,把握翻转课堂的关键要素。

中国本土化以后的翻转课堂,实质是学习方式的彻底变革,它将 2000 年以来的新课程改革推向深入,因此对学生的学习方式培训是改革成功的关键。我校拟进一步加强对学生的培训,内容包括翻转课堂教学流程培训,学生自学质疑能力培训,小组合作学习培训,平板、云平台使用培训,小组长、课代表培训等等,目的是使教师的教和学生的学实现有机统一,避免"两张皮"现象!

5. 调整课程安排,保障翻转课堂的有效实施。

拟进一步科学规划各年级课程表,按 AB 课堂要求进行重新调整,把前一天下午及晚上的自习作为 A 课分配给语、数、英、理、化等学科,与第二天的正课(B 课)相对应。

6. 开发整合课程资源,拓宽"翻转课堂"资源支持。

为落实我校"三高"育人理念,坚持技术为"我"所用的信念,着力培养学生的综合素质,我校已开发出从网上选取并编辑了的九门视频类课程作为校本课程。这种校本课程开设方式,既把名家引入了课堂,提高了授课质量,又打破了时间、空间(场所)和学生人数的限制,操作简便易行,可以说是对传统校本课程授课方式的一种变革和创新,深受师生喜爱。拟进一步开发系列校本课程,拓宽课程资源,提升学生综合素质。

阿里巴巴创始人马云曾说:"很多人输就输在,对于新兴事物,第一看不见,第二看不起,第三看不懂,第四来不及。"在实践中我们真切地感受到,教育信息化是大势所趋,教育信息技术绝不仅仅是一种手段的变革,必将给教育带来革命性的影响。对于教育信息化,我们要看得见,看得起,看得懂,赶得上。

云校园建设方案

一、建设背景

教育信息化是衡量一个国家和地区教育发展水平的重要标志,实现教育现代化、创新教学模式、提高教育质量,迫切需要大力推进教育信息化。为贯彻落实教育部发布的《教育信息化十年发展规划(2011—2020 年)》总体部署,国务院在京举行全国教育信息化工作电视电话会议。会议特别强调新形式下,加快教育信息化建设的重要性与紧迫性,在"十二五"期间重点做好"三通两平台"建设。《教育信息化"十三五"规划》分析了当前教育信息化发展现状与形势并确定了信息化发展的方向:

1. 到 2020 年,基本建成"人人皆学、处处能学、时时可学"、与国家教育现代化发展目标相适应的教育信息化体系;基本实现教育信息化对学生全面发展的促进作用、对深化教育领域综合改革的支撑作用和对教育创新发展、均衡发展、优质发展的提升作用;基本形成具有国际先进水平、信息技术与教育融合创新发展的中国特色教育信息化发展路子。

2. 实现各级各类学校宽带网络全覆盖与网络教学环境全覆盖,优质数字教育资源服务基本满足信息化教学需求和个性化学习需求,网络学习空间应用普及。

3. 信息技术在教学、管理中为广大师生、管理者深度应用,信息技术与教育教学融合进一步深入,教师信息化教学能力、学生信息素养显著提升,形成一批有针对性的信息化教学、管理创新模式。发展在线教育与远程教育,推动各类优质教育资源开放共享,向全社会提供服务。

4. 教育领域网络安全意识显著增强,制度体系进一步健全,标准规范逐步完善,防护水平明显提升,形成与教育改革发展相适应的网络安全体系,教育信息化健康发展的局面得以保障。

泰安市"智慧教育云平台"是一个综合性、个性化的智慧教育平台,它基于教育信息化理念,通过教育云平台,解决资源共享、数字化互动教学、数字化校园等应用问题,真正实现了班班通、人人通;在教育地区发展不平衡问题上取得了突破。云平台的建设和启用,标志着全市教育信息化战略进入了实战阶段。泰安云平台覆盖全市教育系统,提供学生、家长、老师全面的教育信息化服务。目前大多数学校信息化建设以局部应用为主,没有形成顶层设计和整体规划,没有实现基础数据的共建共享,没有实现教育资源全领域、教育管理全流程的智能化,导致在教育信息化建设上出现整体架构不显著、整体效果不明显的问题,所以顶层设计和整体规划就显得尤为重要。宁阳第二实验中学结合泰安市"智慧教育云平台",在山东永恒电子科技有限公司的技术支持下,完善顶层设计、整体规划,打造全面信息化的现代学校。

二、建设目标

我校按照教育信息化目标框架的四个方面,结合泰安市"智慧教育云平台",制定学校教育信息化规划的整体目标:学校将构建信息环境下统一的教育绩效体系,创设信息环境下统一的教育服务机制,规范统一的教育信息资源;开发统一的教育应用系统,从而为学生、教师、管理者和家长提供统一的教育信息服务。本目标根据教育信息化目标框架从"绩效目标"到"总体目标"进行分层界定。

(一)满足学生发展需求

自主管理、自主学习

通过泰安智慧教学平台系统的运用,推进学校教师团队建设和教学模式创新,引领新型课程的全面实施,改革教学内容、方法和手段,促进优质教学资源的开发和利用,健全课程实施的管理制度和保障机制,促进教育教学质量的全面提高,从而达到因材施教、个性化教学的目的。

构建课程教学为中心,为日常教学过程中的备课、预习、授课、作业、复习、答疑、辅导等活动提供信息化支撑的平台,为学生提供与课堂教学进程同步的网络课程教学服务,同时也为学生自主学习、交流研讨、师生互动、学习成果交流、学习记录和评价提供完善的功能支持。

实现学习工具、内容产品、应用的个性化推送和订阅,支持个性化和自主学习,支持个人和群体的分析、对比,形成统计报表。

(二)满足教师发展需求

信息化人才培养,促进智慧教育全面应用

　　智慧教育的推动与建设必须依赖各方面的人才,包括应用的人才,技术开发和运营方面的人才,但现阶段大部分的工作是由信息化授课教师们单方面推进的。智慧教育发展过程中,希望把公司纳入到这个常态化的体制内,从而进行常态化的运作。在选择供应商时,最好能选择同一家企业,这样就比较方便地进行统一管理、统一规划。此外,在智慧教育的建设中,我们与山东永恒电子科技有限公司进行校企合作,建立智慧教育的核心团队,力争把各学校的信息化授课教师培养成信息化平台使用和推动的领军人。

　　信息化人才是智慧教育向前航行的"舵手",而信息化人才的培养离不开一套完善的人才培养机制。

　　对于学校信息化授课教师,其有专业的信息化理论知识,能熟练使用信息化管理平台,其应当作为信息化平台使用道路上的开拓者、领头羊,而不能仅仅作为一个网管来培养。

　　此外,我们应当在计算机学科内,对所有教育一线的工作者,定期开展跨领域信息素养提升的培训,让所有教师的信息化授课素养得以提高。

　　给予信息化平台建设足够的重视,应当在合适场合,给予信息化建设好的评价、好的宣传、好的管理。领导层还应做好部门与部门之间数据如何协调的工作,解决数据融合时遇到的困难。

　　培训及教师专业发展问题

　　教师的学是为了更好地教,借助网络技术、多媒体技术及通信工具可以更好地提高教学质量,改善学习环境,而这些新生的事物,很多教师以前未接触过,所以对教师进行培训尤为重要。教师不仅要学会用这些技术去学习,更重要的是在以后的教学中使用信息技术,开展形式多样的教学,将知识传授给学生。注重提高教师使用计算机的实际操作水平,培养教师自己设计制作课件的能力及网上操作能力。在校园网建设中形成一支能使校园网充分发挥使用效益的队伍,保证校园网建成后,就能投入使用。

　　(三)满足家庭教育需求

　　建立家校互动平台,提高学校教育信息化建设水平,从而提高教学管理效率,促进教育资源共享,促进教育管理方式和教学方式转变,促进教育均衡发展,为家校互动提供交流平台,为学生提供更多的学习途径和学习资源。通过技术革新推动教育方式的转变,有利于当地教育水平的提高和教育事业的发展。

学校对于信息化平台建设的认识应当转变,应当从信息化平台的建设转换到信息化应用上来,根据从这些平台里取得的信息化的应用数据去评价、去改进教育质量的考核,让学校提高教学质量、教师提高教学水平。家长通过数据进行家校互动,实现教育的公益化推广,更好地推动家校互动。

(四)满足教育管理需求

实现泛在数据采集,推动教育评价的数据化

如今,大量的学习数据分布在教学生活的点点滴滴中。对于学生来说,学生的知识结构、学习风格、学习历史、绩效成绩和兴趣爱好等各方面的数据就不仅仅来自课堂,还来自日常的生活中。如果能对这些泛在数据进行采集,形成数据化评价,将为教育过程提供更好的指导。

评价不仅能促进学生的发展,又能促进教师自身的专业发展。对于学生而言,评价可以督促学生复习、巩固已学知识,对所学知识进行重新组织或再加工,提高已有知识经验的可分辨性、可利用性、清晰性。对于教师而言,评价可以帮助教师发现问题,不断改进教育教学工作,促进教师在专业上不断成长与进步。

评价作为一种反馈,它能够帮助教师发现教育教学过程中所存在的各种缺陷与问题,能够帮助教师弄清、查明影响教育效果的各种因素,从而为教师适当处置学生、改进自己的教育教学工作提供依据。因此,良好的教育评价能为学校或教师的决策提供诊断性的咨询服务。

提高教育信息化的整体效益

在过去几年中,学校在教育信息化工作中投入巨大,也取得了一定的成绩,但是如何使教育信息化真正解决教学问题,提高效率一直是一个问题。

如何让教育信息化效益显性化,将是学校教育信息化建设过程中探索的新课题。结合学校目前的教育信息化现状,学校将就教育信息化效益问题进行以下两个方面的尝试。

一是开展有关效益问题的重点课题研究,成立由领导、教育专家、技术公司等组成的综合团队,对学校的教育效益考核体系的建立进行重点的研究。

二是在系统设计和推广的同时建立相应的绩效考核机制,通过对绩效数据的分析来观测教育信息化的效益。

提高教育信息化决策支持能力

信息系统发展的最高阶段就是为管理决策提供有力的支持。学校教育信息系统的 建设,将从"决策支持系统"的角度进行系统的设计和规划,从而实现教育信息系统建设的跨越式发展。

决策支持系统的建设是一个长期的复杂的系统化工程,它涉及数据采集、业务建模、信息分析等一系列难点。学校将采用"自上向下规划,自下向上建设"的思路进行整体规划、分步实施。

在数据采集方面,学校将建立以"绩效分析"为核心的教育信息化数据采集标准,建立学校、教师、学生、资源等的标准数据库。

在业务建模方面,学校将从信息化的角度对现有的业务流程进行梳理,并建立相应的信息化操作规范和信息化服务规范,从系统和业务上一起入手,提高工作效率。

在信息分析方面,学校将通过信息数据的共享机制,统一报表服务机制,实现多渠道信息的集中分析,为正确的决策提供相应的数据。

三、教学平台的优势及特点

(一)为学生提供更加开放、便捷的学习环境,构造智慧教与学服务平台

泰安市"智慧教育云平台"为大规模智慧学习平台,旨在面向所有学习者提供个性化教育服务,是学校教育信息化体系的效果的集中展现,是面向学习者的一站式服务平台,它包括面向学习者的各种工具、多种模式的智慧课堂、资源中心和数据中心、各类教育应用与资源超市等,从而以对学习者最为便利的形态呈现,服务于各学段、各类需求的学习者。

它具备以下特点:

1. 坚持开放共享,构建优质教育资源建设新生态

从学生、教师、教育管理者和企事业单位的实际需求出发,开发、引进优质而丰富的教育资源,形成优质教育资源政府、企业、学校、个人等多渠道生产、供应生态,出台知识产权保障与资源有偿使用的相关机制,推动各参与主体通过平台进行资源交易。

全面、充分兼容共享学校在教育信息化工作中的优秀成果,覆盖学前、基

础。教育领域,构建学校各学段优质教育资源目录和交换中心,推进优质教育资源的开发、积累、融合、共享和服务,建立教育优质资源共建共享机制,推动各类资源共享应用,提高资源利用有效性,构建智慧教与学生态环境。

2. 变革教与学的手段和模式,与信息技术深度融合

以教材数字化、教育资源网络化、教学手段多样化、知识内容网格化、学习方式自主化、教学活动协作化、学习过程数字化、学业成果诊断化、学情分析智能化、信息管理自动化构建网络学习新模式,打造互动课堂、探究课堂、合作课堂、自主课堂、翻转课堂、网络互动教学课堂……为学校开展数字化教学环境建设和学习方式变革实验提供方向引领、内容支撑、成果展示、经验交流的大舞台。

3. 资源、师资和联盟共享,实现优质教育资源均衡化

"让所有孩子获得公平及高质量的教育"已经成为学校义务教育发展的核心目标之一。学校智慧教与学服务平台将通过开放名校校本课程网络资源的方式,实现"名师共享"、联盟资源和应用共享,使之成为实现优质教育资源均衡化的良方之一。

(二)数据的采集与学生综合素质的评价

学生成长是教育的根本,学生成长的评价,更是教育部门不同层面关注的重点工作。教育评价作为教育科学研究三大课题之一,对教育活动具有直接导向、激励和改进作用。在新一轮课程改革中,最关键的是教育的测量与评价体系的构建打破过去一元化的测评体系,形成广角多元的评价体系。学校要求通过信息技术和学生成长过程相结合,打造科学、有效、实时的综合评价平台,促进学校教育事业向更科学、更优质的方向发展。这一评价体系客观记录中学生素质全面发展情况和个性特长的突出表现,内容包括学生思想品德、学业水平、身心健康、艺术素养、社会实践五个方面。

学生综合素质评价的建设采用"标准先行、需求导向、分步实施、服务发展"的建设思路。

1. 标准先行

在充分参照国家有关数据标准规范的基础上,结合学校教育评价的实际情况,先行制定学校综合素质评价标准规范体系,包括技术标准和业务规范,并在

各相关系统的接入过程中试行和持续完善，最终希望能够成为地方或行业标准。

2. 需求导向

学生综合素质评价涉及的业务数据类型非常广泛,接入的业务系统也非常多,系统接入和数据整理工作巨大。评价系统不能是仅仅简单地为了汇集数据而汇集数据,而应该使综合评价系统中的各类数据为实际业务工作和学生提供实质性帮助。可以从目前实际业务应用中面临的最迫切的数据问题出发,聚焦相关系统的接入和数据整理,做深做透,从而快速体现实际效果。

3. 分步实施

学生综合素质评价系统的建设是一项长期和持续的系统化工程,通过细化明确建设步骤,通过分阶段制定有限目标,保障数据中心建设的成效。

4. 服务发展

学生综合素质评价作为学校信息化整体规划中一个至关重要的基础平台,其作用不仅仅局限在教育主管部门内部管理方面,还可以在教学教研、学生发展等方面提供基础支撑,从而服务学校教育的模式创新和转型发展。

学生综合素质评价的建设具备以下特点:

1. 推动教育均衡化、公平化、优质化

通过信息技术和学生成长评价结合,打造学生成长综合素质评价系统平台,在学生学籍管理和系统管理平台基础上,实现学生成绩、学业负担、学生兴趣、师生关系和学生体质评价管理。

借助信息技术,可以发挥优质教育资源最大的社会效益,从而为实现区域内、区域间义务教育的均衡发展提供广阔平台。信息技术方便快捷、便于资源共享,成本较低,恰好适应了社会经济发展不充分情况下缩小城乡教育差距的需求,因此,有效利用信息技术促进城乡教育,必将成为实现我国城乡教育一体化均衡发展与推进和谐社会构建的最佳途径。

2. 教育信息化更高效可扩展、更安全

以教育内涵发展为主的基础教育发展模式已经成为我们国家区域基础教育发展的重要特征,这也是实现教育现代化的必然要求。整个系统采用灵活的可变指标配置管理功能,结合问卷调查等多种可扩展评价,保证原始数据的可追溯性,实现评价功能的分级控制。确保有完善的授权管理功能,分级分权导入、导出数据功能和分级查询分析统计功能,从而把握区域基础教育的本质属性,采取科学的方法,系统全面推动区域基础教育朝着正确的方向发展。

3.统一采集管理和分析主数据,为教育科学决策提供支撑

21世纪的学习模式要求我们采用新的、更好的方式来测量真正重要的内容,在还有时间改善学生学习的时候找出他们在学习过程中的优势和不足,并让更多的相关人员参与到设计、实施和使用评价的过程中来。在所有活动中,技术化的评价能够为有效的决策提供相关的数据,这些决策的出发点在于考虑对于每一个学生来说最好的学习是什么样的,以及如何持续改善我们的整个教育系统。在采用合适的评估方式来评价全面反映标准中对应的知识和技能时,我们可以收集学生的学习数据来持续改善学习结果和生产力。

我们必须为教育系统中的各级教育工作者和领导提供各种支持,包括工具和培训在内,帮助他们管理评价过程、分析数据,为区域教育科学决策提供有力的支撑。

(三)教师的职能转变和能力提升

传统教学过程中,教师的教学研究、教学实践等活动都是零星的、自发的、分散的。利用教育云平台有助于集思广益,提升教师教学能力,丰富教学手段。教师可以在教育云平台上发起网络教研活动,建立网络教研主题,其他教师可以根据自己的兴趣或所授课程选择教研主题,利用信息技术、远程视频技术参与网络教研活动,针对课题研究、学术研讨、课程设计、教材开发等教育教学过程中遇到的问题进行交流探讨,共享资源,发表见解,碰撞出先进的教育教学理念,并且整个过程都会被完整地记录下来,有利于教研成果的沉淀保留,并供其他教师查看参考,提升教师的教学能力和业务水平,提高教育教学质量。

(四)转变职能部门领导的理念,从管理到服务

1.推动学校管理信息系统的建设与应用,建设全面覆盖的教育管理信息系统和教育管理公共服务平台。

通过分类指导、示范引领,加快学校管理信息化进程,推动基础教育学校基于云服务的信息化管理。建立学校管理信息系统开源软件库,建立智慧型校园生活服务信息化平台,对学校与教学、科研、管理和生活服务有关的所有信息资

源进行全面的整合、互联与集成,基于深度的数据挖掘与分析,促进学校管理标准化、科学化,提高学校服务师生的能力与管理决策水平。实现学校信息化管理与市级、区级系统有机衔接。建立全市教育管理基础数据库和信息系统,建设全校教育管理服务平台,为学校和教育行政部门提供教育管理基础数据和管理决策平台,为公众提供公共教育信息。

2. 推进学校教育大数据建设应用,促进教育决策科学化、公共服务系统化、学校管理规范化。

通过建设学校教育资源公共服务平台,实现优质教育资源共建共享,开展网络教研、远程互动和在线学习等应用活动。采集数字教育资源,收集教育服务平台上学习者的行为数据和学习爱好数据,提高教育资源的共享和利用率,建立基于大数据支撑的优质教育资源开发、积累、融合、共享的服务机制,为全体学习者提供个性化选择与推送相结合的终身学习在线服务模式。

大数据建设的实施路线,在云平台、大数据、移动应用、互动教学、学习分析、管理、教学、资源、评价、家校互动应用领域进行数据采集;多应用域、多渠道的数据采集、存储、转换、分析、挖掘和反馈,可提供给教师、家长、管理者、社区及生态伙伴多样化的公共应用服务,为教育主管部门决策提供数据支撑。

翻转课堂实施方案

一、项目背景

"十二五"期间的教育规划指导文件《国家中长期教育改革和发展规划纲要（2010—2020年）》中明确指出："把提高质量作为重点，以服务为宗旨，以就业为导向，推进教育教学改革。""加快学校管理信息化进程，促进学校管理标准化、规范化。""加强优质教育资源开发与应用。""鼓励学生利用信息手段主动学习、自主学习。""推进数字化校园建设。""超前部署教育信息网络。""充分利用优质资源和先进技术，创新运行机制和管理模式，整合现有资源，构建先进、高效、实用的数字化教育基础设施。"将教学资源共建共享建设作为基础教育信息化的重中之重来抓，并实现"促进教育均衡发展"和"提高教育质量"的最终目的。

在泰安市教育信息化的政策背景下，智慧教学平台的建设水平体现了学校教育信息化的程度，也反映了决策者对现代教育发展趋势高瞻远瞩的水平，更是衡量学校办学能力和教学科研水平的重要标准之一。智慧教学平台规划的要点是以物联网、云计算、海量数据存储与交换为技术支撑，打造一体化的智慧校园教学平台。实现利用先进网络和信息技术，整合资源，构建先进、高效、实用的教育信息基础设施的要求，结合学校实际情况，开展智慧教学平台建设。实现学校信息化跨越式发展，充分提升学校的管理和服务能力。

二、项目目标

1. 教学模式的创新

教育信息化应注重学习方式的拓展。在利用现代信息化技术体现集体学习文化形态的网络学习社区里，一群拥有相近的信念、价值与生活态度的人，运用网络进行讨论、沟通、互动，分享和交流观念、知识、经验、信息和策略，呈现集体的探究活动，扩展集体的知识和能力。

教学模式的创新，要实现三个层次的变革：

学习关系的变革。不是老师教学生，是学生教学生，学生自己学，甚至学生教老师，这是关系的变革。由原先被动地学习，变革为主动地学习、随时随地地学习。

学习环境的变革。课堂教学的方式变了以后,会牵涉教学组织、教学方式、教学场景的改变。在信息化的环境下,提供给学生与教师丰富的教学资源、多样的教育与学习方式。

评价模式的变革。教育教学评价模式应服务于教育教学。只有教学方式、方法有了根本变革,教育教学的评价模式才能发生根本的转变,加强评价的诊断性和教师对学生学习过程和方法的指导。

2. 加强学生个性化发展

教学的改革要适应两个发展要求,一个是信息化,一个是国际化。继续推广和普及完善信息技术教育,开展多种方式的信息技术应用活动,帮助所有学生运用信息技术提出问题、分析问题和解决问题,开展交流合作,最重要的目的是帮助学生学会在信息化环境下自主学习,培养学生利用信息技术进行自主学习的良好习惯,发展学生的兴趣和特长,最终来提高学习质量。数字化教与学平台可提供自由的学习环境,建立个性化教学的模式。

因此,智慧教室解决方案注重培养学生信息化环境下的信息能力。通过自由的教学环境的打造、个性化教学模式的建立及学生信息化素质的加强,努力实现培养 21 世纪创新型人才的宏伟目标。

3. 提升课堂教学质量

课堂教学是教学过程中的核心环节,也是智慧课堂推进的基础生态环境。利用云端技术建设智能化教学的环境,提供优质教育资源和软件工具,软件工具包括各个学科的工具平台,利用信息技术开展启发式、探究式、讨论式、参与式教学,这和素质教育是密不可分的。

课程教学鼓励发展性评价、过程性评价。在发展中对教育、教学的促进作用,来建立教学新模式。并且倡导网络校际学习,提高信息化教学水平。同时提出要开设高中网络选修课,还有供特殊教育残障学生学习的信息化终端设备和优质的教育资源。同时在教师教研方面也提出来要逐步普及专门引领的网络教研,来提高教师网络学习的针对性和有效性,促进教师的专业发展。这是基础教育信息化第二个重点发展方向。

4. 建立优质教育资源环境

智慧教学平台基本建成人人可享有优质教育资源的信息化环境,一是数字资源本身的建设,要使各级各类教育的资源日渐丰富,并且得到广泛共享。二是建立优质教育资源的共建共享的体制机制和公共服务平台。智慧教学平台将建设数字化学习资源库,探索解决课堂教学中记录下的问题。

5. 提高教育整体信息化水平

智慧教学解决方案充分发挥现代技术独特的优势,使信息化环境下学生自主学习的能力明显增强,并且教学方式与教育模式创新不断深入,信息化对教育变革的促进作用充分显现。

教育信息化还有很重要的一点是面向社会服务。社会服务体系要基本建成,充分发挥政府、学校和社会企业的力量,面向全社会不同群体的学习需求,建设便捷灵活和个性化的学习环境,使终身学习和学习型社会的信息化支撑服务体系基本形成。

三、项目结构

智慧学习平板是在传统教室的基础上,考虑信息技术与学科应用的深度整合、结合学校"一对一数字化学习"需求、切合教育装备面向未来教学的要求的功能性教室。智慧学习平板通过先进的信息技术,将硬件设备和数字化教与学软件应用进行有机整合,构建智慧学习生态环境,充分发挥信息技术和学科教学深度整合的优势,既可以满足日常教学的需求,又方便各科教师在信息化条件下组织学生开展自主、交互、合作式学习,开展灵活高效的分层教学及课内外移动教学;支持教师通过网络信息化技术手段,展开一对一、一对多的师生、生生互动,优化与补充传统课堂教学方式,突破传统课堂时间与空间的限制,实现无处不在的学习。

因此,智慧学习平板可以满足多学科日常教学的需求,通过软件与硬件有机组合形成数字化教学生态环境,支持多学科教师展开常态化教学。整体生态环境轻量且易用,满足多学科教师结合不同课型开展课内外自主、互动、探究性学习以及个性化学习研究的需要;智慧学习平板的组成是开放性的,随着学校应用研究的深入,可以与学校资源库、试题库、教学教研系统等结合,实现科学实践研究、实践与成果展示。

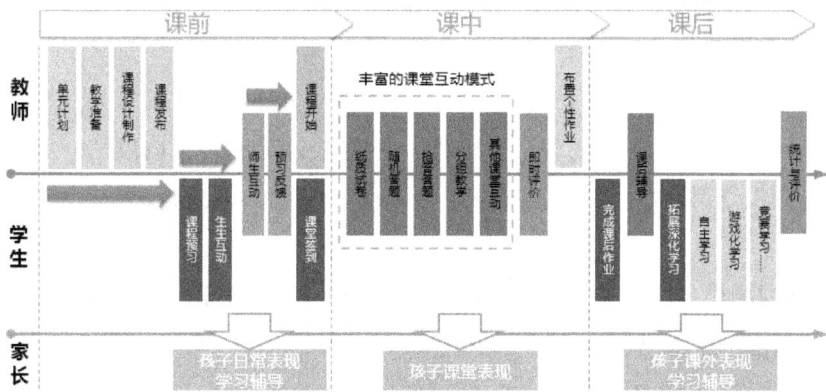

　　另外,智慧学习平板安装了泰安市智慧教育云平台。以学生智慧卡为载体,利用传感与物联网技术,依托教育基础数据管理系统可以建立学生证系统,实现身份认证电子化;还可建立以智慧学习平板为媒介的、面向校园师生的综合性服务平台,实现学生定位、消费、班车、请销假、图书借阅、答题等一卡通;还可解决校内消费、门禁识别、图书借阅、教务管理、车辆进入管理、访客管理、收缴费管理等事宜。

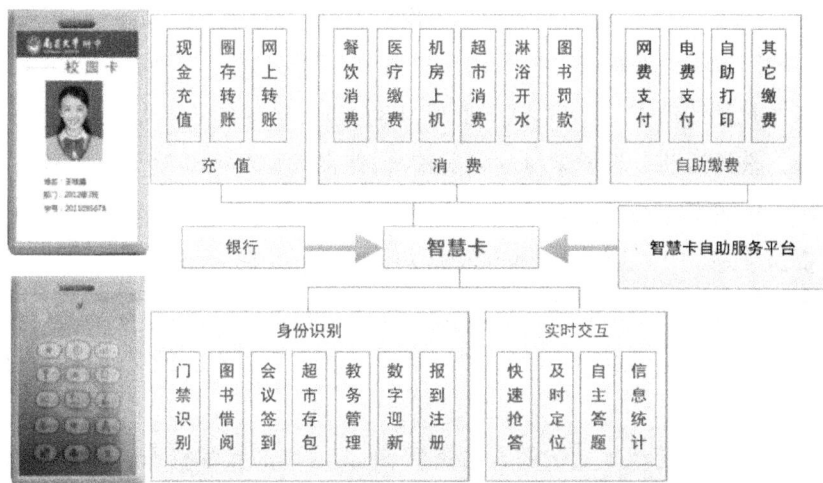

　　智慧卡将作为每个学生的随身数字化伙伴,通过身份认证连接云平台。在智慧一卡通的生态环境下,它与触控一体机有机结合,实现课堂互动行为采集、数据呈现,并通过教与学平台对学生的学习行为数据记录、分析,形成可视化报表。

四、教学互动平台智慧学习平板具体功能

备课管理

依照课前、课中、课后三大教学环节，教师完成课前备课工作，将资源课件、教学活动根据不同场景的教学需要统一组织在一起，初步生成教学方案发布给学生，并根据课前学生的活动进行评价，最终对教学方案进行调整，达到以学定教的目标。

备课资源推送功能：根据教师设定的教材章节与知识点，系统可从资源库中自动推送相关的资源元素，方便教师进行备课工作，还可进行课程的创建。系统能够自动、智能识别用户身份，精确推送到教师所带的学科及年级。教师根据课堂所需进行教材章节的选择、教学目标的制定、课程名称的填写等操作。

系统支持设置该课程包是否共享。系统提供给教师便捷的课程内容组织形式。教学活动形式灵活多样，支持教学活动形式的可扩展，支持教学活动内容根据教师的要求灵活定义。通过富媒体内容的组织与教学活动的穿插，可支持问题式导向的学习模式、小组学习模式、项目导向的学习模式，支撑翻转课堂、空中课堂、微课程学习等多种应用场景。

教学任务发布：一键式的教学任务发布。教师通过点击发布按钮，即可将教学内容按照对应的课程、班级，自动发布到学生学习终端。

多样教学活动支持：多形式的教学活动支持，包括作业、测试、讨论、投票、资料等。教学活动与教学素材的完美整合，使得教师可根据教学场景与进度需要自由组织数字化教学内容。

资源管理

资源中心含有丰富的碎片化资源供教师选择，并按照学科、年级、资源类型等标准进行了分类。点击相应的学科、格式、资源类型按钮，搜索符合条件的资源。

资源中心包括教师上传的素材资源、他人共享的教学资源、教师收藏的资源等内容。

系统要能够支持对资源的编辑、删除操作。

习题管理

练习与测评是巩固与评价学生学习效果的重要手段，也是家长关注的焦

点。题库建设的目标是以题库为基础,集单项练习和模拟练习于一体,为学生的成长和教师的评价提供有力支撑。教学管理建设的目标是建立学生、教师、家长的联系,形成全社会联动,共同管理孩子教育。

需具备以下功能:

1)教师可以使用在备课时预定的试题库题目进行推送,给学生练习,还可以在上课时从试题库中抽取题目给学生推送练习。

2)客观题目在学生将题目提交时应当自动核对,生成结果并给出评价。主观题目应当由教师手动批改并给出评价。

3)提供给师生便捷的公式搜索引擎。

4)提供给教师、学生便捷的工具,快速定位到具体的试题。

5)提供解题思路和具体解答方法。

6)提供全面详细的知识点、微课程体系。

7)支持多种题型、多种梯度。

课堂互动管理

课程发布后,学生可进行课程内容的预习,参与活动,平台提供的教学内容对课前、课中、课后环节进行全覆盖。系统中的课前、课中和课后是对教学过程在时间上的一个分割,不同课程模式在这三个时间上有不同的选择和场景,系统能够根据这些场景安排不同的交互模式供选择,并实际应用。

课前

学生进行学习内容的预习、课前活动的参与。教师进行学生预习情况的查看,家长在此过程中可以对学生进行一定的监督与辅导。

系统要能够支持基于问题的教学模式,课前教师发布自主学习内容,学生进行内容的学习并提出问题,问题提交后,教师端可进行汇总分析,总结课堂讨论的主题。

系统要能够支持的课前活动场景有:

1. 学生使用课程资源;

2. 学生反馈学习问题;

3. 家长辅导;

4. 教师收集反馈信息;

5. 教师使用课程资源。

教师可根据教学大纲初步制定课前预习作业,通过预习作业初步了解学生对课文内容或知识点的理解情况。课前预习阶段,教师可根据教学进度、学生特点,通过平台上的功能设定一系列的预习环节,如在线测试。

课中

课中是整个系统的交互中心,由于教师与学生同处在一个物理空间内,因此除了以往的面对面教学外,系统还要支持以下功能:教师与学生可以通过电子黑板、手机、智慧学习平板等多种设备进行互动和教学成果采集。

系统要能够支持的课中活动场景有:

1. 教师在电子黑板上演示课件资源;

2. 教师使用手机遥控器控制资源的演示方式;

3. 教师使用手机端对学生进行评价;

4. 学生使用智慧学习平板与教师进行互动;

5. 教师使用手机拍照,学生在纸上答题。

PC 端 & 移动端上课

系统能够支持教师使用 PC 端进行课堂教学内容的展示,并可通过手机端进行课程内容的控制、播放等。通过手机端对 PC 端展示进行控制,教师不局限于讲台讲授课程,可以贴近学生,进行互动。

学生课堂互动

系统要能够支持教师对课堂习题测验进行控制,发出答题命令。

答题形式包含抢答、随机、全班答题等模式,教师发出答题命令后,学生可通过智慧学习平板进行答题,平台能够详细记录学生的答案、作答时间等内容,答题完毕后平台提供试题统计,教师点击统计详情可查看该题的作答人次以及答题正确率等内容。

教师可在备课时设置对应的课堂互动环节,系统要能够支持学生通过智慧学习平板进行投票活动。

教师评价

教学平台在整个教学环节中能够将学生的学习行为数据记录下来,并进行统计汇总,呈现给教师、学生、家长。

系统要能够支持教师通过手机端对学生进行即时评价,教师可通过简短的评语、打星完成。

课后

个性化作业就是要帮助教师根据学生的实际学习情况,布置有明确的知识要点、难度区分的作业,让学生以自适应的方式完成作业。学生完成作业的情况需要及时诊断与评价,其结果又需要及时地反馈给学生。同时,为了使学生能够根据各自学习的问题和不足,及时地矫正和巩固,网络平台需要提供丰富的作业资源,可以让学生针对发生错误的作业,选择相关内容、相当难度的作业自我学习、自主完善。

系统要能够支持的课后学习场景如下:

1. 学生可通过 web 端进行作业的完成,作答主观题时支持多种附件的上传,包括语音、图片、文档等。

2. 学生使用复习资源进行复习;

3. 师生通过在线讨论进行互动;

学生可通过 web 端进行课程内容的预习、课前作业的完成,参与课中的测试、课后作业等环节。系统能够采集学生的学习行为数据,并进行汇总记录。教师可查看学生的学情汇总情况,针对学生的知识掌握情况进行查漏补缺、个性化资源推送。学生查看老师发布的预习,同时,系统将预习情况在线反馈给老师,满足学生自主学习和个性化学习的需求。

整节课完成后,教师可根据课前、课中、课后的教学行为情况,进行教学总结反思。

平板购置方案

学生持有学习终端是我们实施翻转课堂的必要前提。由于我们宁阳县的教育经费所限,不可能由政府拨款为学生配备终端,因此我们决定发动家长为自己的孩子购买学习终端。

翻转课堂可供选择的终端形式有台式机、笔记本、平板电脑、手机等。台式机方案是将学生的课桌改成电脑桌,优点是较大的显示器固定、不易损坏,但造价高昂,每间教室都相当于微机室的造价。笔记本比台式机便携,但同样价格较高,且续航较差,电池不能满足一天的上课需要。手机虽然便携、性价比高,但是屏幕太小,长时间使用影响视力。所以我们选择使用平板电脑,屏幕 8—10寸,便携、省电。在平板电脑中,又有 Windows、安卓(Android)、苹果(ios)三种系统,经过比较,我们感觉安装 windows 系统的平板耗电较快,且界面不易触摸操作,苹果的 iPad 电池好,但是系统封闭,软硬件价格均高。经过比较讨论,我们选择了安装软件丰富、性价比高的安卓系统的平板电脑作为学生的学习终端。

平板品牌众多、价格不一,我们发现配置类似的平板,不同品牌差价很大,国产不知名品牌的价格能低至 499 元,而三星高达 2499 元。但是低价的平板一般电池很不耐用,而且容易死机,所以我们向家长推荐的是中端性价比高的品牌:联想、宏□、华硕等。

确定好终端,说服家长购买是个不容易的事情。我们发了致家长的一封信,提前普及了翻转课堂的知识,以及购买平板电脑的必要性和安卓系统的优点。召开家长会,先由校领导介绍目前的教育形势和实施翻转课堂的优点,以及对学生的素质提升的帮助等等,然后又让家长们提出自己的疑惑,学校领导一一做了耐心的讲解和回答,会后让家长在意见书上表态,99%的家长都写下了"同意"二字。对于不购买平板的家长,学校也保证老师在课堂上有相应的教学方式。后来与厂商协作,帮助家庭困难的学生以低价购买,甚至捐赠的方式获得平板。

经过我们的努力和家长的理解与配合,目前我校学生已经 100%地拥有了平板电脑,为我校的翻转课堂打下了良好的基础。

二实验云的开发与使用

我们实施翻转课堂主要依托于我们泰安市教育局主导开发的"泰安教育云平台",具体使用请参考前面章节。但是在使用过程中我们发现学生下载云平台上的微课等资源的时候速度较慢,在优化网络硬件设施之后仍然速度不够理想,这是因为我们班额较大,而且全校2000台左右平板加上教师电脑同时上网很容易造成网络出口阻塞。

为此我们不断寻找解决方案,后来觉得局域网方案比较可行。在我们学校中心机房配一台服务器电脑,老师们将自己的微课上传到服务器上面,这样学生直接通过学校内部的局域网下载微课资源,速度就比较理想了。

但是软件开发商要价较高,而且不能在短时间内完全按照我们的要求开发。我校一部分老师决定自己动手,用 DIY 精神解决。他们自学了 php 语言构建了服务器的 WWW,让老师们在办公室里可以轻松地通过浏览器把微课传到服务器上。然后他们又自学了 java 语言和 Android 开发,设计了平板的客户端,让学生在平板电脑上可以自由地下载各个年级和学科的我校教师上传的微课资源。开发时间正好在暑假期间,没有耽误学生学习,而老师们却是无偿加班,为学校奉献。

我们把这个系统称为"宁阳第二实验中学云",简称为"二实验云"。

投入使用后,速度理想,效果良好。目前,我们还在持续升级,刚刚增加了作业上传功能,学生可以把自己的思维导图等拍照上传到服务器,老师将其批量下载,建立学生的电子作业档案。

充电柜的设计与使用

每个班有 60 多台平板,充电是个大问题。虽然走读生班可以拿回家去充,但是在课堂中没电的情况也会发生,所以必须为每个班级配备充电柜。

经过咨询,每台的市场价格竟然都在 5000 元以上。对于我们这所教育经费有限的农村中学来说给每个教室都配备是个难题。我们的后勤老师发现充电柜的原理其实比较简单,他们决定用文件柜改造,最后每个充电柜的成本不到500 元。

第六辑

成果展示
CHENGGUO ZHANSHI

陆

浅谈"翻转课堂"在初中语文教学中的应用

王 宁

通过近两年对翻转课堂的学习,我对翻转课堂有了初步的认识,并采用到自己的教学实践中,提高了自己的语文课堂教学效果。我认为,翻转课堂不是"推翻",重在"转",转为新形势下的课堂观、教师观和学生观。

一、翻转课堂采取的有效方法

1. 翻转课堂的课前部分是学生自学的过程

精心设计,自主学习,培养独立思考的能力,让学习成为学生自主的需要。翻转课堂的第一步就是精心设计"课前自主学习任务单",将语文教材中的教学重点、难点及其他知识点转化为问题,以任务驱动、问题导向的方式指导学生自学。根据本学期七年级语文教材的情况,我们制订了计划并进行分工。先进行"课前自主学习任务单"的设计,让学生在课前借助配套学习资源,自主学习,独立思考,独立完成任务单中的任务。在学习的过程中,学生独立思考,独立完成作业,为课堂学习、交流打好基础。

2. 精心设计视频,对预习环节进行优化

翻转课堂作为一种新的教学模式,其中所用到的教学方式有微视频教学法,这对于促进教学非常有利。利用老师所制作的微视频练习题,引导学生自主观看,并在课前进行有针对性的预习。老师精心设计的教学视频,能够有效激发他们的学习兴趣;同时,学生还可针对个人的具体情况,对学习步调以及节奏等优化调整,从而使原本非常枯燥、乏味的预习变得有滋有味。

3. 翻转课堂的课堂部分是学生合作学习的过程

学生在课前做了比较充分的预习,课堂上老师具体怎样操作呢?首先,对学生完成任务的情况进行归纳、整理、分析,了解学生自主学习中存在的问题。其次,课堂上,师生共同对学习中存在的问题进行探讨、商榷、研究,包括答疑解惑、知识的运用等,让学生达成学习目标。翻转课堂的学习方式中,自主学习汇报采用的比较多——教师根据课前对学生学习状态的分析,选择相关学习小组(6人一个小组)交流,然后派代表进行课堂交流发言。学生在汇报过程中,教师引导学生深入理解课文,抛出学习中的问题,师生共同商榷探讨。做到学生主体与教师指导的和谐共生。

二、翻转课堂带来的变化

1. 学生的变化。有了"课前自主学习任务单",学生的预习任务更明确了。利用教学视频,学生能根据自身情况来安排和控制自己的学习。学生观看视频的节奏快慢全在自己掌握,懂了的快进跳过,没懂的倒退反复观看,也可停下来仔细思考或做笔记,他们能按自己的步骤学习。小组学习不再停留在形式上,在组长的组织下,人人交流,人人评价,积极性提高,真正体现自主性。

2. 教师职能转变。翻转课堂本质上是"教"学生如何学以及由此而形成学习能力的一种教学方式的变更。需要教师从传统课堂中的知识传授者变成学习的促进者和指导者。翻转课堂,教师不再需要去演完剧本——教案,教师的角色已经从内容的呈现者转变为学习的教练,有时间与学生交谈,回答学生的问题,参与到学习小组,对每个学生的学习进行个别指导。

3. 家长的变化。翻转课堂教育理念,还应当延伸到家庭,让家长正确认知该种新型的教育方式,营造良好的学习氛围;让家长与学生一起观看微视频,从而更好地了解学生、配合教学。比如,《背影》翻转课堂教学过程中,可请家长、学生一起通过网络观看《背影》,欣赏改编自本文的黄磊的歌曲《背影》,然后共同品读课文、交流感受。让学生能够感受到父母对自己的关心;同时,父母也应当意识到,自己是孩子善良、纯真心灵中应有的快乐音符,时时陪伴孩子转过每一个弯、迈过每一个坎,让他们面带微笑地期盼和度过每一天。通过翻转课堂,让家长与学生共同学习,不仅可以有效增进家长与学生之间的心灵交流,而且还可以有效提高学生的学习水平,可谓一举两得。

总而言之,翻转课堂在初中语文教学过程中的应用,并不是简单地套用模式,而是要结合语文学科的特点,探寻语文翻转课堂的教学方法,这样才能体现该种教学模式的价值,才能提高初中语文的教学效率。

整合信息化手段，促进初中作文教学

谢志强

当今社会，随着信息技术的迅猛发展，互联网＋为教育注入了新的活力。信息技术同样给作文教学注入了新内涵，使作文教学有了更加广阔的发展空间。把信息技术与作文教学有效地结合起来，通过信息技术激发学生兴趣，调动学生的表达欲望，拓宽学生的思维、外化文本的意蕴与内涵，是现代教育技术对传统语文教学的优化，也是语文教学活力得以生成的必要条件。下面就信息技术与作文教学的有效整合谈谈自己的一些理解。

一、创情境，激兴趣

"知之者不如好之者，好之者不如乐之者"。没有兴趣就没有写作的欲望。学生由于受阅历、年龄的限制，总感觉没有东西可写。运用信息化手段创设情景，可以激发他们的写作欲望。教学时，教师根据作文要求运用信息技术，可把平时不能看到的内容呈现在学生面前，以生动的图、文、声、像拨动孩子们的心弦，激发学生的作文兴趣。例如在写有关动物的作文时，可选形态、动作、睡觉等等不同的画面，反复播放。通过听觉、视觉等多种感官的参与，学生在轻松愉快的氛围中，按作文的要求，边体会老师的指导，边组织自己的文章，在观察中轻松地完成作文。

二、拓题材，强需求

每个学生内心的需求都是强烈的，力量是巨大的。如何唤醒每一个学生的内心需求，信息技术就是一种最佳的辅助手段，其开放性、多样性、交互式为唤醒学生的需求带来更多的可能性。

1. 找话题。要创造机会，多提话题，让学生来展示自己，学会表达，让其想说想讲，片言只语都没关系。如放学回家时，可让学生拍摄路上的风景在家时拍摄有趣的视频或照片，并上传到学校云平台，在学校利用作文课，让同学们对照资料，聊聊天，只要说出了自己的想法，就应当给予鼓励。也可以用多媒体一体机，创造出多样平台，如论坛、辩论会，针对一个话题，大胆说出来，更重要的是尝试把话写出来，比比谁写得更充分、更得体，解释得更清楚。

2. 多交际。利用信息技术的交互性,让学生利用微信、QQ 等多互动,多交流,话题多元,立场不限,可以给长辈留言,给保安讲在校门口发生的一件事,在双亲节日里给父母发短信等等,只要肯交流,敢说出来,教师就要及时给予肯定,唤醒自信,激起需求,有了需求就会表达,交互既是平台,也是方式,让更多的学生找到自己,学会表达。

3. 多鼓励。鼓励是自信的前提,评改习作时,即时展示每一个同学的每一个句子,老师用荧光笔轻轻写上的赞许的话,就是一股清泉,涓涓流进学生的心田,评价的即时性让表扬的现场感更强,鼓励的力量更大。

三、创微格,强训练

运用信息技术进行作文教学,拓展学生的思维空间。

现代教育技术具有延伸功能,它可以使作文课堂教学不受时间、空间、宏观、微观的限制。教师通过画面展示、切换、组合,甚至把某个生活视频画面变成慢镜头,或分解成系列图片等创造微格的手段,指导学生进行观察,帮助他们弄清人物与人物、事件与事件、人物与事件之间的关系,弄清局部与局部、局部与整体之间的关系。引导学生进行符合情理的想象和联想,使他们由静向动,由内向外,由人物的外貌、神情、动作想到人物的内心世界,由眼前想到过去、想到将来,由此事物想到彼事物。拓展学生的思维空间,引起学生的兴趣,增强学生的想象力,学生从而在大量的资料面前及逼真的情境面前,有话可说。进一步启迪学生创新思维,使思维活跃。观察、思维、联想互为作用,相互激发,产生共鸣,使学生发表出自己的建议和想象的内容。

四、强沟通,练表达

随着泰安教育云平台、二实验云、网梯平台、微信、QQ、校讯通的开通,学生与学生、学生与教师之间交流的方式与途径也日趋广泛,网络作文应运而生。利用 QQ 说说,QQ 空间日志、个人博客、微信自由表达时,环境、心理较为宽松,表达的内容也很自由,学生完全可以根据自己的意愿、情感进行习作,发挥具有自我特色的创意,自由抒发。

五、用网络,积素材

利用信息技术帮助学生收集写作素材,蓄积写作灵感。

创作来源于生活,作文需要积累大量的素材。身边的人、做过的事、接触的物,对于学生来说,虽然都很熟悉,但是真正落到纸上却往往无话可写。对素材的收集,教师讲授得并不少,但学生平时真正注意的却不多。学生平时闲聊讲起来头头是道,写起来却空洞乏味。究其原因,还是平时积累太少。学生每天面对的是"学校——家庭"两点一线的生活,写作素材的匮乏是学生写作水平难以提高的一个重要原因。除了加强生活实践,还可以引入现代信息技术。互联网的庞大信息量为学生提供了大量的信息素材,学生学得更多、更快。一方面,利用学校信息技术课,引导学生把网上阅读到的优美词句、精彩段落"粘贴"到自己的"写作素材库"中;另一方面,引导他们把自己的喜怒哀乐、见闻感受也记入"写作素材库",并定期将语言素材和生活素材进行选择、整理、分类,同学间再进行交流,相互补充。还可根据课文内容延伸,尝试写作。这样做,丰富了学生对写作素材的积累,增强了学生的观察积累能力。

六、重评改,提效率

评改是学生作文训练不可缺少的环节,它起着指导、分析、激励的作用,是提高学生习作质量的有效途径。利用多媒体进行习作评改的优势还在于让学生直接参与到从批改到讲评的整个过程。在作文评改课上,将有代表性的作文投影到大屏幕上,师生共同讨论修改。将批改的过程完整地展示给学生看,不仅能纠正有代表性的错误,而且能教给学生修改文章的方法:让学生明白"批、改、增、删、调、换"等是修改文章的一般方法,并学会它们的规范符号。修改完后,将修改前后的作文展示在大屏幕上进行对比,使学生养成写完作文后自觉修改的好习惯。通过教师讲评、学生自评、学生互评,相互促进,相互提高。在交流评议中,每个学生的作文都有机会接受别人的评议,并从中取长补短。这样的作文讲评,既可营造愉快热烈的氛围,又有利于学生作文思路的开拓,有利于差生借鉴、参考,使全体学生互帮互学,共同提高。

总之,信息技术与作文教学的整合为语文教学带来了新的生机和活力。它优化了作文课堂教学模式,丰富了教学内容,弥补了传统作文教学的许多不足,为学生创设了多维的习作环境,真正激发了学生作文的兴趣,从而使学生文思泉涌。

翻转课堂为语文教学锦上添花

李飞飞

实践表明，只要我们能从学情出发，给学生制定出适合他们学习的自主学习任务单，大部分学生是可以实现课前自主学习、课堂合作探究的，从而可以保证语文学科的教学质量。当然，在实行翻转课堂之初，教师要对学生进行必要的学法指导，并加强对学生学习过程的监控，以保证学生能在自主学习阶段乐学、能学、会学、学会。

首先，我认为课前自主学习任务单的设计是重中之重。设计要简明扼要，能突出预习中存在的疑难点，激发学生的学习兴趣，使学生快速、快乐地进行课前热身。可以像英语听力那样，在学生掌握字词以后，插入音频进行听写，检查预习情况；可以进行诗歌朗读的录音等。切忌繁杂、重复、高难度。

其次，就是课堂合作探究环节要设计精准的教学活动。从有利于学生终身的发展来看，我们的语文学科课堂教学更重要的任务是使学生掌握获取知识信息的方法，拥有运用知识的能力和积极健康的情感态度、价值观。我们可以利用信息技术的快捷，向学生输送适合每堂课的相关链接，设计相应的活动，促使他们自己去深度挖掘文本的含义，激发他们表达观点的欲望、写作的激情。
最后，充分利用网络平板的优势，大规模地开展课外阅读，课上进行师生对话，并且加强对学习效果的监控，这样能大大提升学生的语文素养。

上述这一切顺利进行的前提就在于要培养学生的自主学习能力，激发他们学习的兴趣，对不自觉的学生加强监控和指导，保证高效学习，让翻转课堂为语文教学质量的提高锦上添花。

谈翻转课堂中的语文教学

郑 文

翻转课堂,又翻译为"反转课堂",是相对于传统课堂而言的。传统的教学模式是学生走进教室,教师授课,学生听讲,放学后学生在家完成作业,教师批改完作业后抽时间评讲,过一段时间再测验。而翻转课堂则是将主要的学习放在家里,教师利用简短的教学视频在课下向学生传递新知识,课堂时间则用来开展实践练习等主题学习活动。其颠覆了传统课堂的教学顺序,成为一种新的学习方式、一种能够让学生自己掌控学习的方式。发达的网络让我了解到"翻转课堂"的非凡功效,一线授课的多次实践,让我尝到了语文"翻转课堂"的不少甜头,收获了一些实践经验,在此和各位同人分享。

一、以微课为依托,促进有效预习

"预习微课"以先学后教的形式,用学习任务单指导学生在课前自主学习,完成知识的传授。因此,微课的制作是十分重要的。在设计和制作微课时,要根据教学需要,生动形象地呈现教学的结构和学生需要的信息。学生可以反复观看或暂停,直到看懂为止。不懂的地方,做好记号,或提出质疑,带着问题进入下一步学习。同时,学生运用教师提供或自己搜集到的学习资源,如图片、视频、音频等,自主探究解决问题,生成解决问题的方法或产生更高层次的问题,留待课堂交流解决。最后完成自主学习任务单上的练习,暂时不能解决的问题,留待课堂交流解决。例如:学习《范进中举》时,可以先观看范进发疯时的视频,并思考布置的问题:"范进的疯是从哪些角度描写的?范进的命运是什么样的?"从而激发学生思考的兴趣,让语文的学习更有趣味。学生通过进一步阅读课文,进行思考,提高了预习的效率。通过微课引导学生预习,促进了学生的自主学习,激发了学生的学习兴趣。

二、科学重构教学,提升课堂实效

重构教学是翻转课堂的灵魂。知识学习在课外,而在课堂中交流讨论,这是深化知识的关键,能促进学生能力的提升。翻转课堂也体现了学习思维的前瞻性、科学性、实效性。重构教学,其主要目的是通过课堂让学生与学生、教师与学生合作互助学习,从而解决问题。因此,初中语文教师要进行合理的教学结构设计,让不同水平的学生自主学习,通过合作、探究的方式进行学习成果的交流和互动,从而完成学习任务,提升课堂教学的实效。例如:学习《蒹葭》这一课时,先为学生播放意境图片和《在水一方》的旋律,在这种情境中,学生的审美情趣得到激发。接下来再让学生针对"诗中有画,画中有诗"的特点和诗人寄托的情感进行讨论。语文的课堂是鲜活的,教师唯有为学生创建适合他们学习的环境,激发他们思考的兴趣,才能促进他们主动探究,那么课堂重构才能让学生真正学习知识、消化知识、运用知识,并学会创新。教师是课堂教学的组织者和学生学习的指导者,而不是知识的灌输者。翻转课堂也是教师重构语文教学,师生共同探究和互动交流的学习模式。

三、精心布置作业,优化课外复习

课堂是为教学服务的,但是教学仅仅依靠课堂是不够的,因此必须将课堂与课外结合起来,将课外实践与课堂教学统一起来。学生的课外学习需要以课堂为铺垫,是以课堂为基础的学习。在翻转课堂这种学习模式下,学生学习的空间更为广阔。课堂学习之后,要进行知识巩固和升华,精心设计作业,从而优化课外复习。例如:学习《看云识天气》这一课时,在课堂上,教师通过制作的微课引导学生自主学习,让学生掌握"卷积云、积雨云"等一些常见的云的作用和观察方法。是不是这样这节课的任务就完成了呢?显然是不够的,因为学生对书本中的知识还没有真正地验证。这时教师就可以布置一项任务——写调查报告,让学生观察今后一个月的天气和云的变化,看看是否与自己学习的知识一致,记录下又有什么新的发现等。让学生进行观察,撰写调查报告,主要是培养学生的实践能力,让学生消化新知,并促进学生创新能力的发展。同时,调查报告还可以让学生养成良好的观察习惯。生活中处处有学问,让学生留心观察,布置合理的作业,正是翻转课堂所提倡的,它让学生的学习在课外与课堂结合起来,使学生学得扎实,学会创新。

总之,随着教育改革的不断推进,语文教师要不断更新教学观念,树立以学生为中心的教学理念,创新教学方法,让学生自主学习,使学生互助学习的能力得到不断提升。而翻转课堂正好符合这一理念,实现了学生知识学习与能力发展的并进。

创造在"云端"的教育生活
——我的"翻转课堂"改革之路

朱敬文

教学是师生双向激发的生命运动:学生内心深处最美好的东西被老师激发出来,在这一过程中,老师自己心灵中最美好的东西也同时被激发出来,这样教与学双方都达到了一种真实的精神的提升。对于教师来说,每一个黎明都是一个新的开始,每一个黎明都满怀着期待,期待着那种"双向激发的生命运动",期待着自身生命的焕发。钱理群先生称之为"黎明感觉",在"黎明感觉"的背后,是一颗赤子之心,是一种"永远年轻"的精神状态,也就是"青春精神"。健康成长,这是孩子的幸福;能与孩子一起健康成展,这是教师的幸福。至少,我们可以永远保持年轻的心态,拥有不老人生。

"已知未知要分离,分离方法就是移;加减移项要变号,乘除移了要颠倒……"一位精干的中年男教师,正在讲台上诙谐幽默地念着"一元一次方程的解法口诀"。这就是我,宁阳第二实验中学教导主任、数学教师,中学学科网、老师走起网站注册名师。微课联盟、好教师网对我进行了"教学是师生双向激发的生命运动"专题报道,宁阳教育、搜狐教育等网站进行了转载,我被誉为泰安市"翻转课堂"第一人。

我于1976年12月出生于□城镇南落村,1994年参加工作,从那时起,我就把人生的坐标定位在为教育奉献上。我热爱教育事业,热爱教师职业,热爱每一个学生,把自己的事业看得神圣无比。为了做好工作,我坚持不懈地学习,广泛阅读教育学、心理学方面的书籍和教育教学刊物,虚心学习老教师的教育教学经验,向微机教师学习怎样制作课件、怎样熟练操作电脑等现代教学手段,努力做一名高素质的创新型人民教师。从事初中数学教学工作二十多年来,我先后获得泰安市优质课、创新课一等奖,宁阳县数学教学能手、学科带头人,宁阳县教学管理先进工作者,泰安市教学工作先进个人等光荣称号,"十二五"期间主持的市级课题"数学探究性学习的实验与研究"顺利结题。

在日常教学中,我发现许多学生学习数学的兴趣不高、知识记得不牢、方法不够灵活。为了解决这些问题，我精心查找资料，刻苦钻研《全日制义务教育数学课程标准》和教材，挖掘知识间的联系，把教学中的规律编成生动幽默的口诀，帮助学生记忆和理解。白天人声嘈杂，不利于思考，为了更好地编制口诀，我都会选择夜深人静的时候，静静地躺在床上，回忆当天的教学内容，字斟句酌，反复推敲，想到好的句子，便立即起床写在笔记上，日积月累，规律也就越来越多。正是因为积极探索，刻苦钻研，我对初中数学解题的思路、方法有了更深入的研究，参编教辅资料十余种，多次在县域内举行公开课和教材培训讲座，先后在国家级刊物《中学生数学》和《数理天地》上发表文章数篇。

但是在学生的实际学习过程中，新的问题又出现了，同学们虽然对口诀非常感兴趣，可应用不够灵活，不能解决实际问题。为此，我又陷入深深的困惑中。怎样才能提高学生的应用能力呢？走出去，到课改先进学校参观学习；坐下来，阅读课改理论书籍，上网查找资料。功夫不负有心人，"翻转课堂"和学习金字塔进入我的视线，我想起自己上学时酷爱自学研究的情景，豁然开朗，原来学生缺乏亲自实践和切身的体验。从此，我立志进行教学改革，推行"翻转课堂"，实现学生的个性化学习。

2014年11月8日到9日，我和韩校长在山东省昌乐一中考察了"翻转课堂"教学，两天的观摩使我更加坚定了改革的决心。回到家中，我彻夜难眠，学习翻转课堂理论，研究微课的制作，探索翻转课堂的实施流程。经过反复尝试，终于录制成我人生中的第一个微视频《一元二次方程根的判别式》。当我把微课播放给学生时，学生兴趣盎然，反复观看，收到了良好的效果。微课可以让学生自己掌控课堂，有不明白的知识点，可以暂停、回放讲座视频，直到听懂为止。同时教师的时间也被释放，可以辅导每一位有需求的学生。为了更好地帮助学生，我白天在学校里制作中考试题课件，撰写视频录制讲稿。深夜安静时录制中考试题微课，并在优酷网注册申请了"华文微课"的个人频道（http://i.youku.com/sdnyjw），上传微课视频，创建了"中考数学试题讲解""二次函数压轴题""数学微课视频""学习方法指导"等系列专题，让学生在假期里自学观看。

宁阳第二实验中学的韩廷山校长为了支持我搞"翻转课堂"改革，联系了山东永恒电子科技有限公司推广的"泰安教育云平台"，为学生开发了电子书包。2014年11月23日，我在学校内举行了泰安市的第一节"翻转课堂"研讨课，课

堂上学生自学教材,观看微课,小组互学,在线讨论与交流,即时统计在线测试
情况,师生点评训练展示,效果良好,得到了宁阳县教育局领导和听课教师的高
度评价。

在韩校长的带领下,宁阳第二实验中学优选骨干教师,成立"翻转课堂"研
讨小组,确立五个实验班,给每一位学生配备了平板电脑,开始了"翻转课堂"的
教学实验。为了让更多的教师掌握"翻转课堂"教学模式,我和曹树兵主任带领
教师们进行了"翻转课堂"的理论学习,组织了"AB 学案的制作与实施流程"
"微课的设计与录制""PPT 课件的使用与技巧""泰安智慧教育云平台的使用方
法"等系列培训,又带领学生学习了"自主预习的方法""小组合作学习能力的培
养""电子书包的使用""平板的使用与拍照上传功能"等技能。让老师和学生掌
握相关能力,更好地实现"翻转课堂"。多位教师在校内举行了"翻转课堂"研讨
课,效果显著。

12 月 16 日,泰安市教育局张勇华局长到宁阳第二实验中学调研,我执教
了一节公开课,向张局长汇报了泰安教育云平台下"翻转课堂"的实施流程,师
生进行在线讨论和互动,家校翻转互动学习。张局长现场考查了学生的学习效
果后,对翻转课堂教学模式给予了充分的肯定,并确定宁阳第二实验中学为开
办"泰安市智慧教育·数字化校园建设应用工作现场会"的现场之一。12 月 25
日,县全体教研员到宁阳第二实验中学指导教学,提出了具有针对性的问题和
合理化建议。经过老师们的实践和研究,充分吸收宁阳县"三环节"教学的优
势,结合学校实际情况,"两段、三翻、十环节"智慧生命课堂在宁阳第二实验中
学初步形成。2015 年 1 月 23 日,"泰安市智慧教育·数字化校园建设应用工作
现场会"顺利召开,山东省教育厅教育信息中心主任仲红波,泰安市教育局局长
张勇华,宁阳县委副书记陈晓娜,县政府副县长柳桂敏,泰安市教育局副局长
鞠允平、徐炳伦出席会议,《中国教育报》等多家媒体跟踪报道。宁阳第二实验
中学的"两段、三翻、十环节"智慧生命课堂教学模式受到与会人士的一致好评。

"两段、三翻、十环节"智慧生命课堂,让学生从"自主探究"走向"合作论
学",从"知识建构"走向"智慧生成",从"集体的接受学习"走向"个性的生命体
验",体现了以"学"为主、以"问"为轴、以"练"为线、"学"无处不在、"导"即时传
递、"反馈矫正"贯穿始终的特点。它突破了传统课堂教学的时空限制,将"最合

适的教学过程"安排在了"最合适的时间",让所有学生"吃得饱,吃得好",有效发挥了个性化学习的优势,大大提高了教学效果。

我们相信,有了泰安教育云平台的强力支撑,宁阳第二实验中学的"翻转课堂"一定能冲破课堂的束缚,冲破学校的围墙,冲破知识的藩篱,进一步解放师生的心灵,让师生走向更广阔的天地。

信息化教学给我的启发

孟德印

传统的教学模式以教师为中心,教师利用教科书、板书及其他教学媒体作为教学手段与方法,向学生传授知识;学生则像海绵吸水般被动地接受教师传递的知识。在这种模式中,教师是教学活动的中心,是知识的传播者和灌输者;学生处于被支配的地位,是外界刺激被动的接受者和输出对象;教科书是学习内容的载体;教学媒体则是教师向学生灌输的方法与手段。信息化教育的教学模式可描述为:以学生为中心,学习者在教师创设的情境、协作与会话等学习环境中,充分发挥自身的主动性和积极性,对当前所学的知识进行意义建构并用其所学解决实际问题。在这种模式中,学生是知识的主动建构者和运用者;教师是教学过程的指导者与组织者、意义建构的促进者和帮助者;信息所携带的知识不再是教师传授的内容,而是学生主动建构意义的对象;学习环境包括"情境""协作""会话"等要素。情境必须有利于学生对所学内容的意义建构,协作贯穿学习过程的始终,学习小组的成员之间必须通过会话协商共同完成学习任务。在这种模式中,信息技术不仅用来帮助教师进行众体教学(如呈现教学信息),而且用来帮助学生查询资料、搜索信息、进行协作学习和会话交流,即作为学生主动学习、协作式探索、意义建构、解决实际问题的认知工具,教师和学生之间是一种互动的关系,教师给予学生引导和帮助;同时,教师在教学过程中吸收到许多新的信息,正所谓"教学相长"。

通过学习,我深深感到现代化教学技术的科学性和优越性。将信息技术用于教学中,教师能省时省力,学生能根据直观演示轻松地获取知识,从而提高教学效益。本人经学习有以下体会:

一、掌握信息化教育技术是适应社会发展的需要

信息化是社会发展的趋势,信息化的水平已经成为衡量一个国家现代化水平和综合国力的重要标准。教育信息化是其中的一个部分,大力促进教育信息化已成为教育发展的潮流。作为一名教师,应适应社会发展的趋势,把握现代化信息教育技术,跟上时代发展的步伐,适应社会发展的需要。

二、把握信息化教育技术是提高教学效益的需要

将信息化教育技术应用于教学中，有助于教师整合教育资源，有助于提高教师的专业水平。信息教育技术是新型的科学教育技术，能弥补陈旧教学中的不足。传统的教育手段费时费力，不利于学生在轻松的状态下把握知识，不利于提高教学效益。只有充分把现代化信息教育技术用于教学中，才能提高教学效益。

三、积极应用信息化教育技术是提高教学技能的需要

实践是学习的目标，也是提高应用能力的手段，教师只有在实践中充分利用现代化信息教育技术，才能在应用中发现问题、分析问题、解决问题，才能在不断总结经验、吸取教训中学习并提高自身的教育技能。

四、终身学习是使自己得到可持续发展的途径

社会在不断进步发展，信息化技术也在不断更新，作为一名教师，如果止步不前，那么就不能适应教育发展的需要，就不能胜任教育工作。教师要认清形式，勇于挑战，树立信心，不断学习，用新知识和新技术来完善自身素质，用教育技术进行终身学习，使自身的教育水平得到持续发展，在不同阶段都能胜任教学工作。

浅谈教育信息化与初中数学教学

李洪灿

随着教育改革步伐的不断推进,现代信息技术的发展给我们的课堂教学改革带来了前所未有的挑战,同时也给我们学校带来了良好的契机。学校从2014年建校,就将信息化与教学联系在了一起,在教学中利用多媒体来引导学生自主学习,实现信息技术和数学课程的有效整合,使学生的各方面能力得以提高。作为宁阳第二实验中学的一名数学教师,我也贯彻学校的信息化教学理念,将数学课程与信息技术有机结合,利用信息技术参与数学教学全过程,改变数学教学信息传递的方法和手段,有效地调动学生学习的积极性,发挥学生的主观能动性,使他们满怀信心地实现教学目标。同时,还能弥补传统教学方式中的不足,更好地解决教学中的重点、难点,提高课堂教学效率。在此,我浅谈一下,我在信息化教学过程中的一些认识、体会和收获:

一、借助平板进行微课助学

在传统数学课堂教学中,中学生需要学习的知识点太多,太过庞杂,所以传统课堂教学中很难保证学生的学习效率。在较为枯燥的初中数学教学中,微课教学首先能够将教学集中在一个教学重点或者是知识点上,能够满足学生的学习效率;其次,微课教学的教学时间比较短,通常只有五到八分钟,所以学生的注意力更容易集中,能够有效提升学生的学习兴趣。

比如,在青岛版初中数学八年级下册一次函数的课堂教学过程中,可以通过微课对一次函数的图像和性质,以及一次函数与二元一次方程、不等式等进行讲解,提升学生的学习效率。在课后巩固和日后的复习过程中,学生也可以根据自身的学习情况,有针对性地选择相应的微课,进一步加深自己对知识点的理解。

二、利用多媒体进行课堂演示

教师把传统教学过程中通过黑板、教具模型等展示的各种信息,由计算机加工成文字、图形、影像等资料,并进行一些必要的处理。计算机强大的处理能力为数学的发现学习提供了可能,它的动态情景可以为学生"做"数学提供必要的工具与手段,使学生可以自主地在"问题空间"里进行探索。

"几何画板"就提供了一个十分理想的让学生积极探索问题的"做数学"的环境。

课例"一次函数的图像和性质",就是让学生利用几何画板,自己在动态变化中观察静态图形的变化规律,对图形进行定量的研究,通过交流、讨论,最终得到问题的答案。

但应注意,多媒体的演示只能是帮助学生思考,而不能代替学生思考。教师应当恰当地给予提示,结合计算机的演示帮助学生完成思考过程,形成对概念的理解。

三、利用平板进行在线测学

课后,教师可以登录学校建立的二实验云平台,将测试题推送到学生平板上,并设计好分数以及做题时间。学生课下可以在规定的时间内在平板上完成相应的练习。学生做完后,系统可立即统计出分数以及做错题学生的名单,有利于教师了解学生对知识的掌握情况。

利用计算机信息容量大的特点,可以和学生一起做一些题,学生可以充分自主地选择教学内容进行练习,并能及时得到指导。

信息化教学可以使教师与学生进行多方位的交流,使学生与学生之间进行全天候的交互协作,而不只限于课堂上。多媒体技术和网络技术的应用减少了教师的无效劳动时间,促进了单位时间教学信息的传播、师生之间的沟通及教学信息的反馈,从而大大提高了学习效率。

虽然信息化教学应用的时间比较短,但是已经取得了十分良好的应用效果,具有非常大的应用价值。因此,在初中数学教学中,教师应该加强对信息化教学的应用,以此来不断提升自身的教学效率和学生的学习效率,推动我国教育事业更好地发展。

信息化教学在数学学科中的应用

王 刚

信息化教育是近些年来随着科技发展而兴起的一种教学方式与手段。其历史虽然不长,却魅力无穷,起到了巨大的作用,给教育事业带来了质的变化。所谓信息化教育,是指在日常教学中普遍运用信息技术,开发教育资源,优化教育过程,以培养和提高学生的信息化素养,促进教育的现代化。《全日制义务教育数学课程标准》也提出:"要充分发挥信息技术多媒体的优势,为学生学习和发展提供丰富多彩的教育环境和有力的学习工具;为所有学生提供探索复杂问题、多角度理解数学思想的机会,丰富学生数学探索的视野。"随着社会的快速发展、科技的不断创新,传统的教学显然跟不上时代的发展。要想教育与社会接轨,必须摆脱传统教育的束缚,实现开放式的教育,也就是信息化的教育。

作为教育第一线的工作者,面对信息化教育的热潮,必须要认真思考、大胆实践、不断创新。作为一名数学教师,要将现代信息技术渗透到整个数学教学过程中,激发学生学习的兴趣,充分发挥学生的主观能动性,提高课堂效率。信息化在日常教学中的应用主要有以下几个方面:

(一)在创设教学情境时利用多媒体,激发学生兴趣

按照学生的认知规律和心理特点,精选贴近学生的故事做情境,合理地组织教学。运用多媒体创设赏心悦目的情境,让学生产生身临其境的感受。在创设情境时,一般利用一幅美丽的图片或一段 Flash 动画来展示要学的内容,激发学生学习的兴趣,为学生提供多样化的外部刺激。创设多样化的情境,发掘数学自身的魅力,将抽象的数学知识转化为可见的生活情境,激发学生对数学问题的思索、理解和掌握的欲望,提高了学生的参与意识。

(二)在讲解重难点时运用微课,有效地实现精讲,突出重点

利用微课可以变抽象为具体,调动学生的各种感官协同作用,解决教师难以讲明、学生难以听懂的内容,从而有效地实现精讲,突出重点,突破难点。部分学生的记忆能力很强,但理解能力欠佳,数学教学应关注他们是否真正掌握了其内涵。尤其对那些比较抽象的学习内容,我们在使用常规教学手段教学的

同时,也可以恰当地运用现代信息技术的动态图像演示技术,将比较抽象的知识加以直观地显示,促使我们的学生了解掌握相对完整的知识形成过程。利用微课教学的另一优势是学生可以根据自己的掌握情况,进行反复观看,直至理解掌握。

(三)在练习反馈时运用多媒体,增加训练密度,提高教学效率

运用现代信息技术,可以使我们的课堂变得省时、高效,大幅度增加课堂密度、扩大信息量。可以预先拟好题目推送到学生平板上,通过平板上的多种题型,全方位、多角度、循序渐进地突出重难点。同时能及时提供正确答案,及时判定学生的答案正确与否。多层次、开放性、实践性的练习是学生形成良好数学技能不可或缺的环节。根据新课程,数学教学不仅要培养学生分析问题、解决问题的能力,更要培养其创造力。而让学生动手操作是培养其创造力的一种有效途径。教师就要充分利用多媒体,不失时机地给学生提供操作的内容,让学生在动手操作中学到知识,锻炼能力。

实践表明,信息化教学是一种高效率的现代化教学手段。在教学中恰当选用合适的信息技术,激发学生的学习热情,调动学生学习的积极性,有力地促进了学生的自主发展,使整个教学过程充满乐趣,提高了课堂教学效率,促进了素质教育的实施。作为一线教师,应该努力学习并掌握信息化教学技能,还应择优整合信息资源,以服务于我们的教学。

借助信息技术助力数学课堂

李 娜

几年来,我在初中数学教学中,大胆尝试,进行了数学课堂信息技术革命,旨在建构高效课堂,实现课堂学生学习自主化,学习任务以自学为主,培养学生发现问题、解决问题的能力。为此,就初三平面几何"相似三角形的性质"的课堂教学浅论体会。

一、借助信息技术,翻转数学课堂环节高效

我在实施五环高效课堂的课改中,应用信息技术促进呈现环节快捷、质疑出示快捷、演示推导快捷。如学习"相似三角形的性质"时,课件提出质疑:"什么叫相似三角形?根据定义可知相似三角形有什么性质"?同学们略加思考,很快就回答上来。紧接着,我又说:"除了对应角相等,对应边成比例之外,相似三角形还有什么性质?这是我们这堂课所要研究的问题。"然后,我在电子白板上出示课题,利用事先制作好的多媒体课件,通过动态图像、相似图例,结合声音、图像变化直观地展示给学生。并打开课前已经制作好的自学思考题(PPT展示):①相似三角形有哪些性质?②上述性质都是如何推导证明的?每一步推导证明是根据哪些定理、定义和公式?③例题是如何求解的?解题的关键是什么?采用这种以旧引新、设疑求知的方法,调动了学生们看书学习、阅读教材的积极性,增强学生的直观感受。

二、借助信息技术,凸显数学生活零距离

数学即生活,拓展视野,直面生活,感受信息技术教学的魅力。在平时的教学活动中,我和学生在网上搜集生活中的数学学习资料,实行网上备课,利用教师交流的平台,推进微课研究和翻转课堂,层层开展"一师一优课、一课一名师"活动,丰富教育资源。由于学生理解、掌握教学内容需要大量的感性材料,而这些感性材料来源于生活和实验,因此,需要教师充分运用多媒体向学生呈现具体生活的信息和情景,在课堂上演示有声有色的感性材料,通过"先示实物,后教文字"的方法,把教学内容化虚为实,化繁为简,突破教学重点和难点,使学生轻轻松松掌握教学内容。

如在研究相似三角形对应高的比等于相似比之后,马上提出质疑:相似三角形其他的对应线段(中线角平分线、三分之一线……)的比是否等于相似比?如何证明?引导同学们积极动脑分析思考,动口答辩,课堂异常活跃。

三、借助信息技术,助教学方式多元化

用现代信息技术手段辅助教学,唤起学生的注意力,激发学生的学习兴趣,提高学习的自觉性。从心理学角度看,多媒体中的形、声资源是吸引注意力的工具。多媒体集声音、图形和文本为一体,形象而生动地再现事物,通过自身的主动性和趣味性吸引学生的注意力,调动学生的积极性。研究表明,学生在学习时纯视觉和纯听觉的注意比是不同的,视觉占83%,听觉占11%,视觉的注意比率明显高于听觉,所以,制作出物体运动、镜头变换和有特技效果的视频,通过多媒体技术的艺术效果作用于学生的感觉器官,可以把学生的注意力集中到学习对象上,从而产生求知欲,激发学生的学习动机。

在学习相似三角形的性质之后,师生共同合作重点探究教材中的两个问题。教师指导学生:①审题画图:例题一是求已知三角形的内接正方形的边长,何为三角形的内接正方形?(教者展示教具,画出图形)②观察分析:启发同学观察已知图形,分清已知线段和未知线段的位置和关系,根据图形,设想此题可利用相似三角形求解。③求解答案:根据已知图形的特点,设正方形的边长为 x,确定已知线段和 x 可以表示哪些线段,再观察这些线段之间又是什么关系。很容易发现:先证明三角形相似,然后列出方程式利用代数法就可求出正方形的边长来。例题二是求三角形的面积,可利用综合法(由因导果)求解。

在探究过程中,教师通过提问、演示、设疑、点拨、讲述等方式,启发学生进行口答、板演练习。

用现代信息技术辅助教学,提供多种学习路径,调动学生的手、口、眼、耳、脑等全部感觉器官参与学习,通过一系列的人机交互操作,使多种感官协作活动,在大脑中形成多个感觉中枢的联系,增强记忆效果,突破教学的重点和难点。

四、借助信息技术,反馈数学学习成效简单化

"纸上得来终觉浅,绝知此事要躬行。"课堂学习成效如何,主要借助课堂检测反馈来呈现,信息技术的运用,无疑是最上乘之选。出示练习题,借助电子白板演示讲解、纠错的过程,高效实用。

总之,运用现代信息技术进行信息技术与数学教学的深度融合,最关键的是转变教学思想、转换课堂方式、颠覆过去上课"教师讲,学生听"的状况,变"教"为"学",变封闭式为开放式,变注入式为启发式。

教育信息化教学改革的体会

程 冲

经过一段时间的学习,我对信息化教学有了一些更深刻的认识。结合我任教的经验,我觉得数学学科与信息技术教育的整合具有得天独厚的优势。信息技术的运用,为数学课堂教学增添了无穷魅力,拓宽了数学教学的空间。

信息化教学对于学生的学习能力以及问题意识的培养乃至怀疑精神的塑造具有重要意义。现代化教学资源的真正利用,可以激发学生的学习与发现的兴趣,培养自主学习能力和协作能力,拓展学生的课外知识,可以促进学生个性化发展。

信息化教学在实际的操作过程中呈现出的优势和问题:

1. 信息技术对教师具有重要作用。

在高科技飞速发展的今天,教师不能只停在原有知识上,要不断学习,不断完善自己,不断充实自己。现在的学生更是聪明,他们不但能在学校里学习知识,还能通过电视、网络等多种途径学到更多的知识。因此,教师必须有一种超前意识。

2. 良好的信息素养是教师毕生学习、不断完善自身的需要。

当今社会,一位优秀的教师应具有现代化的教育思想、教学观念,把握现代化的教学方法和教学手段,熟练应用信息工具(网络、电脑)对信息资源进行有效的搜集、组织、应用;还需要通过网络与学生家长或监护人进行交流,在潜移默化的教育环境中培养学生的信息意识。这些素质的养成要求教师不断地学习,才能满足现代化教学的需要;信息素养成了毕生学习的必备素质之一,假如教师没有良好的信息素养,就不能成为一位满足现代教学需要的高素质的教师。

3. 把握计算机操作技能,也是教育系统本身的需要。

在教育系统中,教育信息是最活跃的因素。教师可以通过网络学习新知识,可以与同行交换经验,可以与学生进行沟通,可以……因此,教育系统本身要求教师具有一定的信息素养。

这次培训的时间固然短些,但我通过学习了解到计算机的重要性,我会在今后的工作中,充分利用学到的知识进行教育教学,还要不断学习新的信息技术。

信息化教学并不是课堂上学生使用电脑了,就是信息化教学了,更重要的是学生在课堂上真正学到了什么东西。虽然电脑是个比字典更丰富的学习工具,但是不是每一个内容都要借助电脑,电脑的使用要有选择。相对于学生,教师面对信息化教学资源所感受到的不仅是便利,更多的是挑战。同时也必须思考和实施新的对策与方法,教师一方面要积极激发和培养学生自主学习的兴趣和创新能力,另一方面更应重新确立教育教学的侧重点。由于教师与学生面对的是同样的信息资源,教师必须具有较高的课堂驾驭能力和课堂管理能力。

电脑的使用固然能够激发学生的兴趣,拓宽他们的知识面,给他们学习的自由,但是对于中学生来说,由于年龄的特点,如果不能够很好地引导、管理,学生可能在一定的时间里在电脑里什么有价值的知识也搜索不到,那就竹篮打水一场空了。因此,培养学生上网搜集信息、处理信息的能力这应该是我们需要着重注意的。

以上是我的一些粗浅的感受,有不足之处,希望领导、同事指正。

英语学科有效运用"翻转课堂"教学模式的实践探索

朱海燕

我校在初中英语教学改革中,以培养学生的英语语言综合运用能力为目标,坚持以人为本、面向全体、尊重个性的原则,深入实施"翻转课堂"教学模式,努力构建智慧生命课堂,积极创新学生能力培养的途径,借助于泰安教育云平台、翼课网智能教学平台,课前迈好"四部曲"、课上落实"三原则"、课后突破"两重点",有效地培养学生的自学能力和听、说、读、写能力,大大提高了英语教学质量,现将具体做法总结如下:

一、课前迈好"四部曲",培养学生的自学能力

在学习的基本流程中,课前预习是课上听讲的基础,预习的效果会直接影响学生课上学习的质量。我认为要保证学生预习的效果,教师应指导学生迈好"四步":

第一步:确定预习内容

确定预习内容是搞好预习的第一步,也就是让学生弄清楚要预习什么,同时还要弄明白大约需要多少时间。告诉学生预习的内容及所需要的时间,便于学生制订自己的预习计划。英语这门学科有它的独特性,单词可以预习,短文可以预习,会话可以预习,听力也可以预习,但没有必要让学生预习教材的所有内容。譬如听力材料,如果听力材料的内容较难,估计学生听一遍、两遍很难听懂,就可布置学生进行适当的预习。如果听力材料的内容很容易,就没有必要让学生预习了,预习了反而失去了听力训练的意义,影响学生听力水平的提高,所以应做到具体问题具体分析。我校借助于翼课网智能教学平台,在平台上给学生布置作业,学生提前预习单词、听力、对话,有效解决了学生英语听、说的问题。

第二步:明确预习目标和任务

确定了预习内容,第二步就是让学生弄明白预习到什么程度,也就是要明确预习目标,以做到有的放矢。如:会读并记住单词,找出教材中的短语和一些重要句型,正确理解短文,弄懂短文的大意等等。

明确了预习目标后,接着就要制定预习任务,以便让学生通过完成预习任务实现预习目标,翼课网上的预习任务可分为读的任务、写的任务、说的任务、听的任务等等。

第三步:指导预习方法

怎样预习,它会直接影响学生预习的效率。教给学生预习的方法时,可指导学生做到四点,即"一看、二查、三问、四记",具体说来就是,首先要认真看书,发现生词可查字典,自己弄不懂的句子、问题可问同学,再弄不懂的就动手记下来,等到课上让老师来解决。

第四步:检查预习效果

我们通过翼课网上作业的大数据分析功能,及时了解学生的学情,并进行B课的二次备课,使教学更加具有针对性,确保了课堂教学的有效性。

二、课上落实"三原则",培养学生的听说能力

英语学科的特点决定了英语教学的性质。学生在课前预习中,无论预习效果有多么好,都难以实现"听"的目标和"说"的目标,这就要依靠教师在课堂上来帮助学生实现。为有效地培养学生的听说能力,我们在课堂教学中认真贯彻落实三大原则:听说原则、交际性原则和合作性原则,收到了良好的效果。

在初中英语教学中,没有足够的听说训练,就无从谈学生综合能力的提高。因此,必须要认真贯彻听说原则和交际性原则。课堂上,"预习展示交流"环节结束后,教师的主要任务是引导学生进行听说训练。听的训练,可利用教材听力材料,来实现听的目标。如果学生预习效果很好的话,这时教材中的基本语言障碍应该已经解决,这有助于课堂听力训练的顺利实施。

"听"的问题解决后,教师面临的又一重点是培养学生"说"的能力。实践中我们发现,充分利用合作学习小组是培养学生"说"的能力的一个有效途径。课堂上我们通过实施"Pairwork""Groupwork",充分贯彻"交际性原则"和"合作性原则",变单一的"师生对话"为多边的"生生对话",大大提高了学生"说"的广度、密度和深度。为激发学生"说"的积极性,我们积极开展小组竞争活动,变课堂上的个人评价为小组集体评价,形成"组内合作、组间竞争"的局面,大大调动学生课上大胆说英语的积极性,学生的英语口语表达能力明显提高。

三、课后突破"两重点",培养学生的读写能力

课后复习和作业是课堂教学的延伸,也是巩固课堂内容的重要环节。在目前的初中课堂教学中,英语每周仅有 4 课时,多数英语教师显得有点力不从心。因此利用好"课后"这个环节就显得尤为重要。

课后,我除了指导学生做好常规的复习巩固知识外,狠抓"两个重点",一是狠抓课外阅读拓展,二是狠抓学生写作,有效地培养了学生的读写能力,收到了意想不到的效果。

为培养学生的阅读能力,我们利用翼课网上的课外阅读资源,要求学生每天阅读 2—3 篇,阅读材料由浅入深,由易到难,使学生的阅读能力在大量的阅读中得以不断提高。

为训练学生的写作能力,我们给学生每学期拟定了 10 到 20 个英语作文题目,利用翼课网上的作文批改功能,采取系统批阅和教师抽批相结合的方式,发现问题,及时纠正、及时讲评,取得了良好的效果,有效地提高了学生的写作能力。

总之,在实施"翻转课堂"教学改革中,我们结合初中英语教学的实际,明确各环节重点,以培养学生的能力为目的,不断创新实施途径,使各环节之间环环相扣,相得益彰,发挥"整体大于部分之和"的效应,有效地提高了英语教学的质量。

畅享翻转魅力

王 彤

"翻转课堂"是对学习流程的重构。在传统教学模式里,学习通常是学生先在教室听老师讲,然后在课后复习做作业;而在"翻转模式"下学生先通过教师制作的微视频自学,然后,再在课堂上做练习,用知识去解决实际运用中的问题,老师会在课堂上有针对性地加以指导。翻转课堂转变了师生传统的角色,真正实现了变"教师教"为"学生学",实现了学生成为学习的主体,调动了学生主动学习的兴趣,提升了学生的学习、思维能力。

山东省宁阳第二实验中学作为山东省泰安市"翻转课堂"的排头兵多次承办全国翻转课堂大会,进一步修正了两端三翻十环节教学模式,探索了符合学科特点的教学方式方法,逐步形成了三环八步智慧生命课堂教学法。身为二实验人,备感自豪与骄傲,下面结合自己的教学实际,浅谈几点自己的看法。

一、翻转课堂实现课堂效率的大反转

翻转课堂,就是教师创建微视频,学生在课外观看视频中教师的讲解,然后回到课堂上师生面对面交流和完成作业的这样一种教学形态。对于教师而言有了更多的时间与学生进行个性化的交流,对学生的质疑进行解答。老师是学生身边的教练或指导者,不是讲台上的圣人或播音员。翻转课堂与传统的教学模式比较,学生更加自主,目的更加明确——学习自己不会的知识,使得课堂教学大反转,由低效反转出高效。同时,课堂教学的内容可以得到永久存档,可用于复习或补救。同时,对于不同层次的学生也做到了因材施教,让所有学生都能得到不同程度的提高。

二、翻转课堂实现教师角色的大反转

在翻转课堂教学模式下,学生真正成为了学习的主人,教师只是稍作引导的配角。翻转课堂反转出新角色——编辑、导演、高级网管。翻转课堂以高质量的学案为重要支撑,我校把学案的编写质量作为重中之重来抓,通过集体备课来形成初稿,再通过集体研讨、个性化修改,形成一篇篇成熟的翻转课堂学案——自主质疑学案和训练展示学案。在这个环节中,教师只是充当了一个编辑的角色。我们编辑老师细心斟酌,为翻转课堂的实施奠定了基础。翻转课堂以高质量的微课视频为依托,学生通过观看视频,来完成重难点的学习。而微视频的制作需要老师在分析课标、分析教材、分析学生的基础上,自编自导自演一出精彩的知识大剧。在这个环节中,教师充当的是一个导演的角色,正是因为导演老师的精心拍摄,才有了异彩纷呈的知识盛宴。翻转课堂的实施以高质量的网络平台为保障,学生通过网络平台观看视频学习,通过网络平台在线测学,通过网络平台质疑反馈,这就需要老师这个高级网络管理员的细心帮助,帮助解决设备的技术问题,帮助解决学生的知识疑惑。在这个环节中,教师充当的是高级网络管理员。教师角色的大反转,为翻转课堂教学模式的实施奠定了基础。

三、翻转课堂的优点

1. 确实能提高学生学习的主动性,让学生在自己学习的过程中获取知识,并且能提高教学效果。

2. 信息化的引进,使学生独立学习成为可能,使教师能够通过专门的教学软件提供的精准的数据对学生的情况进行有针对性的分析、教育,做到教育的针对性。

3. 使学生的学习更加灵活多样,学生间、师生间、教师与家长间的交流非常密切,改变了教师以往所扮演的角色。

4. 采用小组合作的方式确实改变了学生的学习方式。组长在讲评的过程中,自己通过思考得到提升,学生的质疑得到解决,自己的知识也得到运用和升华。学生间的思维碰撞,解决了学生学习的难点。

翻转课堂带给了我们许多的挑战与惊喜,翻转,我们一直在路上,让我们一起肩并肩、手拉手共同畅享翻转魅力!

浅谈数字化教学平台

——翼课网使用下的学与教

陈秋平

随着学校教育教学信息化建设的发展,教育技术在教学中的作用越来越突出。各学校都在探索如何充分利用现有的数字化教学平台资源以及如何开发新的数字化教学平台。在我们学校,数字化教学平台的使用就是一个例子。新学期开学之初,我们引入了翼课网、泰安教育云平台等用于英语教学实践,这些平台的使用不仅优化了学生的学习方式,也优化了教师的教学方法,大大提高了英语教学成绩,提高了我们的英语教学质量。在英语教学上,我们应用最广泛的就是翼课网。下面我就谈一下翼课网如何优化了学生的"学"与教师的"教"。

翼课网之于学生,为学生提供了丰富的学习资源和课外阅读资源,将学生的课上学习与课后练习紧密结合,紧贴学生的生活实际,为学生提供了很好的学习素材和资源。

首先,对于学生来说,翼课网是学生学习兴趣的"激发者"。教师承担着激发学生学习兴趣的重要职责。"兴趣是最好的老师。"翼课网的翼课学院以通关的方式让学生一步步完成任务,最终达到学习目标,目标达到也意味着任务完成,学生拿到奖励。它就像现在手机中的通关游戏,学生很感兴趣,做起学习任务来也是乐在其中。拓展训练板块涵盖丰富的有声阅读训练以及视频赏析,视频都是很经典的英文电影,让学生快快乐乐接受英语,训练学生的听说技能,大大激发了学生学习英语的兴趣。很多学生都要求我课下多用翼课网布置作业。

其次,翼课网是学生作业训练的"好帮手"。翼课网的同步作业板块,习题紧跟教材,作业与教材同步。每一课时都有相应的词汇训练、目标语练习、听力训练,并有拓展阅读与每一单元的阅读相匹配,这样的作业设置让学生能够得到全方位练习,听说读写都有提高,学生学完每一课时,可以及时训练,检测当堂掌握情况,为后续的学习做好铺垫。

再次,翼课网是评价学生的"好老师"。学生通过在网上做题、提交,可以立刻了解自己的做题情况以及得到多少分数,这是以往的传统教学方式无法企及的。学生根据系统自身的批阅,针对自己的做题情况,重新改正,对薄弱环节重新复习、探讨,以达到熟练运用的目的。它能给予每位学生及时有效的反馈,这也是课堂教学所无法达到的。它让每一位学生都能平等地参与到学习活动中来,不会因为时间的限制而得不到均等的机会。学生做完作业,完成质量好就会得到翼豆,翼豆可帮助学生购买更多学习资源。

当然,翼课网还是学生课外阅读的"百宝箱"。众所周知,初中英语教学改革对学生的阅读理解能力提出了更高的要求,英语阅读已逐渐上升到了教学的主导地位。近年来,英语中考、高考的阅读理解文章从取材到问题的设置上,主要是考查学生综合语言运用能力,包括阅读能力、理解能力、归纳概括能力、逻辑推理能力以及对材料的评估能力等。阅读文章的题材涉及政治经济、社会文化、风俗习惯、历史地理、科学技术等多个领域,体裁形式也是多样化。所以单纯的教材阅读教学以及传统的阅读教学方法已经不能满足学生的学习需求,也无法达到新课标的要求。那么阅读的多样化尤其重要,不仅是阅读题材、形式的多样化,也是阅读教学方式的多样化。翼课网的拓展训练板块恰恰能够为我们提供这样的素材,它不仅涵盖有声阅读,也涵盖视频赏析,题材涉及环境、交通、工作生活、科技人文,与学生的日常生活息息相关,每一篇阅读文章之后都有相应的题目设置,与中考的阅读题型相吻合。这样的阅读材料,学生既感兴趣,又能扩大知识面,还能得到高水平的题目训练,他们何乐而不为呢?

就教师而言,翼课网优化了教师的教学方式方法,丰富了教学手段,提高了教学效率。以前的作业全靠教师手动批阅,而翼课网的一键批阅功能让教师节约了批改时间,并且能够得到全面的数据分析,大大提高了教学效率。

首先,它给教师的教学"锦上添花"。翼课网的教师页有班级管理板块,教师自己可以创建分组,将全班学生按照学习成绩分成不同的组,这样就可以根据不同组的水平进行指导及作业布置,做到因材施教。另外它有丰富的资料库,教师可以在里面找到相应的备课资源、习题资源,随教随找,节省了教师自己上网查阅资料的时间,从而能将时间用于进一步研究教材、优化自己的教学方式方法上。

其次,它是教师学习道路上的"良师益友"。一个好的老师,应该能够引起学生的学习兴趣,拥有丰富的教学方法和手段,挖掘学生的潜力,将教学方法、手段运用自如,实现教学相长。教师要让学生自己学会学习,学会建构知识。不管是新授课还是复习课,翼课网强大的"平台检测,诊断评价"功能让教师有了依据。不论是在呈现新知时指导学生运用翼课网平台自主解决词汇发音及语句的语音语调等基本问题,还是努力创设贴近学生生活实际的场景进行精讲点播、拓展提升的过程,还是精选练习,对学生进行基础知识测评的过程,还是运用平台帮助学生进行知识建构的过程,教师都要根据这些资源和数据对自己的教学进行调整,认真学习研究,利用翼课网的教研平台,观看优秀公开课,聆听专家的讲座,不断反思自己的教学,一点点地进步。翼课网逐渐成为教师成长道路上的良师益友。

再次,它是教师布置、批阅作业的"得力助手"。学习完每节课,老师可以运用"同步作业"板块布置随堂练习,规定作业统一上交时间,到规定时间就可以一键批阅作业。不但节约了时间,还可以通过数据分析查看学生的出错问题及出错原因。下面是我们两个班的作业完成情况统计。

一键批阅分析:

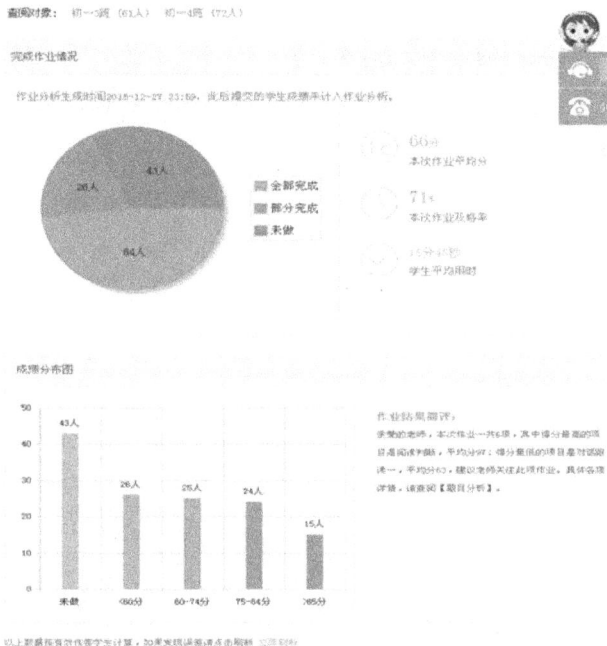

分析：

1. 合理分组：依据学生现有的知识水平和学习能力等方面的差异，将班级的学生分成 3 个异质学习小组，可根据学生的水平布置适当的作业，并及时给予评价。

2. 分层作业：根据学生学习水平的差异，教师可以布置适合不同层次学生的课堂同步作业和提供不同的拓展资源。

这样对学生实施分层次教学，从而更好地促进学生的发展与成长。

翼课网给予教师最准确、直观的数据，对学生及时评价。教师根据数据，再与其他评价方式相结合，对作业完成质量好、学习有进步的学生经常表扬，进行多种形式的展示，让学生处于学习高度集中的状态。"查漏补缺、总结归纳"，根据学生的学习情况和平台检测效果，引导学生完善自己的知识结构。对检测中存在的问题，教师可以采用作业等形式进行有效弥补，让学生在评价中反思，在反思中进步。只有把评价贯穿于整个教学过程之中，通过评价使学生在英语学习过程中，不断体验进步与成功，通过评价使学生学会分析自己的优势与不足，明确努力的方向，才能让学生在今后的英语学习中飞得更高更远。

综上来看，翼课网的运用既能激发学生学习英语的兴趣，变被动学习为主动学习，帮助学生自我评价，构建知识网络，提高学生的综合语言运用能力，又能给教师提供巨大的帮助。当然，现阶段，翼课网正在开发更多的模块，让学生和教师能够有更多更好的资源和体验，而我们对翼课网的运用也会随着时间的推移而逐步深入与成熟。

翻转课堂教学改革的体会

白 然

所谓"翻转课堂",是指把"老师白天在教室上课,学生晚上回家做作业"的教学结构翻转过来,构建"学生白天在教室完成知识吸收与掌握的知识内化过程,晚上回家学习新知识"的教学结构,形成让学生在课堂上完成知识吸收与掌握的内化过程、在课堂外完成知识学习的新型课堂教学结构。

我校的翻转课堂教学模式,即"两段八步"翻转课堂教学模式。"两段"是指"自学质疑课"和"训练展示课"两种课型,"八步"是指学生课堂学习的八个环节,其中自学质疑课包括"目标导学→教材自学(微课助学)→合作互学→在线测学"四个环节,训练展示课包括"疑难突破→训练展示→合作提升→评价点拨"四个环节。

一、"翻转课堂"的好处

通过观摩学习,我了解到翻转课堂就是把现在的教学模式翻转过来。

1. 把老师的教学搬出正课外。老师编制学案并提前录制微课,学生在自习课上根据学案自学教材,自主选择看相应的视频学习(必要时可以反复观看,也可以在线上、线下与同学研讨),按自己的节奏自主学习,在上课前理解要学的知识。

2. 把以前学生在自习上独立做的作业搬到课堂上来进行。让学生在老师的指导下做作业,有疑难时跟老师和同学一起讨论解决。翻转课堂改变了现行教学模式只管齐步走,不管结果的弊端,注重为学生的学习过程提供个性化服务(接受慢的同学可以反复看微课,相当于老师给他讲了好多遍),并重点关注是不是会做作业,确保学会。

3. 培养了学生阅读教材的习惯和能力。过去的教学中,经常听到教师埋怨学生不读教材,致使对所学知识一知半解;学生埋怨教师布置作业太多,没有时间阅读教材。实施翻转课堂,学生在自学质疑课上首先认真阅读教材,然后再完成相关学案。通过阅读教材,学生良好的阅读习惯初步形成,阅读能力不断提升。老师们反思说:"过去不是学生不愿读教材、不会读教材,是我们的教学方式没有给学生读教材的时间,没有培养学生读教材的习惯!"

4. 提高了学生的问题意识和创新意识。自学质疑课上,学生在"目标导学、教材自学(微课助学)、合作互学、在线测学"四个环节,都要根据学习情况提出本人或小组中的疑难问题;训练展示课上,学生通过自主探究、合作学习,运用已有的知识解决问题。每一节课上,学生始终处在思考、分析、探索、提高的状态中,思维活跃,认识深刻,分析问题、解决问题的能力逐渐提高,创新意识明显增强。老师们说:"任教十几年了,学生提出的很多问题从来没想过!"有的同学说:"原来听老师讲课,从来没有发现过这么多的问题!"

5. 课堂上初步落实了分层教学。学生自学教材后,可以根据自己的需要决定是否观看微课,可以根据自己的需要决定观看几遍。同时,还可以通过两人合作、多人合作等多种合作方式,解决自学教材、观看视频后没有解决的问题。而对于学习进度较快的同学,则可以通过帮助其他同学解疑答惑,更好地深化自己所学的知识。

二、问题与思考

1. 教师反映上课缺少激情,师生之间缺少互动,失去了讨论的兴趣和动力。我发现这种先学后教的方法更适合习题课、复习课。如果每门学科课前都有视频学习、预习学案和课后作业,学生是否有时间看视频? 何时小组合作交流? 何时完成预习学案和课后作业? 要想实现这些目标,前提是学生必须有强大的学习能力。

2. 翻转课堂从听课来看,更多的是去培养学生的探索意识、创新意识、合作意识等情感态度价值观方面的东西,弱化了知识与技能,而数理化生等理科的知识必须具备一定训练量,学生才会掌握相关知识点。课堂上不注重知识与技能的训练,能不能实现掌握相关知识点的目标值得商榷,这与我们现行的考试体制也不一致。

3. 如何结合学科特点和内容特点,提高微课的实效性和趣味性?

课程难点的准确预测,是保证微课质量的基础,是落实个性化指导的前提。微课的技术质量有待提升,微课的讲解方式有待研究。

4. 实施翻转课堂后,如何评价课堂教学的效益? 如何评价微课的质量和有效性? 在实践中逐步形成基于学校基础的可操作性较强的评价量规及评价方法。

三、建议我校的做法

1. 实施翻转课堂,需要学校转变教学理念,注重个性化学习,提升信息技术能力,学校可有偿组织部分骨干教师,按照"研究学案模式→编制学案目录→编写学案初稿→学案集中修改"的程序,将本学期各个年级的学案全部编写完毕并形成资源。

2. 从翻转课堂的起源来看,我们不难发现翻转课堂的出现是基于让缺课的或成绩相对较弱的同学补课的目的。它的实现必须具备两个前提:一是必须为学生提供一个完善的网络环境;二是学生必须具备非常强的自觉性。对于自觉去利用视频学习的学生来说,可以养成良好的自主学习习惯和自我管理能力,提高学习效能;而对于自觉性不强的学生来说,课下自己不学,课上因为进度太快,导致学习直接脱节,这样非常容易造成两极分化,并且是一种不可逆转的两极分化。从我校学生现在的学习自觉性与主动性来看,仅有少部分学生能适应。再者,我们必须充分考虑到西方考试是以达标为最终目的,而我国现行的考试还是以选拔精英为目的,这会不会造成过程与目的的不相符?

3. 翻转课堂可以作为我们现行教学方式的一种有益补充。我们可以利用"翻转课堂"来实现边缘生、尖子生的成绩提升。

4. 并不是所有课题都适用于"翻转课堂"。理科思维强度大、难度大的知识,文科人文色彩浓厚的知识,还应立足课堂来生成,教师的作用不可替代;我们应选取恰当的时机,选取恰当的课题,循序渐进地、具体问题具体分析地开展"翻转课堂"实践。

5. 视频及其他多媒体手段仅仅是一种教学辅助手段和工具,不应该成为课的中心,课的中心应该还是课堂。

6. 课前学生的学习时间投入明显加大,甚至超过学生原来完成作业的时间。如果长期下去,学生能不能吃得消,会不会课业负担过重?除非,每节课所有的知识点全部在课堂上消化落实,课下不留作业。

7. 以目前的学校技术水平,很难实现网络的全覆盖。即使实现了无线网络全覆盖,能否保证每一位学生自觉地去完成视频学习?会不会出现有些同学假借网络视频学习之名,行上网游戏、聊天之实?再者,学生与教师时时互动交流平台(学生提交自己的学习成果,教师可以进行时时点评)的建设并非一朝一夕之功。

8. 翻转课堂成功与否的一个关键环节在于：教师能否对学生的学习效果进行适时监控？如果我们要推行"翻转课堂"，一定要强调教师应健全学生学习成果检测机制，否则教师的教与学生的学就会成为两张皮，没有实现有机统一，这样就会导致课堂上热闹，学生的知识技能却落实不到位，很难取得理想成绩。

9. 对懒散学生约束力不足。由于学生个性的差异及小组长组织管理能力的差异，难以保证所有学生在小组内都积极参与。例如：有些懒散的学生合作积极性不高不愿过多地独立思考，表现出一种依赖思想，很多时候任务由小组骨干帮助其完成。

10. 骨干学生的学习积极性不足。开始实施时，骨干学生还十分积极，能很好地完成任务，并且协助其他同学学习。但由于很多时候，他们得不到老师及时的肯定，协助同学的积极性便慢慢削弱，小组合作学习的效果也慢慢降低。

11. 课堂纪律难控制。由于其学习的自主性、资源的开放性以及小组成员间的互动性，往往会出现各种讨论声、争执声，甚至会出现部分学生离开座位与其他同学交流的情况，所以课堂秩序显得乱，这时会出现部分学生浑水摸鱼、随意走动、谈局外话的情况。

最终建议：对于翻转课堂的实践应遵循循序渐进、具体问题具体分析的原则。各科选取适当的知识点展开班级对比试验，根据试验结果调整翻转课堂的授课方式，逐步提升学生的自主管理能力和自主学习能力，逐步实现翻转课堂的本土化，切不可操之过急。

为英语教学插上信息化的翅膀

——论初中英语教学中微课的使用

安文慧

　　微课是基于教学设计思想，运用多媒体技术开展的能够在较短的时间内，有针对性地对某一个知识点进行精细讲解的视频或音频。微课的出现给初中英语课堂教学带来了极大的便利，能够满足学生深入学习的需求。微课具有以下几个特点与优势：

　　（1）功能强大。微课可以将初中英语教材的内容转换为图片、视频或音频展示给学生，有助于激发学生的学习热情，提高学生学习的积极性。微课短小精悍，可以是教材解读、提醒精讲、知识归纳，也可以是教学经验、方法等技能的展示，这些内容都具有很强的针对性，有助于加强学生对英语重难点知识的理解。另外，教师可以通过网络平台，制作微课视频，并将视频内容传至网络，供学生参考学习。这样，学生的学习不再受时间和空间的限制，有助于提高学生的学习成绩。

　　（2）教学效率高。传统的英语教学大多以教师为主体，教师滔滔不绝地讲，学生不厌其烦地听，这种教学方式不仅耗费了教师大量的精力，还让学生失去了学习的兴趣，而微课教学可以大大提高教学效率。教师提前将教学内容制作成微课视频，通过视频中的图片或影像材料让学生直观地感受英语学习的魅力，从而激发学习兴趣。这样不仅减轻了教师的负担，还能让学生参与到教学当中，实现学生的全面发展。

　　（3）"以人为本"的教学理念。微课教学坚持"以人为本"的教学理念，它可以根据学生不同的情况，设计出适用于每个学生的教学内容。另外，微课视频可以调节视频进度，还可以重复播放，让不同程度的学生根据自身的学习情况，自由地控制视频播放的进度或反复观看视频，进而解决了一些反应慢而又羞于发问的后进生的转化问题。

　　总之，微课教学不但能让学生对已学的知识进行巩固，还能延伸其课外学习的内容。近几年我采用微课教学，在培养学生学习兴趣和自主学习能力方面都起到了很好的成效。但是,微课教学还是一个不断完善和改进的过程,并不是一种通用的教学模式,根据教学对象和教学环境的不同,我们选择的教学方式也不尽相同。

微课教学给传统的教学模式增添了色彩和活力,让学生们从最初学习英语的枯燥乏味转变成了趣味盎然。

当然,在使用微课时还要注意关注学生的心理特点。教师不能只注重运用各种各样的技术,而忽视学生在教学中的心理特点。教师不要只追求华丽而忽略教学的本质,偏离教学主题。另外,微课只是课堂教学内容的一种补充形式,并不能取代课堂教学。在制作微课的过程中,教师不能只关注微课教学的形式内容,还要注重与学生的交流互动。

善用翻转，大胆创新，超越发展

杨新河　徐翠珍

　　一次偶然的机会，批改学生的错题集时，在其扉页上，看到了学生编的这样一段话，感触颇深，现与大家分享：有一个地方，说起来是殿堂，走进去是公堂，盼着它是天堂，其实它是囚房。初读这段话，我并未能立即明白它的意思，后来与学生交流，才知道它描述的其实是我们传统的课堂。和学生对话后，我反思良久，我们的课堂何以变成了这般模样？如何才能改变课堂在学生心目中的形象？正当我努力探索，尝试改变时，我校引进了最新型、最有效的课堂教学模式——翻转课堂。它是课堂教学模式的真正创新，它让我们的课堂活了起来，让学生真正成为了课堂的主角，让大家从公堂走进了殿堂，从囚房走向了天堂。

　　而英语翻转课堂的创新之处，就在于让 A 课堂成为获取知识的殿堂，让 B 课堂成为展示自我、充满欢乐的天堂。为了实现这一目标，我正进行着不懈的探索与努力，下面就与大家交流一下具体的做法。

　　首先，给学生一个空间，让他自己往前走。

　　翻转课堂 A 课的教学设计，恰恰给了学生这样的一个知识"空间"，学生按照我事先设计的学习任务，一步步朝前走，不断向成功迈进。

　　紧接着，给学生一个问题，让他自己找答案。

　　翻转课堂的自学质疑学案，正是我鼓励学生大胆质疑的最佳方案。先让学生自主探究，然后小组合作交流，通过不断的释疑解惑，最终探究出问题的答案。

　　然后，给学生一个困难，让他自己去解决。

　　学生学习有困难，怎么办？当然要我们的微型课堂来帮忙。我把自己精心录制的微课通过云平台传送至学生平板，学生通过观看疑难点拨，动脑思考，解决困难。

　　有了进步的空间，找到了问题的答案，解决了学习中的困难，学生们也就得到了打开机遇之门的钥匙。机遇只会给有准备的人，而我们的学生，就是这些有准备的人。B 课堂的训练展示，正给了学生这样的机会，它是学生自我展示的最佳舞台。我所设置的单词竞赛、句子接龙、课文诵读、课本剧表演等各式应接不暇的比赛,极大地激发了学生的学习斗志,学生乐于参与,最大限度地展示了自己的能力,提高了学习效率。

再然后,给学生一个权力,让他自己去选择。

我下达的每日背诵任务,给了学生自主选择的权力。除了每日的必做任务,还设置了挑战任务,让学生自由选择挑战的难度,根据完成任务的情况,得到不同的难度分数。学生通过挑战,不但获得了加分,超越了自我,更实现了自己作为小组一员的最大价值。

最后,给学生一个对手,让他自己去竞争。

我采用的英语小组合作竞争机制,更是激发了学生的学习潜力。因为大家都不想居于人后,所以学习竞争一来,就会主动学习,互相促进。通过竞争,学生不但获得了学习的乐趣,更提高了自己的学习水平。在竞争中互相帮助,取长补短,最终双方都受益。

总之,给学生一个空间,让他自己往前走。

给学生一个问题,让他自己找答案。

给学生一个困难,让他自己去解决。

给学生一个权力,让他自己去选择。

给学生一个对手,让他自己去竞争。

给学生一个机会,让他自己去抓住。

给学生一个平台,让他充分去展示。

翻转课堂,翻出了课堂的活力,更翻出了师生的精彩,让我们携起手来,一起"翻转"吧!

教育信息化形势下的英语翻转课堂教学

陈美玲

近两年,我们学校一直在提倡学习翻转课堂,那么翻转课堂到底是什么样的课堂呢?它与传统教学课堂到底有什么区别呢?传统的教学模式,一般就是课上老师讲述新知识,课堂就是老师的"一言堂",是学生被动接受的场所。课下学生在家完成练习和作业。我们最熟悉、最擅长的就是这种模式。在传统教学模式下,我们的英语教学显得如此枯燥乏味。老师上课讲得口干舌燥,学生听得晕头转向,效率低下,久而久之,学习兴趣逐渐消失,听课成了负担,作业成了应付。翻转课堂式教学模式是指学生在家完成知识的学习,而课堂变成了老师与学生之间、学生与学生之间互动的场所,包括答疑解惑、知识的运用等,从而达到更好的教育效果。它是从英语"Flipped Class Model"翻译过来的术语,一般被称为"翻转课堂式教学模式"。互联网的普及和计算机技术在教育领域的应用,使"翻转课堂式教学模式"变得可行。学生可以通过互联网去使用优质的教育资源,不再单纯地依赖授课老师去教授知识。老师的角色也发生了变化,老师更多的责任是去理解学生的问题和引导学生去运用知识。

我们宁阳第二实验中学自从去年开始在韩校长的带领下,大力推行翻转课堂,老师们通过各种方式来了解、学习这种全新的教学模式,学校也大力支持,配备了各种设备,每个学生都配备了平板电脑,每个教室都安装了两台无线AP,以便学生可以在学校下载资源……虽然我们遇到了很多困难,技术上的、教师习惯上的等等,但是我们也取得了比较显著的效果。下面,我就我自己在这种新模式下的一些体会简单地说一下。

第一,精心设计预习学案

翻转课堂需要学生预习。如果只是单纯地让学生看课本,学生就会没有目标,而且不会达到预期目的,这就需要老师提前设计预习学案。预习学案的设计一定要适合学生预习,不可过难,而且还要渗透 B 段老师需要拓展的内容。

我今年执教了一堂泰安市翻转课堂公开课——Unit 7 What's the highest mountain in the world？ Section B Reading,我设计的预习学案包括目标定学——

尝试自学——微课助学——合作互学——在线测学五个部分。首先,一定要明确目标。

知识目标:学会本节课单词、词组以及重点句型。
能力目标: 1.能够通过上下文猜测单词及句子的含义,找到特定信息。 2.能够使用所学词语,描述熊猫及其他动物的外貌以及生活习性等。
情感态度与价值观目标:能够通过本篇课文的学习,学会保护自然,了解濒危动物的生存现状,做一个爱护动物、保护环境的合格的中学生。

其次,尝试自学的时候要题型全面,比如可以有如下设计。

一、基本单词、短语预习。这一部分主要是让学生先解决学习生词的困难。

二、课文预习。这一部分主要是渗透阅读方法。

(一)利用"寻读法(scanning)",快速查找 10,12,300,2000 这四个数字的含义。

10_____   12_____

300_____   2000_____

(二)再次利用寻读策略,根据问题所要求的信息点快速定位,并找出问题的答案。

1. What is Lin Wei's job?   _____

2. What do the baby pandas have for breakfast?   _____

3. Why are pandas endangered?   _____

4. What does the education program in Chengdu do?   _____

5. Why are scientists doing research?   _____

(三)听并默读课文,翻译句子。老师把一些重点句子摘出来,让学生提前预习。

下一步就到了微课助学了,学生在预习的过程中可能遇到的问题,教师应该有所预测,然后设计成微课。观看完微课,就该合作互学了。老师要设计好与本节内容有关的话题,引导学生大胆说出自己的观点。

Step 1:Free talk. Talk about pandas in your group.

尽量多使用所给词语,小组合作并口头组成一段话来介绍大熊猫,看看哪个小组用到的目标词语最多。

Step 2:Discussion:你还有其他方法来拯救大熊猫吗?

学生通过以上步骤,基本把预习任务完成了,效果如何呢? 应该用题目来检测一下,这时,我们就应该用到在线测学,这个内容我在后面有所准备。

第二,精心设计微视频

在学生自学的过程中,除了要有预习学案之外,我们必然还要准备微课(微视频)。微视频的特点就是短小精悍,大多数的视频都只有几分钟的时间。每一个视频都针对一个特定的问题,有较强的针对性,查找起来也比较方便;视频的长度控制在学生注意力能比较集中的时间范围内,符合学生身心发展的特征;通过网络发布的视频,具有暂停、回放等多种功能,可以自我控制,有利于学生的自主学习。

这一堂课中,在自学这一环节,我一共呈现给学生三个微课,其中有一个是关于熊猫的,这是网络上下载的,另外我自己用 oCam 录屏软件录制了两个微视频,一个是关于阅读方法指导的,另一个是关于本课知识点的,时间都很短,三个视频加起来不到十分钟的时间。学生在预习的过程中,可以借助微课来解决自己的问题,而不需要像以往那样,全部依赖老师。这样一来,学生学习的主动性就会大大提高,效率自然就很高了! 其实,实行了一段时间之后,学生自学的能力也突飞猛进。

第三,重新建构学习流程

传统教学模式下,学生的学习过程由两个阶段组成:第一个阶段是"信息传递",是通过教师和学生、学生和学生之间的互动来实现的;第二个阶段是"吸收内化",是在课后由学生自己来完成的。由于缺少教师的支持和同伴的帮助,"吸收内化"阶段常常会让学生有挫败感,丧失学习的动机和成就感。

"翻转课堂"对学生的学习过程则进行了重构。"信息传递"是学生在课前进行的,也就是在我们学校智慧生命课堂的 A 课中进行的,老师不仅提供了视频,还可以提供在线的辅导;"吸收内化"是在课堂上通过互动来完成的,即 B课,教师能够提前了解学生的学习困难,在课堂上给予有效的辅导,同学之间的相互交流更有助于促进学生知识的吸收内化。

我在这一节阅读课中,把一些易于掌握的要点放在自学中,学生能够自己掌握的知识,我们就不再重复,这样上起课来,学生也不会感到无聊。把真正需要老师点拨的问题、拓展的内容留到课堂上,师生通过小组讨论、老师讲解分析、辩论等方式解决,真正做到了"吸收内化"。

第四,学生做检测方便快捷

学生观看了教学视频之后,是否理解了学习的内容,视频后面紧跟着的四到五个小问题,可以帮助学生及时进行检测,并对自己的学习情况做出判断。如果发现有几个问题回答得不好,学生可以回过头来再看一遍,仔细思考哪些方面出了问题。学生对问题的回答情况,能够及时地通过云平台进行汇总,帮助教师了解学生的学习状况。

我们学校的翻转课堂依靠泰安教育云平台,依托完善的信息技术,学生在自学完教材、看完微课之后,可以利用平板做老师提前上传到云平台上的在线测学题目,这些题目是老师根据课本内容以及学生的情况设计的。大家做完了之后,云平台上马上就有分析,每个题得分率是多少、每个学生错了哪些题目,这些信息一目了然,老师不用再用以前的方法费时费力地批阅统计,几秒钟就可以解决。这样,既节省了时间,又提高了效率。

总之,翻转课堂在我们学校实行两年多以来,老师们已经逐渐习惯了这种全新的教学模式,学生也从这种方法中体验到了前所未有的学习乐趣,我们有效达到了"双赢"。随着教学改革的不断推进,英语教师要不断更新教学观念,树立以学生为中心的教学理念,创新适合自己的教学方法,让翻转课堂真正"翻转"起来!

现代信息技术在教育中美丽绽放

孔 霞

参加工作以来,这是我第一次参加远程培训,心里有些小兴奋。当看到这次培训主题是将现代信息技术运用到教育中来时,我感到很荣幸,因为从我们小时候上课时, 就想着课堂上老师能多给我们用一些多媒体和其他现代信息技术。带着这份兴奋和激动,我开始了为期近一个月的培训。

此次培训是通过电脑、网上课堂自学,在这个过程中,我懂得了很多以前所不了解的知识,比如慕课是什么、如何更快地编辑音频和视频等。这次培训让我感觉到真是学无止境,自己的专业知识水平还有待于提高,要在今后的教学生活中不断地学习充电。在培训中,我了解了信息技术基本工具的作用,认识了多媒体,了解了计算机在其他学科学习中的一些应用。尤其对于我们英语学科来说,现代信息技术的引入可以更加有效地提高学生学习的效率,改善学习效果,比如我们学校在英语学科上引入翼课网这个 APP,这个软件在学生同步作业上能发挥很大的作用。

通过现代信息技术,我意识到在教学中可以有效设计教学方案,掌握有效的课堂教学方式、方法,准确诊断和切实解决学科教学问题,提高课堂教学的实施和评价能力。制作音频、视频等的技术,不仅给我自身学习带来方便,还可以在备课、上课、作业批改、学生辅导、学业测评中发挥应有的作用。

在 PPT 制作这一环节,我学习了如何制作更精美的课件,并意识到掌握多媒体技术、熟悉多媒体软件的使用、了解多媒体课件的制作流程已成为当代教师应具备的基本素质,而制作课件既要讲究精美,又要讲究实用。制作课件是一个艰苦的创作过程,优秀的课件应融教育性、科学性、艺术性、技术性于一体,这样才能最大限度地发挥学习者的潜能,强化教学效果,提高教学质量。所以通过此次培训,我学会了从网上等多种途径下载视频、图片、Flash 等资源,以及截取网页和视频等,并将它们整合到课件中等技术操作,从而制作出更加丰富多彩的多媒体课件,丰富了学生的学习内容,更能激发学生的学习兴趣。

在培训中,我深深地体会到了现代信息技术与教育领域的密切联系,信息技术今后将成为教师教学和学生学习的重要工具。在新课程改革的形势下，未来教育应融入先进的教学理念与最新的信息技术，让现代信息技术在教育中美丽绽放。

教育信息化使得英语课堂更快、更高、更强

胡海南

一、教学背景

新目标初中英语教材采用任务型语言教学（TASK-BASED LANGUAGE TEACHING)模式,融汇话题、交际功能和语言结构,形成了一套循序渐进的生活化的学习程序。本单元的核心话题为"talk about geography and nature",运用形容词的原级、比较级、最高级来谈论自然地理事物。本课时的话题为珠穆朗玛峰,课时内容以文章的形式描述了登珠峰的危险、登珠峰的历史成就以及珠峰攀登者的精神。通过学习本节阅读课,学生不仅可以了解珠峰相关的信息,还可以学习珠峰攀登者不畏艰难、敢于挑战极限、实现梦想的精神。同时,通过完成阅读任务,学生还能够提升自身的查找信息能力、阅读理解能力、复述能力、表达自己观点的能力等等,这些都为完成后面的学习内容奠定了较好的基础。

本阶段的学生为八年级学生,经过前面的学习,已经掌握了比较级、最高级的语法知识,已经能够运用一些阅读的策略与技巧阅读、理解难度适宜的文章,因此能够自主地阅读、理解本课时文章。针对珠峰这一话题,他们很感兴趣、很好奇,极容易被登珠峰的挑战者们的精神震撼到。但由于基础知识掌握不一、阅读能力有限,因此,他们需要借助外力完成本节课的学习,从而进一步提升自身的各种能力。

值得指出的是,除了借助教师的力量,多媒体、平板电脑、各种网络平台等教学信息化工具也是很好的学习助手。事实上,各种教学信息化手段的使用,使得本节英语课变得更快、更高、更强。

二、教学过程

片段一：Leading-in

通过多媒体开展"开门大吉"的游戏,即让学生听歌曲《珠穆朗玛》的旋律猜出歌曲的名字——《珠穆朗玛》,从而引出本课时的话题——珠穆朗玛峰。声音、旋律的刺激,吸引了学生的注意力,提升了学生学习本课的兴趣,学生期待后面的环节。

片段二：Pre-reading

阅读前，播放了截取好的登珠峰的纪实影片，让学生身临其境，感知珠峰的自然地理特点、感知登珠峰的危险性，为后面的情感提升也做好了铺垫。同时，利用 PPT 呈现思考的问题，让学生不能只沉浸于视频呈现的内容，还应积极地进行思考，不偏离本节课的中心。这些都对学生阅读整篇文章，完成本节课的学习目标起了很大的促进作用。

片段三：While-reading

阅读中，PPT 呈现思维导图的框架，让学生完成未完成的部分，学生通过这一任务较容易地捕捉到了第一自然段的所有有效信息。之后，设计了 Make a report 活动，让学生扮演导游，向其他同学介绍珠峰，即输出思维导图上的所有信息。第二、三自然段的处理分别以完成表格、回答问题等形式完成。通过这些不同形式的阅读任务，学生不仅尝试复述了文章内容，而且提升了查找信息的能力，阅读、理解的能力。

片段四：Post-reading

阅读后，链接之前学到的热爱攀登的勇者 Aron Ralston 的相关信息，结合本节课学到的同样热衷挑战极限、喜欢攀登的登山者们，让学生讨论："我们能从他们身上学到什么？"通过讨论，学生不仅锻炼了表达能力，还达成了共识——向攀登者们学习：勇敢地面对学习、生活中出现的任何困难，用智慧战胜困难；永不放弃梦想，勇敢实现梦想。

片段五：Time-limited exercises

观看微课，学习 challenge、include、even though 等词和短语的用法，然后登录泰安教育云平台，完成提前设计好的限时训练。微课的使用，不仅能够让学生明确应该掌握的知识点，而且还可以照顾到英语学习水平较差的学生，他们可以反复观看自己不会的知识点。泰安教育云平台的使用，让教师得到及时的数据分析，使得教师在最短的时间内明确需要讲解的题目，进行有重点的讲解，这样大大提高了课堂效率。限时训练帮助学生较好地落实了本节课学到的内容，及时查漏补缺。

三、教学反思

本节课有很多亮点，比如引入、角色扮演，Aron Ralston 的链接等等，充分凸显了当下英语课堂同传统英语课堂的不同。当下的英语课堂更加突出学生学的地位,更加强调学生学习形式的多样性;更加主张用英语完成任务,在任务中提升运用语言的能力,更加倡导与生活实践的结合,促进学生情感的提升,从而为学生核心素养的发展与形成发挥应该有的作用。

本节课也有许多的不足,例如对学生的表现没有给予及时、到位的评价,最后缺少了总评;对于学生预习效果的检查耗时较多,阅读后设计的讨论活动时间安排仓促,讨论不充分。在今后的教学中,我会更加关注学生的学,进一步提升自身的教学素养,优化教学设计;同时,积极主动探索、学习、运用更多的教学信息化手段,让我的英语课堂更加成熟、完善。如果我们英语教师都积极行动起来,我相信,我们的英语课堂一定会更快、更高、更强。

翻转课堂模式在中学英语教学中的应用探索

秦翠英　石秀荣

一、引言

中学生在学习英语的过程中存在一定的困难和问题,主要集中在教师的教学方法和手段相对单一,教师的教学重点主要集中在单词、语法等基础知识及阅读、写作等应试内容上。学生应用英语的能力和素养没有得到有效提升,学生参与教学的积极性不是很高。随着新的一轮课程改革的推进,中学英语急需一种全新的教学模式实现其教学质量的提升。翻转教学就是现代教学模式的一种,通过教学内容的重组,构建符合学生学习特征的英语课堂氛围。

二、翻转教学在中学英语教学中的优势

(一)激发学生参与教学的积极性

翻转课堂模式需要组织学生开展英语交流练习,这样的练习方式需要互动教学,打破了传统的填鸭式的教学模式,中学生对这种互动式的教学有着十分浓厚的兴趣,他们渴望参与这样的互动式教学,这样一来,学生参与教学的积极性也就被有效激发。同时,这种东西方文化的差异将给学生带来好奇心,中学生对于这种未知的问题有着更多的兴趣,因此好奇心也是激发学生参与教学积极性的重要因素。

(二)培养学生英语自学能力

翻转课堂模式属于素质教学的一部分,这种教学模式需要教师引导中学生培养一种良好的英语学习习惯,例如提前预习相关的单词、语法知识,早晨利用一段时间进行英文朗读,利用课余活动组织英语交流,这些潜移默化的影响直接作用在学生学习英语的能力上,使得学生喜欢英语学习,主动开展英语学习,最终形成的良好的英语学习习惯将促进学生自学能力的提升。

(三)优化教学氛围

翻转课堂模式需要有良好的英语学习氛围,这就要求教师在教学方法和手段上采取更多的措施(例如:多媒体课件可以烘托出交际能力培养的教学氛围;情境式教学可以模拟某一情境练习学生的交际能力等),不断优化英语教学的

氛围,因此翻转课堂模式也就倒逼出英语教学的氛围优化。只有学生处在良好的英语交流氛围中,才能实现翻转教学的有效进行。

三、翻转课堂在中学英语中的具体构建

(一)部分教学内容前置

翻转课堂教学的主要思想就是将中学英语课堂进行有效调整,将传统的教学内容,例如单词、语法等前置到英语课堂教学之前,让学生自学、预习,这样的教学方式需要具备一些条件。首先,教师需要录制相关的教学内容,将传统课堂的英语单词、语法的学习录制成一段一段视频,上传到网络上,供学生下载。需要注意的是,在家里观看这些视频需要学生家长配合,监督学生完成相关的教学内容,同时视频录制不宜过长,教师可以根据教学内容,将相关视频控制在十分钟左右,这样比较贴合中学生的精神集中时长。其次,教师需要根据教学课堂的要求,设置相关的自学任务清单,将教师在课堂上需要展开的教学内容进行总体的梳理,根据其教学内容设置相关的教学任务,让学生在课前预习的时候,运用手中的电脑、课本、字典等进行自学,激发学生自主学习英语的意识和能力,创造自学氛围。最后,学生要具备学习的主动性。教师需要在课堂上设置一些开放式的问题,激发学生思考问题的积极性,这样学生学习英语的主动性将进一步提升,实现更好的课前预习、自学。

(二)英语课堂融入多元化的教学模式

学生在课前进行有效的预习和自学活动之后,传统的英语教学课堂上就被腾出了大量时间。这些教学时间,教师可以用来引入多元化的教学方法,实现学生与教师、学生与学生之间的互动。例如:设置不同的英语交流情景开展跨文化交际能力的培养。教师需要根据学生的接受程度,选择不同的教学情境进行设置,然后让学生进行分组练习交流,从而实现学生在不同情境下运用英语自如地交流。例如在与美国人交流汉堡式的快餐文化时,可以有一些诙谐幽默的句式和单词,在跟英国人交流西餐文化的时候,需要注意语言的严肃性,不该开的玩笑不能开,学生在不同的情景中交流体会这些文化的不同点,提升自己的交际能力。情感教育也要融入英语学习之中。一些中学生存在一定的英语阅读困难,他们在朗读文章的时候,经常出现结巴的现象,这些大都是心理因素造成的,因为他们长期没有在同学们面前进行朗读,在心理上有所胆怯,加之对文章的不熟悉,最终造成了朗读的结巴,这就需要教师从英语学习的自信心树立入手,不断帮助学生树立对自己可以学习英语的自信心,多与学生进行交流,不断引导学生参与英语教学的活动,实现学生参与英语教学的自信心树立。

(三)课后多层次的评价

学生对这一部分教学内容的掌握情况需要有及时的教学评价,教师可以设置一些教学任务给学生,让他们在课下完成。可以将评价权让交给学生,让学生之间进行互评,这样学生在纠正别人问题的时候,对自己也是一种警示。然后教师进行总结式的评价,针对学生集中出现的问题在课堂上再进行强调。这种多层次的评价,可以实现学生对自己和他人问题的有效认识,更好地提升学生英语学习的有效性。

四、结语

翻转教学主要就是将教学课堂进行有效的调整,将教师教授的一些单词、语法知识从传统的英语课堂上拿出来,进行有效前置,在课前让学生观看教师的教学录像,然后将腾出来的课堂时间用于教师与学生之间的互动交流,进行英语应用交际等方面的教学。这样可以进一步构建英语学习的互动性,更好地实现英语的教学。

九年级英语教学案例

任凡霞

【教材】新目标 Go for it 九年级上册

【课型】阅读课

【课时】一课时（45 分钟）

【教学内容】UNIT6 When was it invented? Section A 3a An Accidental Invention

【教材分析】本节课为阅读课，对象是九年级学生，根据英语新课标对九年级提出的要求特设计一些任务让学生根据上下文和构词法推断、理解生词的含义，理解段落中各句子之间的逻辑关系，找出文章的主题，理解故事的情节，预测可能的结局，读懂相应水平的各体裁的文章，根据不同的阅读目的运用简单的阅读策略获取信息。本课时以"茶的发明"为话题展开教学，围绕此话题，教材涵盖了相关单词、短语及听说读写素材。旨在基于学生的生活背景和周边素材用目标语言加以表述，在完成任务中提高学生的综合语言阅读与运用能力，并培养学生热爱传统文化、乐于求知的情感。

【学情分析】通过以往的学习，学生已经掌握了一定量的词语，形成了一定的听说与阅读能力，并对未知世界充满了幻想和求知欲。就本课时而言，传统茶文化的学习是学生乐于探索的。

【教学理念与方法】本节课在英语新课程标准理念的指引下创设情境，采用翻转课堂的教学模式，让学生在完成任务的过程中体验、参与、互助、提高，培养他们以读为主的听说读写综合语言运用能力。

【学习目标】

一、知识与技能目标

1. 词语：accidental, nearly , ruler, boil , remain , smell, saint, national , trade, doubt

2. 短语：by accident, without doubt, take place, be used for, fall into…

3. 句型结构：It is believed that…；be+ 动词过去分词

4. 技能：在完成任务的过程中正确运用阅读策略，理清文章脉络，提高阅读能力。

二、过程与方法目标

通过自主学习和合作探究在完成多样的阅读任务过程中养成正确的阅读策略和习惯。

三、情感态度与价值观目标

1. 培养热爱探究、乐于求知的学习热情。

2. 培养热爱传统文化、传承传统文化的情感。

【重点】1. 养成正确的记叙文阅读策略和习惯,掌握文章中的语言知识点,练习怎样抓住文章脉络。2. 通过阅读了解茶文化的渊源与发展。

【难点】1. 在规定的时间内准确高效地完成阅读任务,克服说明文带来的心理压力。2. 在阅读的同时掌握文章内的语法知识点,尤其是准确应用 be+ 动词过去分词结构。

【教学过程】

一、自主质疑:

1. 利用平板跟读本节课单词、短语以及重要句型结构。

2. 设计简单的相关预习学案让学生自主完成,并将自己预习过程中的疑难整理收集。

设计意图:让学生尝试主动突破文章的生词、短语等基础知识。

二、解疑问学:

1. 小组合作解决预习中的疑难问题,共同问题集体解决。

2. 导入 Free debate

T: What would you like to drink, tea or Cola? Why?

Discuss with the whole class.

设计意图:通过进行与本话题相关的自由讨论,进行有价值的情感、话题与知识铺垫。

3. 看《茶的起源》视频,回答问题。

（1）What is the video about?

（2）Who is the writer of Cha Jing?

设计意图:为学生提供与教材相关的视听材料,为进一步学习做好铺垫,并锻炼学生听取信息的能力。

三、进阶深学:Task1:略读文章,概括段落大意。

Para. 1

Para. 2

Para. 3

设计意图:设计有具体任务目标的速读训练,提高学生的概括能力和把握文章脉络结构的能力。

Task2:速读文章,回答课本 3b 问题。

1. When was tea first drunk?

2. How was tea invented?

3. Who is called "the saint of tea"?

4. What is Cha Jing about?

5. When was tea brought to other countries?

设计意图:点击中考任务型阅读,培养学生带着问题速读和找读的能力。

Task3:细读文章,回答问题。

读第一段,排列顺序。

A.The emperor tasted the hot mixture.

B.Some leaves in the water from the nearby bus fell into the water and remained there for some time.

C.The leaves in the water produced a pleasant smell.

D.Shen Nong was boiling some water over an open fire.

正确顺序:_____

2. 读第二段,回答下面问题。

Is Shen Nong the writer of Cha Jing?

3. 读第三部分,选择正确答案。

①Use another phrase to replace "took place".

　　A. took after　　　B. replace　　　C. began　　　D. broke out

②Which one is true according to part 3?

　　A. It is believed that tea was brought to Korea and Japan during the 6th and

8th centuries.

B. Tea doesn't become a national drink till now.

C. Tea trade from China to Western countries helped with the popularity of tea.

D. Many people doubt that Chinese understand the nature of tea best.

设计意图:采用中考单选题与任务型阅读两种必考题型,对文章进行设问,培养学生精读、找读以及辨析、选择与表达的能力,并根据本文特点锻炼学生的梳理能力。

四、微课助学:根据本课内容教师提炼本节课的知识点、语法点、句型应用,设计微课并上传给学生学习。

设计意图:学生通过自主学习剖析归纳知识点,并根据指导进行练习,突破重难点。

五、展示论学:学生通过听录音跟读,或者自己反复读来复述自己喜欢的句子或段落,并说出喜欢的原因。

设计意图:让学生通过听、读、背来熟练掌握本课句型结构,并为下一步的拓展练习做基础。

六、拓展用学:Write a letter to your pen pal in the US to describe the culture of tea.

设计意图:以导游的角色完成针对本话题的语言复述,在浓烈的兴趣中实现综合语言运用能力的提升。以书信介绍茶文化的形式复述,防止学生眼高手低。

七、系统理学:请根据本课所学知识设计自己的思维导图。(要求导图中要出现重点词、短语和句型)

设计意图:让学生通过绘制思维导图将本课时的词、短语、句型以及篇章结构等知识形成网络,构成系统。

八、反馈评学:通过在线测学,根据平台数据确立共性问题和重点进行讲解,并统计学生的达标率。

设计意图:通过设计针对本节课内容的语法知识与阅读检测题来诊断学生的当堂掌握情况,对尚存在的问题进行查漏补缺和有针对性的指导。

【情感教育、结束课堂】

设计意图:培养热爱传统文化、传承传统文化的使命感。

徜徉课改小半年

朱明露

课堂教学改革不是一个新鲜的词语,很多年前这个词就在各大院校、媒体之间传得沸沸扬扬。但是课堂教学改革要改成什么样子?怎么改?这些都没有明确的标准。于我而言,半年之前,"课堂教学改革"还只是一个只存在于书本或者电脑文档里面的高深莫测,同时又遥远到无法触及的词语。真正近距离接触甚至参与其中,是去年年底进入宁阳第二实验中学之后的事了。

刚进校门,什么都不懂,甚至连学校有多少个部门都不清楚,我就被分派到志愿者大军当中,为即将举行的全国翻转课堂大会服务。不过,正是在这次活动中,我人生第一次见到了来自全国各地的翻转课堂大师,第一次现场听到了关于课堂教学改革的报告,也正是这一次活动使我小小地"吃鲸"了一次,原来不同的课堂教学模式会带来如此天差地别的教学效果。

活动结束后,我们这所小县城里的普通学校迅速走进了全国各大院校、媒体的视野中,我们这批新来的教师也先后接受了一系列的培训。这时,我才真正了解到我校翻转课堂的教学理念,接触到三环八步的教学模式。

在接下来的教学实践中我逐渐发现了运用平板进行政治教学的好处。在充分备课的情况下,适当运用平板进行教学简直如虎添翼。将课堂中会用到的视频、图片、漫画乃至表格通过平板展示给学生,一方面可以充分调动学生的学习积极性和主动性,引起学生的学习兴趣;另一方面可以使学生利用课余时间提前预习,通过观察、分析或者合作探究得出相应的结论,避免了填鸭式教育的弊端,提高了学生分析、解决问题的能力。最后,利用几道闯关式的测试题当堂检测学生的学习效果,根据错误率统计,有针对性地进行讲解,设计变式训练,大大提高了学习效率。

但是,以上种种并不能够说明这种新型教学模式就一点弊端也没有。对于学生来说,他们毕竟正处于活泼好动贪玩的青春期,自我控制能力较差,我们并不能保证平板在他们那里一定是促进学习的工具,所以,平板的保存、收发、管理不得不引起我们的重视。要想让平板真正发挥积极作用,除了控制好平板之外，还需要我们做好学生的工作，引导学生培养良好的学习习惯，树立正确的学习观，在恰当的时间做恰当的事。对于老师来说，利用平板进行教学，除了原来的设计学案、设计课件、设计检测题之外，还要把这些内容输入到相关平台上以便学生上课使用；课上需要观察学生是否利用平板做了不应该做的事；对于输入到平板当中的材料要经过层层筛选，力求最符合课本理论、最贴近学生生活；对材料的解读挖掘也需要教师提前做好充分准备，这无疑在一定程度上增加了教师的工作量和难度。

时间是检验真理的唯一标准，任何事情都具有两面性。希望经过全校师生的共同努力，我校课堂教学改革能够将其不利压缩到最小，将其优点发挥到最大，最终取得长远发展。

翻转课堂教学的感悟

程安营

在新课改理念逐渐深入人心的今天,各地课堂教学改革逐步推行而且结出了累累硕果。我们宁阳第二实验中学也走在了改革的前沿,在推进课堂教学改革的浪潮中,大胆尝试,勇于创新,闯出了一条科学有效、适合学生发展的教学之路——翻转课堂。我们学校的翻转课堂教学已成为教学常态化,在全省以至于全国引起了广泛而又深刻的影响。

下面我谈一下在翻转课堂教学过程中的一些感悟。

翻转课堂是在正式学习中,学生课前利用教师分发的导学材料(视频、电子教材)自主学习课程,接着在课堂上参与同伴和老师的互动活动(释疑、解惑、探究),并完成练习的一种教学形态。实施翻转课堂使学生、教师、学校的教学管理发生了重大的变化。

1. 调动了学生的学习主动性,激发了学生的学习兴趣。

实施翻转课堂,激发了学生的学习兴趣。他们先自主学习教材,然后通过视频解决疑难问题,主动合作交流,体验知识的形成过程,体会到了学习的乐趣,享受到了成功的喜悦。课堂上学生不再是被动地完成老师布置的作业,而是主动地探索新知识,主动地在运用中落实知识,在合作中提升能力,学生学习的积极性、主动性越来越高,学习能力也得到大大提高。

2. 培养了学生阅读教材的习惯和能力,提高了学生的问题意识和创新意识。

实施翻转课堂,学生首先认真阅读教材,然后完成相关学案。通过阅读教材,学生养成了良好的阅读习惯,阅读能力不断提升,而且学生在每一节课上都始终处在思考、分析、探索、提高的状态之中,思维活跃,认识深刻,学生分析问题、解决问题的能力逐步提升。这一点对于英语教学尤其重要。在英语考试中考查阅读能力的题目有完型填空、阅读理解、任务型阅读,分值大约有 50 分,学生阅读分析能力的提高对英语成绩的提升起了很大作用。

3. 激发了教师参与校本研究的主动性,教师的备课方式发生重大变化。

翻转课堂的实行,不但促使老师们对课堂教学的研究成为自觉行为,教师针对学科教学内容的整合、重难点的确定、学案的编制、微课的录入进行深入研究,而且促使教师更加关注有生命的、开放的、个性的、充满灵动的教学过程,研究范围越来越大、研究内容越来越多,教师专业水平得到迅速提高。

4. 课堂管理得到转变。

在传统课堂上,教师必须始终关注学生的动向。实施翻转课堂后,许多扰乱课堂的行为不再发生,课堂管理的重点不再是维持课堂秩序,而是怎样更好地帮助需要帮助的学生参与学习,课堂管理的方向和重点发生了重大变化。

5. 教师组织教学发生转变。

翻转课堂分为两个阶段,即自学质疑阶段和训练展示阶段。自学质疑阶段,学生通过教材自学、视频助学、合作互学等环节完成学习过程,最后完成在线测学,教师可以通过平台反馈的结果来了解学生掌握的情况。训练展示课上,老师不再一厢情愿地设计问题和讲解,而是针对学生共同的问题分析,老师讲解有针对性,学生听讲有目的性,学习效率大大提高。在整个学习过程中,教师更多的是指导者而非内容的传递者,教师能更多地抓住学生学习的误区,关注学生的学习方式,这样师生信任度提高,师生合作真正开始,师生关系变得和谐融洽。

6. 评价方式发生重大变化。

翻转课堂中的评价体制与传统课堂的评价完全不同。在这种教学模式下,不但要注重对学习结果的评价,还要建立学生的学习档案,注重对学习过程的评价,真正做到了定量评价和定性评价、形成性评价和总结性评价、对个人的评价和对小组的评价、自我评价和他人评价之间的良好结合,而且评价内容也较为丰富,涉及问题的选择、独立学习过程中的表现、在小组学习中的表现、学习计划安排等方面,评价真正起到了反馈矫正和激励的作用。

以上就是我对翻转课堂教学的感悟,在今后的教学中我要继续深入研究,发挥翻转课堂的最大优势,让翻转课堂更好地服务于教学,让学生在翻转课堂中得到更大的发展。

让学生在课堂自由飞翔

冯振彬

在传统的教学中,经常用"只听见一片沙沙的写字声"来形容课堂的安静,用"同学们异口同声地回答"来赞美课堂教学的热烈。但这样的课堂里,坐着的只是些读书的机器而绝非是有血有肉、有棱角的学子。21 世纪是创造教育的世纪,新的课程改革将教育本质定位为"交往",在教学过程中学生以个性化形式存在,带着知识、思考、兴趣等参与教学活动,学生成为课堂教学的灵魂。那么,在教学中如何把学习的主权还给学生,让学生插上创新的翅膀自由飞翔?

一、相信学生有信心、有能力学好

现在的许多教师,在做着费力而不受学生欢迎的事,有的不去了解学生的基础、性格特点、学习的需要,只按照自己的原意组织教学,学生处于服从地位,造成了耗时多、情绪低、效果差的局面。造成这种局面的原因就是教师不相信学生,包办代替,教师没有把学生的内心渴望、求知识的欲望激发出来。苏霍姆林斯基经过大量调查研究后说:"在人的心灵深处,都有种根深蒂厚的需要,就是希望自己是一个发现者、研究者,而在儿童的精神世界中,这种要求特别强烈。"我们的教师要深入到学生中去,了解学生的生理、心理、学习发展的需要,以取得教育的主动权。要真正把学生强烈的表现欲、求知欲激发出来,把学习的主动权还给学生,首先,教师要相信学生,相信学生有信心、有能力学好,要尊重学生的意愿,挖掘学生学习的潜力,要建立民主、平等的师生关系,拉近师生间的距离,营造"有话想对老师说,有事想请老师做,有困难想老师帮"的良好氛围。其次,教师要解放学生,把学生从知识为中心的传统教学体系的束缚中解放出来,让学生抬起头来走路。解放学生的双眼,不要只盯住课本,外面的世界更精彩;解放学生的大脑,点燃思维的火花;解放学生的双手,让学生参与社会实践;解放学生的嘴巴,使学生谈天谈地谈真理;解放学生的空间,让学生在大自然里寻觅丰富的食粮。再次,要善于发现学生的闪光点,适时地进行鼓励和引导,把学生的自我表现欲充分地激发出来,用于学生自主学习的过程。如鼓励学生采用好的学习方法,鼓励学生调动主动学习的热情,鼓励学生采用新颖的思路、独特的思维方式准确快速推理,鼓励学生养成良好的学习习惯。良好的学习习惯养成了,将促进创新思维的发展。

二、主动感悟知识的形成过程,培养学习能力

学生的学习能力不是教师教出来的,而是在学习知识的自我感悟中逐步形成和发展起来的。感悟就是自我体验,通过自己的思维加工,进而获得知识,形成思想。教师的作用就是引导、帮助学生,提高学生的这种自我感悟能力。联合国教科文组织在《学会生存》一文中阐述道:"教师的职责现在已经越来越成为一个顾问,一位交换意见的参考者,一位帮助发现矛盾观点而不是拿出现成真理的人。"这说明未来的教师要以一个组织者的身份出现,而学生要以学习的主人的姿态,主动参与操作、讨论、汇报交流、提问、质疑、争论的全过程,在这个过程中感悟知识的形成和发展,提高分析问题、辨别问题、创新发展的能力。

三、创设问题情境,激活学生思维

瑞士教育家裴斯泰洛奇认为:"教育的主要任务,不是积累知识,而是发展思维。"学生的学习过程,是知识的再现——整合——发展的过程,在这一过程中学生进行着复杂的思维活动,在这一活动过程中,要激发学生思考,促进学生思维发展,它的着力点就是"问题",教师提出问题或学生提出问题。没有问题的教学,在学生脑海里就不会留下多少痕迹,也不会激起学生思维的涟漪。学习过程中没有问题的学生是一个不能独立思考的学生,这样的学生思维不活跃,没有创造性。因此,教学中教师要精心设计问题,鼓励学生质疑,培养学生善于观察、认真分析、发现问题的能力。因此,在历史教学中,教师不能简单地罗列历史事实,不仅要阐明"有什么""是什么",更应该说明"为什么"和"怎样出现的"。这就要求教师要注意根据教材内容和学生实际,提出富有思考性和启发性的问题,做到精心设问,巧语提问,尽量让学生"多思",使之"入境"。这不仅符合学生好奇、探求的心理特征,也是创造良好教学情境的有效方法。例如讲《甲午中日战争》中的黄海大战,让学生观看《邓世昌和直冲敌舰的致远舰》视频时,启发学生思考:致远舰上面为什么有那么多的烟雾?为什么这些烟雾向右倾斜上升?从而说明它多次中弹,仍坚持战斗,宁可葬身鱼腹,也要开足马力向日军"吉野号"冲去的果敢行动。接着再问:为什么致远舰撞不到"吉野号"反而中鱼雷呢?这一问题学生非常感兴趣,探索、讨论纷起,课堂便处于一种活跃的气氛里。经讨论、分析,学生在轻松愉快的气氛中理解了"落后就要挨打"的道理,同时又促进了学生智力的发展。这样的教学既培养了学生发现问题的能力,又培养了学生科学严谨的学习态度,比教师过早地讲解要好得多。每一节课都能让学生感到新鲜,每一分钟都能让学生快乐,让他们插上想象的翅膀,飞翔于知识的高空。让学生从心底爱上历史课,使"新课改"释放的不仅仅是学生的手,还有学生的心情。

四、适时地进行动手操作,进一步促进学生思维的发展

苏霍姆林斯基说过:"手和脑之间有着千丝万缕的联系,手使脑得到发展,使它更明智;脑使手得到发展,使它变成思维的工具和镜子。"皮亚杰曾经指出:传统教学的缺点,就在于往往是用口头讲解,而不是从实际操作开始教学。由此可以看出学生动手能力培养的重要性。我们的教学要从传统的只注重动口的模式解放出来,让学生既动口又动手,适时地进行动手操作活动,把动手活动与大脑的思维活动结合起来。新的历史课程中注重图片的使用和制作,我曾在视频中留意到:德国的教室里,墙上的德国地图是孩子们自己动手用彩笔画出来的(虽然德国生产的"海德堡"是世界上最精密的胶印机之一)。再看我国,学校里的所有挂图(包括教学用图)都是用此类机器印刷出来的!"探索+创新"与"机械+重复",这种反差造成的结果太可怕了。要知道"得到了一桶水的人"和"学会取水的人",他们完全处于不同的起跑线。我们的学生虽然先"得到了一桶水",但不会"取水",不但没有"鲜水"吃,原来的水也会变质变臭,坐吃山空是早晚的事。在充满竞争的 21 世纪,我们的学生若不能及时学会"取水"的本领,那么他们恐怕又要重蹈"花高价买水喝"的覆辙,被社会无情地"淘汰",或成为廉价的劳动力,或成为唯唯诺诺的幕僚……每每想到这,我就不寒而栗。学生通过眼、手、脑同步运动,在参与画图的实践中,既掌握了历史知识,又训练了动手能力。

现实的教室是有墙的,而学生参与的课堂是开放的,课堂教学要唤起学生的创新意识,关键是让学生真正地参与到课堂中来,形成人人参与的局面,让学生自主地去发现,去探索,去寻找规律,让学生参与成为课堂教学的灵魂,让课堂成为学生体现自我价值、迸发生命激情的理想舞台。

"仁、智、勇"之歌

任建河

圣人有训:"君子道者三,我无能焉:仁者不忧,知者不惑,勇者不惧。"宁阳第二实验中学自成立以来,踏着改革的步伐,在大力推进信息化的同时,着力打造传统文化主阵地,向2000多年前的古人借智慧,以培养具有"仁、智、勇"精神的现代中国人为育人目标,唱响了一曲"仁、智、勇"之歌。在这场改革中,我与时俱进,不断实践,不断超越,以自己的努力,为这首歌敲击着属于自己的音符。

仁:以爱育爱爱隽永

2013级学生一入学,我在餐厅维持秩序,看到孩子们都很自觉地排队领饭、打饭,秩序井然,我就义务做起了给学生打稀饭的活儿。几天后,每次吃饭时,都能发现我的餐位上放着两小碗稀饭。后来,因为我不是餐厅的工作人员,没有查体证明,不能再给他们打稀饭,可整个班的孩子们就像做值日一样,轮着班,一直为我服务到毕业。我为他们服务一时,他们为我服务三年啊。我们德育工作者,不就是以爱育爱、以人心换人心吗?渐渐地,班级里鲜有破坏纪律和公物、同学之间闹矛盾的现象,到处是谦恭礼让,积极向上,互帮互助,一片和谐。

智:以智启智智超群

2014年冬,期末复习的最后一个阶段,我把本学期学生在各次考试中出错率高的题目进行了整理,做成幻灯片,在课堂上让学生重新做。一个一个轮着来,每人一题。当轮到一个叫许兴昶的同学时,题目有点难,学生叽叽喳喳,我笑着说:"兴昶,你如果能把这道题目做对,本学期的优秀进步生就有你一个。"要知道,这个同学刚入学时,"根据考古发现"这六个字,他就只认识一个"古"字。所以,我认为他没有信心做对,为了鼓励他,才这样说。当涉及个人荣誉的时候,那还了得,每个同学都静了下来,大眼瞪小眼,就等着他回答。他默想了一会儿,居然答对了。这倒让我为难了:我的许诺怎么兑现?好在孩子挺争气,期末考试历史考了62分,进步25个名次,他凭自己的努力名正言顺地成为了年级优秀进步生。

勇：以勇励勇勇无畏

2015 年春，组织学生到济南战役粟裕指挥部去远足，来回近 30 公里的路程，害怕学生吃不消，准备了两辆收留车跟着。我害怕自己撑不下来，推了一辆自行车，准备实在不行的话就骑上。刚一上路，学生就把带的书包挂在了自行车上，满满一车，将近 30 多个，没办法，自己推着吧。走了也就一半多一点路程，就有个别学生明显体力不支。我就鼓励他们，给他们加油打气，让他们坚持，为荣誉而战，为远足不留遗憾，给革命先辈交一份满意的答卷。可我自己，由于穿的鞋不合适，脚底下生生磨出一个大血泡，走一步，钻心地疼。没办法，我也只有咬牙坚持。我的学生发现了，也都默默地把书包背在了自己身上，把书包里的水喝掉，把面包吃掉。有好几次，我都想骑上自行车，减轻一下痛苦，可看到全班学生都在苦苦坚持，我也不能当逃兵。我们你看看我，我看看你，慢慢达成一种默契，相互鼓励，相互搀扶，直到最后回到学校，没有一个学生坐收留车回来。望着他们满身的疲惫，可脸上挂着一种满足的快乐、一种自豪和骄傲，我也由衷地感到欣慰。

"泰山巍巍，天戴其苍，天道行健，人当自强。仁者不忧，爱满胸怀；志存高远，誓做栋梁。感恩母校，爱育我心。做栋梁！做栋梁！今朝春风化作雨，明日桃李满庭芳。

汶水泱泱，地履其黄，地势载物，人当厚德。智者不惑，修身博学；刻苦砥砺，乐学起航。感恩母校，智启我心。要乐学！要乐学！今朝春风化作雨，明日桃李满庭芳。

鲁邦瞻瞻，圣人临乡，文明之风，源远流长。勇者不惧，肩有担当；诚朴勇毅，开拓创新。感恩母校，勇励我心。有担当！有担当！今朝春风化作雨，明日桃李满庭芳。"

每当这首《仁智勇》的校歌在校园里响起，就有一种责任感油然而生，"以爱育爱，以智启智、以勇励勇"，为社会培养更多具有"仁智勇"精神的现代中国人，不但能够"成人"，而且可以"达己"。

翻转课堂有为天地

——在信息化教学改革中的几点做法和感悟

陈炳坤

微课所掀起的教学改革狂潮更多的来自翻转课堂。传统课堂是以课堂内导入新课、讲解新知、布置作业，课堂外练习为主的先教后练的模式，相比之下，翻转课堂则是以课外自主学习、提出困惑，课内展示交流、协作探究为环节的先学后教的模式，真正实现了"以学定教"，它改变了传统的课堂教学模式，为当下的教学课堂改革提供了希望性的方向。

结合我校的"三环八步"课堂教学模式，我们历史教研组的具体做法是这样的：

（一）课前自主学习，找出困惑，缩小教与学的落差

课前自主质疑环节，主要包括尝试自学和基础测学两步，让学生利用发到平板上的预习学案和微课资源自主学习，充分发挥其自主性，找出自己的困惑所在，为课上的小组合作交流做好铺垫。同时为激发学生自学的求知欲，充分利用学生手中的平板和网梯平台设计有针对性的预习检测题，在线检测学生对所预习知识的掌握程度，也为教师课上的教学问题预设提供相应的参考。因为有了之前的预习做铺垫，学生的学习难度降低，尤其那些学困生，自信心增强了，学习效果自然提升。由此可见，利用微课预习，不仅可以帮助学生养成自主学习的习惯，提高学生的自主学习能力，扫除学习难点，也能有效地缩小两极分化，激发学生的学习兴趣。

（二）课中突破重难点，答疑解惑，实施分层教学

课中练习内化环节，主要包括解疑问学、展示论学、进阶深学和系统理学四步。在课堂上，教师要组织学生针对自主学习阶段提出的困惑展开讨论，并适时给予引导。对于无法解决的问题教师要再次引导学生思考，回顾微课，使学生自己找出问题的答案。同时，教师也要根据学生提出的困惑，利用一体机提前设计PPT课件，整合和本课重难点有关的文字材料、图片材料、视频材料，由易到难地引导辅助学生逐步找到问题的答案。这样能让学生逐步理解知识点，同时也

能提高学生的交流能力、质疑能力。同时,教师再有针对性地配以适当的变式训练题,这样学生对重难点的理解和运用基本也就解决了。在课中这四步中为保证学生的参与度和积极性,一定要充分用好小组合作和小组捆绑量化评价。为保证小组合作的高效运行,可以采用轮换、抽查、抢答、挑战四种不同的评价方式进行。

(三)课后复习巩固,查漏补缺,拓展延伸,提高学习兴趣

课后拓展升华环节,主要包括拓展用学和微课助学两步。首先,微课提供了复习巩固的机会。微课的出现为个别化教学提供了更多可能,传统课堂中学生一旦错过了教师的重难点、疑点的讲解,就很难完成学习任务,而微课为学生课后的复习及疑难点的再学习提供了机会,可以照顾到正规课堂中误课的学生,有助于缩小学生之间的差距。对学困生而言,简要而清晰的微课讲解可以帮助排除课堂上的知识盲点,学生可以在课后通过微课再次复习巩固课堂上学习的内容。其次,微课不仅仅能帮助复习,还能进一步拓宽学生的知识面。课堂学习结束后,教师可以给学生安排一些拓宽知识面的视频,这样就很好地解决了课堂上因为教学时间有限而满足不了学生求知欲的问题。这种利用碎片时间进行非正式在线学习的方式能帮助学生提高学习效率。

通过翻转课堂教学,我们历史教研组有以下几点体会:

1. 学生喜欢生动的课堂教学。一成不变的课堂教学是得不到学生的喜爱的。就像我们每天都吃同样的菜,即使是山珍海味也有吃厌烦的一天。教学工作如菜,面对的对象都是人,效果当然也一样。一个小小的改变会引起学生更大的学习兴趣。

2. 微课正如学生所说,可以反复观看、学习,而老师的讲解一般不会超过三遍,这是我们当老师的在进行教学时所不能超过的。放眼全国,把同一教学环节在一节课上对同一个学生讲解超过三次的老师不多,然而确实存在着学习了好几遍都还没有学会的学生。有了微课,可以不限次数地观看,有疑问的地方还可以暂停,直到弄懂为止。

3. 翻转课堂可以实现因材施教。我们都认为个体是存在差异的,教学应该因材施教,但真正做到因材施教的又有几人?课堂教学过程中,老师总是只有一个,但学生永远不止一人,这又从何谈起因材施教?微课是目前解决这一问题的

最佳方案。课堂教学过程中,就有学生没有观看我发的第二个微课,因为他已经会了。有的人学习了一次,有的人学习了两次,还有的人一直在学习,学了就去做练习,不会做练习,又回头学习。这就是微课。

在翻转课堂的实际操作中,我们历史教研组认为应该注意的问题有:

(一)微课设计应形式与内容兼顾

优秀的微课应该是形式与内容的完美结合,好看又实用。微课只讲述一个教学知识点,这个知识点是供学生自主学习时,必须要教师讲述才能理解的内容,是学习的重点或者难点、易错点。微课中的讲解要通俗易懂、语言简洁,要从学生的已有经验和知识储备出发,引导学生积极思考,激发起学生探索新知的欲望,积极主动构建新知。

(二)微课开发与应用应有计划,突出实用性

英语微课是英语教学的辅助资源,为了充分发挥它的功用,必须有计划地按步骤开发应用,联系教学实际。微课在选择或者制作上一定要考虑学生的基础、兴趣、习惯等,要适合自己的学生使用,突出实用性。

(三)微课开发应注重整体性与连贯性,从微课走向微课程

微课短小精悍的特点决定了它必然同时拥有孤立、零碎、信息割裂等缺点,因此,教师应按照一定的顺序和原则,围绕相关的知识点创作一个专题、一门课程的系列微课,那么孤立的微课就能被关联化和体系化。

(四)课堂学习与微课预习紧密结合,及时反馈,注重实效性

学生在课前通过微课自主学习,完成自主学习任务单上的任务。要想真正达到预期的学习效果,教师必须精心设计自主学习任务单,让学生在教师的指导下,在明确的任务驱动下学习,提升学习效果。为了检测学生的学习效果,第二天的课堂学习必须就预习内容及时反馈、交流,解决一些自学中的困惑,及时查漏补缺,及时评价学生的自学情况,这样才能促使学生认真自学,提高微课学习的实效性。

踟蹰不前到砥砺前行

查仲于

2016 年 5 月，当时还在宁阳某乡镇中学任教的我去参观学习了宁阳第二实验中学承办的泰安市翻转课堂教学现场会。听课、拍照、听报告，新的教学模式、新的教育理念给了我不小的震撼和冲击。但我知道，这离我很远。会上信心万丈，会后安于现状，不就是我们相当一部分人学习参观后的结局吗？过了一段时间，这次参观学习慢慢地就淡忘了，工作与生活对于我来说还是原来的步调、原来的圈子。殊不知 3 个月后我就和宁阳第二实验中学、和翻转课堂联系了起来。

8 月份，县直学校从乡镇遴选教师。我的孩子正好要上一年级，为了孩子能够进城读书，犹豫之后我也报了名。择校选岗时地理学科只有宁阳第二实验中学分配了名额，我也就很自然地选择了宁阳第二实验中学。对于传统课堂教学，有十几年教学经历的我不能说是驾轻就熟，也可以说是得心应手。现在我却要改变自己十几年练就的刻板模式，尝试一种原以为离自己很远，只存在于报告会、现场会、舆论媒体聚光灯下的一种全新的、陌生的教学模式。人在一个安逸的环境中待久了，往往会安于现状，突然间去一个陌生的环境总会有一种压力感。一丝不安、紧张，甚或是恐惧在心头蔓延，这种感觉在开学前一直萦绕心间。但我也自己劝慰自己，有些环境自己不得不去适应，尽管我不知道前方的路会怎样。人必须像弹簧一样，在压力面前有一股反弹力，遇挫而更强。当面临压力时，必须要有足够的勇气去披坚执锐、枕戈待旦，而且这时所需要的不仅是勇气，更多的是心中的目标和信心。也许已经习惯的生活节奏要被改变，也许衣食无忧的生活将不复存在，但是当一脚踏进激流，此时才会明白，原来种种的迷茫是因为没有目标。不向前迈出一步，就不会知道下一步会如何。

新学期伊始，我就进入了宁阳第二实验中学任教。对于我们这些新进老师，学校领导通过专家专题讲座、座谈会、技术培训、示范课等等形式让我们了解、学习翻转课堂这一全新的教学模式。通过一段时间的了解掌握，我对翻转课堂有了更为深刻的、切身的感悟和体会。翻转课堂教学模式，颠覆了传统的"填鸭式""灌输式"教学,课上课下都由学生当主角,变"老师教,学生被动学"为"学生主动探究学习,教师引导"的全新模式,让学生在愉悦、自信的氛围中,按照其兴趣和爱好有特色地发展。翻转课堂中教师创建教学视频和组织课堂活动,学生先通过视频完成知识点的学习,课堂则变成教师与学生、学生与学生之间互动的场所,从而有针对性地答疑解惑,以达到更好的教学效果。从教的角度来说,翻转教学翻转的是教学理念,从先教后学转变为先学后教,以学定教;从学的角度来说,翻转教学翻转的是学习理念,传统学习有时空的限制,翻转课堂在互联网技术的支持下,打破了学习的时空界限,让学生在自主学习的过程中,选择适合自己的最佳学习方式,以提高自己的学习效率;从课堂组织形式来说,翻转教学改变了课堂的组织形式,包括教师的主导身份和学生的被动身份的转变,学生成为学习的主角,课前自主预习,课后自我复习,课堂成为查漏补缺、自我巩固的环节,教师则更多地扮演着答疑者、引导者、评价者的角色。与传统课堂教学相比,翻转课堂教学模式改变了教学流程和教学手段。传统课堂的流程是"课堂信息传递、课后消化吸收",而翻转教学是"课前信息传递、课中消化吸收、课后验收评价"。翻转课堂借助信息技术,把课堂延伸到课外,将个性化学习与班级授课结合,变文本为视频,激发学生学习的主动性。

慢慢地,在领导、同事,抑或是学生的帮助下,我对如何使用平板电脑,指导学生使用电子书包,使用网络信息平台推送文本、课件、视频越来越熟练,包括微课的制作和应用。翻转课堂是一种全新的教学模式,而微课则是一种创新的教学载体,为翻转课堂提供了强大的课程支持。特别是经过我们地理教研组全体同人的一直努力,研讨确立了我校地理学科各课型翻转课堂的学科授课模式和流程之后,上课越发轻松惬意,学生的学习积极性、主动性、学习效率也有了稳步提高。学生在课前借助纸质的预习学案和教师在网络平台上推送至平板端的微课及相关补充资料,对新课进行预习。小组长收集整理本组存在的典型问题交给学科代表,学科代表汇总全班问题交至老师。老师根据学生反馈的问题进行二次备课,适时修正新课授课的重点。相对于传统的课堂教学模式,利用平板电脑通过教育云系统实施课堂教学具有其独特的优势。它能够及时互动反馈和精确指导解决课上出现的问题,优化教与学的全过程,可以达到减负增效的双重目标。课堂上老师利用网络平台反馈的预习诊断的具体数据,对学生出错较多的知识点予以点拨指导。课堂的重心是对知识重难点的讲解和知识的拓展延伸,平板微课、网络视频、多媒体课件让这一部分知识变得生动而活泼,一改传统课堂呆板的授课模式。网络不仅应用在新知教学上、在课堂达标检测上,借助网络平台的数据反馈,老师也能实时地掌握每一个学生、每一道题目的完成情况、正确与否、得分率等等,平台每道题后还有加推设计的矫正训练,拔高挑战等内容,真正做到因材施教、分层教学、有的放矢、靶向治疗。而平台上的微课、资料、题目学生在课下可以结合自身实际反复观看,重复练习。借助于科技的力量,翻转课堂模式下,学生乐学,教师乐教,教育的信息化成了课堂效率的倍增器。

为了提高学生学习地理的兴趣,不仅在校内,节假日期间我们也会精选部分优质的与地理学科相近的纪录片推送至学生平板,借以拓宽学生的视野,激发他们学习地理的兴趣。累计推送的纪录片有《江山如此多娇》《美丽中国》《地球脉动》《航拍中国》等。

"长风破浪会有时,直挂云帆济沧海。"2016年11月,迎着初冬的寒风,由微课联盟主办的第三届全国翻转课堂大会在我们宁阳第二实验中学成功举办,近千人齐聚宁阳,聚焦县域推动、共话翻转课堂,绽放教育光彩。本次大会我有幸参与其中,并在地理学科论坛上介绍了我校地理学科开展翻转课堂的各项情况。大会之后,我校接待了慕名而来的多批教育考察团,我也有幸在其中执教地理学科示范课。

"雄关漫道真如铁,而今迈步从头越。"借着信息化的东风,教育迎来了发展的春天。打造翻转课堂、云端教学,让宁阳第二实验中学成为了全国名校。从伊始的踯躅不前,到现如今身处教育春天,教学大变革下的我,在宁阳第二实验中学这块教育沃土上定当砥砺前行,去创造属于自己乃至宁阳第二实验中学的辉煌!

信息化教学助我快速成长

王 晋

信息化教学是随着新课改的全面实施而不断推进和发展的,是实现精细化教学、落实以人为本教育思想的有效手段之一。我有幸在刚参加工作之时就掌握了这门技术,并参与到这项事业中来。

一、为学而教,翻转课堂

学生是所有学习的主体,而教师的角色是引导者、管理者、组织者及修正者。这一角色认知,现如今已毋庸置疑。那么,由这一认知出发,信息化教学为我们实现这一定位提供了一个很方便的实现途径。

在课堂教学开始的前一天,我将本课的知识框架(复习课由学生自己形成框架)和疑难点做成微课视频推送到学生的平板电脑上,让学生在自主预习时可自由点击观看,以帮助一部分学生在预习阶段就掌握了本节课的大体脉络,突破了难点障碍。在预习后设置几道难度不大的诊断小题,通过平板电脑收集学生在预习阶段的掌握程度。课堂教学开始时由学生展示自己的答案以及思维过程,以求再收集学生产生错误的原因。这样教师就可以在课堂上集中精力对平板上收集到的问题和预设的重难点进行精讲点拨,真正做到基础知识以学生自学为主,课堂上稍作点拨,教师不再味同嚼蜡地反复强调。学生逐渐适应起这种形式后,自己能解决的简单问题便不再依赖老师。课下督促检查学生的记忆背诵情况,把课堂上大量宝贵的时间用在重点难点的深度讲解和拓展应用上,这才能实实在在地把课堂还给学生,让他们能够依据教师的计划完成自学即可达到的小目标,这样也充分发挥了教师的突出重点、突破难点、落实应用能力的作用。信息化手段帮助教师摆正了自己的角色定位,即课堂学习的组织者,深入探究的引导者,知识巩固的管理者。

二、精细反馈,有的放矢

我们以往根据教师的自身经验来判断学生哪里不会、哪里会容易出错,这对于从教多年的老教师来说并不是多么困难的事情,而对于经验缺乏的年轻教师来说,却很难有十足的把握来预测这些。然而即便是经验丰富的老教师,也很难做到每次都完全正确,而且也不可能关注到每个个体会常犯什么错误。传统的举手统计错误率不仅费时费力,而且很难保证客观准确。信息化教学手段能帮助我快速准确地定位学生的错误所在及错误率,而且还能关注到个体之间的差异。无论是预习诊断,还是最后的达标测试,信息化教学为我提供了精确客观的数据,而且工作效率相比之前也大大提高了,使我能够及时地掌握学生的整体情况,把握住大的方向,洞察个体的不好习惯,做到"精准扶贫"。

此外,还免去了纸质试卷在学生手中不易保存的烦恼。利用电脑阅卷系统,我还把学生历次的考试成绩形成电子档案,再推送到学生的平板电脑上,并对个体的习惯性错误做出了分析。我依据学生的习惯性错误建立了题库,形成一套试题,使其把精力集中到自己的习惯性错误上来,反复练,最终突破错误的魔咒,实现自我超越。

三、家校联合,便捷连通

家庭、学校共同教育和联合施策,才能更好地陪伴学生成长成才。虽然现在已有很多学校开通了微信公众号及家长群,但由于平台技术限制,无法做到大文件传输及精确的、差异化的传输。而利用学生的平板终端,班主任及各科教师就可以突破微信公众号的权限,自主地向整体或个体推送有关资料、作业。班主任、德育处还可以差异化地向学生及家长推送学校信息。这对于我们这所位于城乡接合部的学校,以及学生家长文化程度普遍不高的现状来说,向他们提供一些家庭教育方面的指导及建议,通报学校近期的发展与学生的在校情况变得便捷可行,也为家长关心学校发展、方便家校交流铺平了道路。

四、润物无声,随时陪伴

信息化的教学手段,不仅为学生的在校学习提供了方便,也为学生在家,脱离老师之后继续学习,实现全面发展创造了无限可能。

学生在课堂学习之前就可以通过教师的微课助学了解大部分的基础知识。一些纯记忆性的内容,在老师的指导及课后督促之下即可以背诵完成。学生带着问题来到课堂上,关注本节课的重点,突破难点,参与讨论,教师引导学生进行思维,培养其解决问题的能力。而在学生回家之后,学生对于课上老师讲解的疑难重点,可以反复地点击老师录制好的微课,仔细回看,还可以在复习阶段完成系统根据其以往考试总结的习惯性错误而推送的若干套个性化纠正试题,不断提高。

在周末以及寒暑假的日子里,我们通过向学生平板终端推送上学期的知识回看、知识巩固、要点练习以及下学期的微课助学,为学生提供优质且免费的教学资源,把学生及家长从收费昂贵且难以保证质量的校外补习班中抢了回来,受到了家长与学生的广泛欢迎。

五、关注内涵,提升境界

长久以来,我们一直兢兢业业地教书,认认真真地工作,也曾想当然地认为学生会需要什么,可能在思考什么。这在以前师生之间、长辈与下一代之间接受信息比较单一且一致的情况下,并不会出现什么大问题。而现在在信息爆炸、学生接触信息的渠道多种多样、内容纷繁复杂的情况下,即便是80后老师与00后学生,甚至是90后老师与00后学生之间都很难说没有代沟。时代在发展,学生、学情在变化,我们老师是否还能一成不变地向学生提供其所需要的优质产品呢?如果答案是否定的,那就要求我们进行教育的供给侧结构性改革。而改革的前提就是要知道现在学生需要什么,哪里最容易出错,以使改革不再盲目,达到精准扶贫、点石成金。只要针对症状下对了药,那种"满堂灌"式的教学模式便一去不复返了。因此,教师的教学手段要转方式,技能要调结构,这种手段就是信息化教学手段,这种技能就是熟练地运用信息化教学的技能。这样明确了改革的目的,确定了改革的方向,就让我们的信息化改革不再是为了信息化而信息化,丰富了信息化教学的内涵,提升了教师教书育人的境界、学校办学的境界。

经过这一段时间的教学实践,我真实地体会到了教育信息化是把握学生整体倾向、有的放矢提升教学质量的有力抓手;是关注个体差异、对症下药、促成个体不断进步的得力助手;是记录学生成长轨迹、关心学生发展历程的忠实记录人;是助力家庭教育、反馈学生表现、密切家校沟通的联系人;是陪伴教师成长、展示教育成果、助力教师提高的好伙伴。

总的来说,我总结出了信息化教学手段的诸多优点:内涵丰富、手段多样、方法灵活、多环节渗透、全时段陪护、行科技发展之利、代教师低效重复工作之劳。教育的信息化是一种手段,而不是目的,更不是徒有其形式。经过一段时间仔细的思考,我觉得前两年教育信息化之所以无法顺利地展开,不是由于教育信息化本身不好,而是由于技术方面的诸多限制。近几年来各种硬件、软件内容逐步进步优化,一改以前信息化只是把"一言堂""满堂灌"式的教学模式由课堂搬到了线上的现象,真正实现了人机互动、师生互动,教育信息化已经迎来了欣欣向荣的春天。

"以人为本,内容优质,方法高效,实现学生的全面发展"是新课改的出发点与落脚点。一切有利于教学质量提高、学生快速成长、教师专业发展、学校品位提升的方法都是好方法,也是互联网+教育的又一成功实践。

"好风凭借力,送我上青云。"教育信息化是帮助青年教师快速成长的有效途径。适应学生不断变化跳跃的快节奏,跟上时代日新月异的新步伐,信息化教学手段是不二选择。青年教师们,让我们一起出发,运用好新技术、新方式,托举起中国教育的新明天。

多媒体技术在地理教学中的运用

把多媒体用于教学已成为教育现代化发展的主流,利用现代科技手段提高教育水平已成为各类学校所关注的大事。学校相继建立了一整套电教设备,要求教师充分利用,以发挥多媒体在教学中的优势。各学校相继开展了各种教学软件设计的培训活动,以提高教师使用多媒体进行教学的能力,为多媒体广泛运用于教学奠定了一定的基础。基于教育发展的形势和多媒体教学的优势,多媒体被广泛应用于教学之中。

一、多媒体在地理教学中的作用

1. 有利于提高学生学习地理知识的兴趣

地理知识涉及面广,有很多理论性的知识,学生难以掌握,抽象的知识也不少,容易使学生产生枯燥感,从而对地理课不感兴趣,甚至产生畏难的情绪,对知识的学习极其不利。利用多媒体技术进入地理课堂进行教学,通过制作地理教学软件,使讲授的知识具有动态感,图文并茂,再配上音乐,容易吸引学生的注意力,使学生把注意力集中到地理知识的学习上来。学生不必十分精通计算机技术和软件即可获取大量地理知识,这对地理教学是非常有帮助的。

2. 有利于培养学生读图、用图的能力

地理教学的一大特点是要求学生把地理事物的位置落实到地图上,并能在空白填充图上填写出来。多媒体通过软件控制,可把地图任意放大、缩小,既能看到全图,也可突出某个地点,做到点面结合,便于学生掌握地理知识。如讲到青藏高原,首先显示一幅中国地图,然后点击青藏高原的位置,图上出现青藏高原在中国的位置及其范围,让学生一目了然,再点击放大,在高原上出现高大山脉,直观地反映出"远看是山、近看是川",雪山连绵、冰川广布的景象;接着设计一些相关问题,让学生在电脑上做练习,即时检查学生是否掌握了这部分内容。

3. 有利于突破地理教学中的难点、重点,加强对地理知识的理解和掌握

地理课中一些难点,如四季形成、太阳直射点的移动、各种气候类型等,内容较抽象,即使有模型也难理解。而通过看电脑模拟过程,学生能直观地看到这

些地理现象,那么难关就可以攻下。同样道理,教学中的重点内容,也可运用电脑软件,突出重点的知识,便于把握。也可通过练习,让学生牢固地掌握知识。

4. 在地理教学中运用多媒体技术,扩大课堂的容量,可大大提高教学效率

地理课内容涉及的范围广泛,包罗世界各地、各民族,有众多的地名、地理事物。由于时间和资金的问题,不可能学到什么地方,就去当地亲身体验。而单凭教材和地图册,学生觉得知识是抽象的,有时还因国内外的地名多而弄得晕头转向,从而害怕学习地理知识。通过电脑播放该国家或地方的资料,让学生感受那里的风土人情、名胜古迹,可调动学生的学习兴趣,从而把抽象的知识感性化,让学生容易理解和掌握。如讲授中国行政区划的内容,以前差不多要用两节课的时间,应用多媒体教学后,用一堂课的时间就可学完,还可进行相关的巩固练习。通过练习反馈的信息,教师得知,学生已较好地掌握了这方面知识。

二、在地理教学中运用多媒体的几个误区

1. 多媒体运用削弱教师在教学中的主导地位

多媒体是现代化教学工具,在教学中确实可以提高教学效果。所以许多教师把多媒体看成提高教学效果的灵丹妙药,过多地追求和利用多媒体的使用功能,致使学生感觉是看老师演戏。多媒体是一种教学手段,但不是唯一的。作为教师首先应当把握住自己在教学中的主导地位和作用,通过教学过程的设计和灵活多变的操作,使多媒体发挥最佳教学功能,避免出现教师成为多媒体课件的解说员的现象。

2. 多媒体教学脱离传统教学,甚至取代板书

由于多媒体教学的推广和运用,很多教师在运用多媒体进行教学时已经脱离了粉笔和黑板。但"尺有所短、寸有所长",作为传统课堂教学象征的黑板,其教学功能是现代化教学媒体无法取代的。黑板即时重现能力强,随写随看、随擦随写,内容可以方便地增删,教师在教学中时有灵感突来,这些灵感往往是教学艺术的动人之处。结合传统教学手段,恰当运用好板书和多媒体的结合,能更大程度地提高教学效果。

3. 脱离教学需要

在地理教学中,并不是每课内容都适合大量用多媒体,教师在教学设计过

程中,应根据教学需要恰当地处理好用还是不用,或是怎么用的问题,避免出现由于跟风而运用多媒体的"盲从"误区。

4. 课件的制作出现"画蛇添足"现象

部分教师在运用多媒体教学时,片面追求课件的完整性,将教材中浅显易懂的内容大段大段原封不动地搬到投影屏幕上,教学的每个环节都做成幻灯片,甚至教师说的每一句话都打在幻灯片上,整堂课是在教师不断地敲击键盘中完成,教学效果可想而知。多媒体课件是突破难点和重点的一种手段,不一定每个教学环节都得用多媒体。比较抽象、难以理解的内容适合用多媒体动画展示自然景观图进行突破。几张简单的幻灯片照样可以上好一堂课,幻灯片之间不一定都得有联系。另外,在幻灯片放映的空档期,很多教师习惯穿插一些与教学内容无关的很花哨的动画,这样做是不可取的,与教学内容相比,它更能吸引学生的注意力,使学生注意力分散。

5. 忽视课件的播放速度与学生记笔记的关系

在传统教学方式下,教师写板书的同时,也是学生完成记笔记的过程。在多媒体教学方式下,由于教师很少写板书,就可能出现学生记了笔记忘了听课、听了课又忘记了做笔记的现象。教师最好能事先把需要记笔记的内容打印出来发给学生,这样学生就可以专心听课而不用再想着记笔记的事情了;或者尽量调节好演示课件的速度,留下学生思考与记录的时间,绝不要一味赶时间。

总之,多媒体在教学中应把握好"度",避免为了用多媒体而用多媒体,教师应清楚地认识到多媒体只是一种教学辅助手段,使用多媒体教学最终的目的是为了提高课堂效率和教学效果。

翻转课堂,给学生一个喜欢学习的理由

李海峰

当我受困于如何面向全体学生,让学生的学习更自主,如何解决班级授课制条件下教师集体面授造成的部分学生跟不上等问题时,我如愿来到我们二实验,结识了走在翻转课堂一线的同事们,耳濡目染地开始学习录制自己的微视频、设计学生自主学习的过程、设计课后的在线测学等,我初次感受到了"翻转"的好处。学生不会做的题不会再打电话问老师了,他可以借助视频学习,解决了个别辅导没时间的问题,解决了班级授课制条件下的个性化学习问题……慢慢地,我从对翻转课堂的初识懵懂到亲身实践,在"宁阳县微课程资源共建共享联盟成立大会""泰安市信息化现场会""全国翻转课堂大会"等活动中执教公开课,让自己的"翻转梦"插上了腾飞的翅膀。下面就以执教过的几节课谈一谈这两年在"翻转"之路上的收获和感悟。

1. 课前正确引导学生进行准备

课前正确引导学生进行准备是翻转课堂在生物教学中起到良好作用的重要前提。由于翻转课堂的特征是将学生作为教学的主体,因此课堂教学开展之前,教师应对学生加以引导,使学生积极主动地做好课前预习准备,这样才能达到事半功倍的教学效果。例如,在生物七年级上册第二单元第一章第二节"植物细胞"的教学中,教师应在课前对学生进行科学引导,使学生对"植物细胞"的学习产生兴趣,之后积极自主地进行预习。如教师可以在课前向学生布置问题,以问题为依托激发学生对教学内容的学习兴趣,以促进学生主动预习。教师可利用不同的植物器官,然后出示不同器官的细胞示意图,教师给学生设疑:"哪一个细胞是叶片的?""哪一个细胞是根的?""同学们,答案就在下一堂课学习的内容中,请大家思考一下,怎样能观察到根或叶片的细胞是怎样的呢?"学生在教师的引导下,课下主动预习教学内容,并在预习中将植物细胞临时装片的制作和植物细胞示意图充分预习。在课堂教学内容展开之前对教学内容有了充分的了解,对提高学生的课堂学习质量具有重要意义。

2. 课堂学习资源的设计

翻转课堂学习资源的设计是指教学视频的设计，翻转课堂教学中的视频是教学的关键，教师应按照教学内容科学合理地设计教学视频。在设计教学视频时应以教学内容为指导，在其中加入更多的案例与实验，使学生通过生动的案例与实验加深对教学内容的理解。例如，在生物八年级下册第八单元第一章第一节"传染病及其预防"的教学中，教师应在视频课件设计时引入非典型肺炎的案例大家普遍熟知的病情，在视频中对案例进行详细分析，以激发学生的学习兴趣，并说明传染病的主要病因、传播途径和一些有效的预防措施。在生物七年级下册第四单元第五章第一节"尿的形成和排出"的教学中，在视频中可以加入一些生动的实验。我们可自己进行实验，然后将整个实验过程录入教学视频中。实验要通过胶管内液体的流动，使学生加深对肾单位结构和尿的形成过程的理解，达到通过教学使学生产生健康生活的意识的目的。

3. 课后有效的教学评价

课后有效的教学评价能够使学生产生极大的学习信心，对提高初中生物教学的效率具有重要意义，而翻转课堂教学的课后评价尤为重要。翻转课堂教学是使学生回到家中利用教师设计的视频课件自学，然后将学习效果、作业以及问题带回课堂，教师和学生共同完成课堂教学评价，以便解决学生自学过程中的难点与问题。因此，我们对学生的学习评价应以鼓励与肯定为主，将学生在学习中善于发现问题与分析问题的能力作为主要的评价标准，以此提高学生学习的自信心，培养学生的创造性思维与创新能力。

学校在实施"翻转课堂"教学的改革中，学生通过微视频学习，犹如师生同坐在桌旁，一同学习，共同探讨，让学生感受到贴心的教学服务，这种情感上的关怀激发了学习的积极性与主动性，让孩子们真正爱上学习，爱上二实验的大家庭。

架构五大支柱，打造生物云端智慧课堂

张　辉

　　近年来，随着互联网＋在教育领域各个环节的逐渐渗透，传统教育的弊端日益凸显。在传统教育模式的桎梏下，面对这场史无前例的教育信息化改革的浪潮，无论是作为传道授业的教师，还是作为教育主体的学生，都被推到了风口浪尖，需要重新认识、摸索、定位自己的角色。于是基于"教育＋互联网"的移动教学、混合式教学、在线课堂、泛在学习等各种各样的学习模式开始流行于整个校园。科学的模式离不开实践的印证，面对纷繁芜杂的模式，作为一线学习引导者的教师无疑成为实践和选择的主体。

　　笔者所执教的宁阳第二实验中学从 2014 年创建以来，即着力打造基于教育信息化的走向云端的未来学校。学校大力推进教育信息化改革，在韩廷山校长的带领下，通过三年的不断实践、摸索、完善，以数字化"云校园"建设为依托，积极探索"云技术"与教育教学的深度融合，以"翻转课堂"为突破，形成了适合本校学情的"三环八步"智慧生命课堂模式促进了各学科教学质量的大幅提升。其中，生物学科组在不断的实践摸索中架构出五大信息化支柱，打造出生物云端智慧课堂，尤为突出。

支柱一：微课助学，微力无边

　　课前微课助学，以学案为依托，以微课为辅助。初中生物学科作为一门以实验为基础的探究性自然科学，单从课本介绍很多知识抽象难懂，此时微课助学尤为重要。教师课前收集遴选重难点素材，制作成短视频，时间控制在十分钟内，非常有利于学生高度集中思考。微课视频问题针对性强，每每都是直入主题，学生进入情境快，这就非常有利于培养学生的高度集中思考的能力、获取知识的能力。微课视频制作，仅呈现与主题密切相关的内容，有精细的分析思路，有严谨的答题过程，有适时准确的画外音，没有了教师的身影，没有了讲台、讲桌，避免了外界干扰，因而学生的注意力会集中于问题本身，有利于提高学生思考的效率。

支柱二：虚拟仿真实验，虚实结合

利用生物仿真模拟实验室完成实验课翻转，先线上模拟实验再动手操作。生物学是一门实验性很强的学科，实验是一切科学探究的基础。虚拟实验室突破了传统实验教学受时间、地点限制的问题，在网络等环境下建立的虚拟实验室更方便进行互动学习。教学实践中，老师为了在有限的实验课时间内完成实验，常常缩短讲解和示范操作的实验环节，但这常常会造成部分学生在实验前对实验原理理解不透，直接影响实验过程，拖延实验时间，影响实验效果。在开展真实实验前，通过展示虚拟实验来讲解实验原理、实验方法、实验步骤，让学生充分了解实验的进程，就可以增加学生对实验的了解，以保证学生有较多的操作时间。如果学生能够在开展真实实验前，亲手操作虚拟实验课件，学生不必担心损坏仪器，甚至发生事故，在正式实验时就能熟悉操作过程，减少操作失误，从而更加激发学生对实验的学习兴趣。同时，虚拟实验课件具有无限复制特性，学生可以根据自己的需求，随时选择时间完成实验，并可根据需要"真实"地观察实验现象、操作实验仪器。这对于课前预习实验，充分搞清实验原理、实验过程和仪器设备的使用，建立实验前的直观认识有极大的好处，客观上实现了实验室空间和时间上的延伸。

支柱三：思维导图，完善体系

生物学科绘制思维导图可使学生迅速形成完善的知识体系，从而查漏补缺。思维导图绘制不拘于形式，可以采用多种图形表示。方法上一般有学生自主绘制和教师绘制初稿学生补充填写两种方式。在教学过程中教师和学生只需要记录课程中相关的关键词来完成绘制工作，可以节省50%到95%的时间。把学习者的主要精力集中在关键的知识点上，关键知识点之间的连接线会引导学生进行积极主动的思考。快速系统地整合知识，为知识的融会贯通创造了极其有利的条件，发展了创造性思维和创新能力。同时，实践表明，使用思维导图进行学习，可以成倍提高学习效率，增进学生的理解和记忆能力。

支柱四：在线测学，掌握学情

生物学科重在理解，章节难易不同，知识点繁杂，同一节课由于学生视野的不同，学习过程中产生的问题也不一样，在线测学能够及时帮助老师统计结果，掌握学情。在线测学是及时了解学情的一种高效反馈方式。学生限时将作业答案通过平板上传,后台及时统计完成时间、上交人数,每道题的得分率、难易程度一目了然,帮助学生当堂反馈,老师及时讲解。

支柱五:码书码卷一码知天下

生物学科教材中一些图片很抽象,难以理解,比如草履虫的结构,细菌、病毒的结构,利用码书可以让学生直观形象地理解教材。"码书"即扫码看书,扫一下二维码,课程内容就直观形象,甚至动态地呈现在屏幕上,方便随时随地随意地学习;同时"码卷"是为了分层次教学,即在试卷的题目后面将对应试题的解析利用二维码的形式展现(即不会就去扫一扫,看解析,一码知天下),可方便不同层次的学生解疑问学。码书码卷可使生物教材的试题有声化,使文本视频化,塑造孩子的自学能力和创造力,让学生在快乐中忘我地学习生物课程。

通过架构以上五大支柱,信息技术真正融入了我们二实验的生物课堂,成功打造出适合本土学情的生物云端智慧课堂。在未来的教育实践活动中,我们仍需充分把握好互联网给教育带来的新的机遇,也要提前规避好互联网有可能对教育带来的挑战。同时在未来信息化改革的浪潮中,我们仍需与时俱进,不断提升自身素质;尊重学生的主体地位,培养其自主学习和终身学习的习惯;利用互联网这一新时代工具为教育提供更好的服务,并不断促进教师的教与学生的学,从教育的师、生这两大主体出发推动学科教学的不断前进。

如何利用信息技术提高初中生物的教学成绩

步 琳

随着时代的发展,信息技术得到了广泛应用,也给教学改革注入了新鲜的活力。我就谈谈在初中生物教学中,如何合理地使用信息技术来优化初中生物课堂教学。利用信息技术可以有效地创设教学情境,激发学生学习的兴趣;可以有效地突破重点和难点,提高学生学习的效率,可以化抽象为形象,让学生学得轻松;可以将抽象的问题具体化,可以使生物问题生活化。而这一系列的应用,都要建立在对生物问题的科学分析、合理研究的基础之上。那么作为初中生物教师如何合理运用信息化技术来促进初中生物教学发展呢?

一、利用信息技术激发学生的学习兴趣

信息技术能有效提高学生的生物学习兴趣,激发学生的学习动机,这是让学生学好生物的第一步。兴趣乃成功之母,是学习的源泉。如果可以解决学生的学习兴趣或学习动机问题,那学生的学习障碍就解决了一大半。多媒体教学中文字、图片、声音融为一体,具有较强的真实感和表现力,可以激发学生的学习兴趣,从而达到最佳的学习状态,为成功奠定良好的基础。

二、利用信息技术完成教学过程

生物学科的特点是动态的、抽象的,如植物的受精过程、尿液的形成、血液循环,这些都是初中生物教学中的重难点,但看不见,摸不着,对于初中生来说能够很好地理解还是有一定难度的。信息技术的使用可以让抽象的问题具体化,消除学生的抽象思维、逻辑思维上的障碍,从而降低这部分重点问题的学习难度。多媒体的使用能够让生物科学更生动、更直观,合理运用可以增加学生学习知识的方式,帮助学生加深记忆,结合讲解,使教学内容更形象化,取得化难为易的效果。例如在讲解植物进行光合作用的知识时,如果教师单纯地讲解,是比较抽象。如果能够利用信息技术将光合作用的整个过程展现出来,即使只有简单的几个步骤,学生们也能够更快地理解这部分的知识点,与老师在课堂上的交流能力也会大大增强。生物教学内容繁多,利用信息技术可以最大限度地突破时空的限制。生物教学常常受到区域地理分布的限制而无法观察到动植物实物,也会受到季节的限制与教材难以同步。利用信息技术就会克服这些限制因素,把各种生物及现象搬到课堂上,这样有利于学生直观形象地观察。

三、利用信息技术展示学生的思维导图

在生物教学过程中,我们发现学生往往不能够形成知识网络,更不能够比较深刻地了解各个核心知识间的联系。又由于生物学科的课程设置和课时安排,生物复习的时间非常紧张。如何使学生在较短的时间里掌握系统的生物知识、提高复习效率,显得尤为重要。老师不能一味地提供模板,要让学生发挥自己的想象,让学生构思自己的思维框架,建立适合自己记忆的思维网络。但是学生的程度不同,有些同学不能很好地把所有知识纳入知识网络,这时候可以利用信息技术展示个别学生优秀的思维导图,给其他同学一些启发。

新课改下的生物教学方法更加符合时代的发展要求,也更加受到广大学生的喜爱。作为生物教师,在充分利用信息技术来促进生物教学的同时,也要尽量避免信息化生物教学的消极影响。

教育信息化对生物课堂的影响

张 迪

作为一名新老师,在入职近一年的时间里,我深刻地体会到了教育信息化对教学、对学生学习的影响,它以方便快捷的手段,扩大了课堂容量,提高了学生学习的效率。通用信息技术的现代化教学手段,具有丰富的表现力,它能提供直观、多彩、生动的形象,把许多看不到、摸不着的事物和场景再现;把简单的知识以生动的形式,调动起学生的多种感官,从而有力地吸引学生的有意注意,诱发他们的认知兴趣,把他们带到妙趣横生的环境中去探求生物学知识,在轻松愉快的气氛中学习感受大自然的奥妙。下面以我的一节课来具体介绍一下信息化在生物教学中的呈现。

一、上传微课,课前预习

课前上传本节课三个演示实验的微课,学生课前自主观看微课,完成课前预习,重难点可以多次观看,并记录疑难问题。这样,用演示视频代替教师的书写、讲授,学生课前就已掌握 80% 的新知,为课堂点拨疑难、专项练习节省了时间。

二、创设情境,激发兴趣

学生学习生物的兴趣主要来自形象具体、形式新颖的事物。本节课我首先给同学们播放木材燃烧,动物、植物、人类呼吸的相关视频,学生观看。丰富多彩的教学资源,能为学生营造一个色彩缤纷、声像同步、能动能静的教学情境,从而激发学生的学习兴趣,充分调动学生的视觉、听觉等多种感官,把学生在生物课堂上的审美体验推向高潮。

三、直观形象,突破难点

针对本节课的重难点,PPT 一一展示,逐一突破。例如:本节课的重点内容是观察三个演示实验,然后做出总结。演示实验的视频课前已经准备好,可以课上留时间再次观看,加深印象。总结部分,我会制作三张 PPT,由实验题目 + 实验图片 + 实验结论构成,这样学生做出实验的结论,我便点击 PPT,做适当讲解和点评。在教学中每总结一个,通过多媒体的手段可恢复课堂鲜活的面目,使课堂变得有声有色。采用 CAI 动态图像演示,其文字的闪现、图形的缩放与移动、颜色的变换等手段,不仅能把学生难懂的知识直观地显示出来,而且有较强的刺激作用,有利于促进学生的知识建构。

四、优化教学,扩充容量

教学活动是一种复杂的信息交流活动,通过多媒体辅助,可以优化教学效果,摒弃落后的教学方法,突破创新,拓展知识容量,使以前繁琐的工作变得简单,使教学内容简单化,教学效果更佳。

如:本节课利用视频将"呼吸作用吸收氧气""呼吸作用释放二氧化碳""呼吸作用释放热量"三个演示实验呈现在学生的面前,创设了身临其境的场景。运用信息技术进行摸得着、看得见的教学,不仅课时容量大,而且生动形象,比起传统的生物教学省时增效,我越来越感受到信息技术在教学中所起的重要的作用。

总体而言,信息技术用于学科教学的最初表现形式,是信息技术和课程整合的最低层次,目前大多数基础教育和高等教育都采用这种方式。教师可以使用现成的计算机辅助教学软件或多媒体素材库,选择合适的部分用在自己的教学中,也可以利用 PowerPoint 或者一些多媒体制作工具,编写自己的演示文稿或多媒体课件,清楚地说明讲解的结构,形象地演示其中某些难以理解的内容,或用图表、动画等展示动态的变化过程和模型等。另外,教师也可以利用模拟软件或者计算机外接传感器来演示某些实验现象,帮助学生理解所学的知识。这样,通过合理的设计与选择,计算机代替了幻灯片、投影仪、粉笔、黑板等传统工具,实现了它们无法实现的教育功能。

以上便是计算机技术对于我的教学的辅助,我在以后的教学中还要继续学习,争取让计算机技术在课堂中有更大的应用。

信息化教学改革的体会

刘艳杰

　　我深深地体会到计算机辅助教学已经走到了我们身边,认识到课堂上要把信息技术完美地融合到教学之中,充分发挥计算机的工具性能,利用网络资源,搜集信息、处理信息,从而提高教学质量。

　　多媒体在教学中的使用,改变了以往教师讲得津津有味,学生听得无精打采的教学气氛。它使教师从传统的知识传递者变成学生学习的指导者和教学的组织者,教师和多媒体、教学内容以及学生组合成了一个合理、协调、有创造性和发展性的学习整体,从而使学生的学习不再枯燥乏味、了无生趣。如课堂教学中,学生在教师的指导下,利用教师提供的资料(或自己查找的信息)进行个别化和协作式相结合的自主学习,并利用信息技术完成任务。最后,师生一起进行学习评价、反馈。在整个教学过程中,学生的主体性和个别化得到较大的体现,这样的教学氛围十分有利于学生创新精神和解决问题的能力的培养。同时,教师通过现代教育媒体,发挥了自己的主导作用,以各种形式、多种手段帮助学生学习,进一步调动学生的学习积极性。

　　多媒体技术与课堂教学有机结合,形成一种积极的、合作的教学模式,由于其视听结合、手眼并用的特点及其模拟、反馈、个别指导和游戏的内在感染力,故具有极大的吸引力,最终使学生成为学习的主人,做到自主学习、探究学习和高效学习。在现行教学中恰当、正确地使用多媒体手段来辅助教学,有助于提高学生的学习兴趣,突破教学难点,对优化数学教学起着显著的作用。

　　传统的教学手段似乎是有点儿单调,黑板加粉笔。有些学科由于自身的特点,没有那么形象、生动、具体,学生学起来有点枯燥无味,从而直接影响学生学习的积极性。计算机辅助教学进入课堂,确实给教学带来了生机和活力,多媒体计算机把语言、声音、图像、文字、动画、音乐等处理后,形成一种全新的、图文并茂的、丰富多彩的形式来呈现教学信息,弥补了以往课堂教学中的某些不足,对教学中重点的讲解、难点的突破有很大的辅助作用。同时,化抽象为具体,更加直观地将信息传达给学生,不仅把学生的听觉、视觉等一起调动起来,还使学生成为主动参与、发现、探究和建构知识的主体,这不仅激发了学生的学习动机,也提高了教学效果和课堂效率。

　　在今后的工作中,要不断地更新自己的教学观念,改变自己的教学行为,努力提高教育质量,让学生快乐成长。

信息化支撑课堂改革

王 芬

作为学校公共服务体系的主要组成部分,校园网络已成为学校重要的基础设施。在校领导的大力支持下,我们的校园网络基础设施面貌得到了比较大的改变,与之相适应的校园信息化水平也得到了很大提高。

信息化技术服务于课堂教学。运用多媒体辅助教学,创设情境,激发学生学习的兴趣,突破课堂教学的重点和难点。课前微课辅助预习,提高了学生的自主学习能力。比如化学这门课程,课上典型微课中实验的演示操作,增强了学生学习化学的兴趣。一些物质的微观结构及其微观反应,在 Flash 动画的协助下更直观、更形象,从而使抽象的内容变得更具体,使学生更容易理解。课下学校云平台的搭建使学校与家庭教育一体化。平板电脑成为学生的家庭辅导老师,使学生做作业的效率更高,巩固知识变得更容易。信息技术与学科课程的整合,进一步提高了化学教学的质量。

信息化提升了教师的教育教学水平和专业化发展水平。我校为了加强师资队伍的建设,注重教师专业化水平、教学实践能力和信息技术应用能力的综合发展,鼓励教师探索新型的教与学模式,创新课堂教学模式,通过信息技术手段提高教学水平,培养教师利用各种信息技术手段进行教学资源开发。每学期通过公开课、观摩课、示范课等形式,组织教师对信息化环境下的教学模式与教学策略的选择、教学设计、教学资源的集成与整合等方面进行研讨,在评优课等活动中提出明确要求,评比优秀课件,促使教师自觉钻研、学习,在不断实践中提高信息素养。

总之,教育信息化培养了学生利用网络资源和发布信息的能力以及创新能力。现代信息手段和丰富的网络资源探究使新课程标准下的教学模式和方法更完善,提高了教学效果。很多教师根据学科的特点、教学内容和应用场合进行信息技术与学科整合的教学模式的设计尝试,取得了一定的效果。

第七辑

微课程资源实例
WEIKECHENG ZIYUAN SHILI

柒

韩廷山专题讲座"教育信息化建设"二维码

教育信息化的立
足点

云课堂在优化升级
中创变

云课程在完善融合
中创生

仁智勇的现代中
国人

教育信息化能提升
学生的核心素养

翻转课堂演练视频

"三环八步"翻转
课堂模式

翻转课堂五大学习
支架

云课程在完善融合
中实现全面育人

数字化社团
课程 1

数字化社团
课程 2

推进教育信息化，
关键在校长 1

推进教育信息化，
关键在校长 2

推进教育信息化，
关键在校长 3

走传统文化之路，
塑君子品 1

走传统文化之路，
塑君子品 2

走传统文化之路，
塑君子品 3

数学学科微课程资源二维码

数学学科码课

二元一次方程组
的解法课堂实录

菱形

认识二元一次
方程组

认识二元一次
方程组

用字母表示数

用字母表示数

有理数的乘方

整式及其运算复习

数学学科微课

二次函数的
应用2

一次函数的性质微课

证明的必要性

平行线的判定
定理

三角形内角和定理

全等三角形

等腰三角形

角的平分线

不等式的性质

一元一次不等式组

不等式的解集

感受可能性

语文学科微课程资源二维码
部编七年级上册第一单元《邓稼先》

语文知识	朗读指导	疑难解析	结构思路	写作特色

部编七年级上册第一单元《闻一多先生的说和做》

语文知识	朗读指导	疑难解析	结构思路	写作特色

部编七年级上册第一单元《回忆鲁迅先生》

语文知识	朗读指导	疑难解析	结构思路	写作特色

部编七年级上册第一单元《孙权劝学》

语文知识   朗读指导   疑难解析   结构思路   写作特色

部编七年级上册第一单元写作《写出人物的精神》

《争论》   《这样的人让我》

人教版九年级下册第六单元

《曹刿论战》赏析 《邹忌讽齐王纳谏》赏析 《愚公移山》赏析   《关雎》赏析

数学学科微课程资源二维码

个性和创新(一)
写作技法

个性和创新(二)
写作实践:名言

个性和创新(二)
写作实践:我的自述

中考阅读指导

理解文章标题的
含义和作用

理解作者的情感

常用文言实词 200 个速记

安

卑

初中语病辨析 36 计之搭配不当

主谓搭配不当 | 动宾搭配不当

英语学科微课程资源二维码

Can you come to my party？

Section A 1a-2d

Unit9 SectionB2a-2e

词汇学习微课

invite，invite sb to do

sth 和 invitation

today，tomorrow，the day

after tomorrow

until，not until

的用法

if 引导的条件状语

从句

give 短语的表达

keep doing sth，keep

的用法

unless 的用法

生物学科微课程资源二维码

"鸟的主要特征"（精华）

《动物细胞》

课件设计　　　　　　　　教学设计　　　　　　　　课堂实录

《绿色植物是生物圈中有机物的制造者》

课件	教学设计	预习学案	课堂实录

《保护生物的多样性》

课件	教学设计	学案	课堂实录	微课

《生物与环境组成生态系统》

课件设计

教学设计

预习学案

课堂实录

其他微课

"尿的形成和排出实验"微课

"肾单位"微课

尿液的形成

化学学科微课程资源二维码

化学学科码课

燃烧与灭火

"物质组成的定量表示"课堂实录

化学学科微课

化学式量的计算

化学式中各物质质量比计算

物质组成的定量表示

试管的洗涤

碳酸盐检验

根据化学式计算某元素质量分数

地理学科微课程资源二维码

秦岭淮河线

四大地理区域及其
划分

"俄罗斯地理位置"微课

"俄罗斯地形"微课

"俄罗斯气候"微课

"俄罗斯河流矿产"微课

青藏地区交通建设

东北地区概述

地方时区时的计算

历史学科微课程资源二维码

宁为战死鬼
不做亡国奴

君主集权的强化

对外友好往来

民族政权并立的
时代

经济重心的南移

辉煌的隋唐文化一

明朝君权的加强

中外的交往与冲突

合同为一家